육성으로 듣는 경제기적 Ⅲ

숲의 역사, 새로 쓰다

산림녹화 어제와 오늘

나남
nanam

'육성으로 듣는 경제기적' 3기 편찬위원회 (산림녹화)

편찬위원

강봉균 편찬위원장, 前 재정경제부 장관
김준경 한국개발연구원 (KDI) 원장
이규성 前 재무부 장관, 재정경제부 장관
진 념 前 경제부총리
이헌재 前 경제부총리
안병우 前 국무조정실장
윤대희 前 국무조정실장, 現 가천대 석좌교수
박병원 前 재정경제부 제1차관, 現 경총 회장
조원동 前 경제수석
김주훈 한국개발연구원 (KDI) 선임연구위원
조병구 한국개발연구원 (KDI) 선임연구위원

자문위원

손수익 前 산림청장, 교통부 장관
김연표 前 산림청 차장
이경준 서울대 명예교수
안원태 국립공원진흥회장

집필진

이계민 前 한국경제신문 주필

연구진행

주호성 한국개발연구원 (KDI) 자료개발실장
안선경 한국개발연구원 (KDI) 전문연구원
박진채 한국개발연구원 (KDI) 전문연구원

숲의 역사, 새로 쓰다

산림녹화 어제와 오늘

육성으로 듣는 경제기적 편찬위원회

이계민 지음 ｜ 손수익 감수

나남
nanam

'육성으로 듣는 경제기적' 편찬사업은 경제기적을 이루는 과정에서 많은 기여를 한 원로들의 생생한 증언을 기록해서 남기자는 취지에서 시작되었다. '육성으로 듣는 경제기적 편찬위원회'에서는 그 결과물로 2013년 《코리안 미러클》, 2014년 《코리안 미러클 2: 도전과 비상》에 이어 2015년에는 《코리안 미러클 3: 숨은 기적들》을 발간한다.

《코리안 미러클 3: 숨은 기적들》에서는 한국 경제기적의 밑거름 역할을 한 중화학공업, 새마을 운동, 산림녹화 추진에 대한 역사적 사실들을 다루었다. 이 주제들은 시대적으로 2013년과 2014년에 발간한 전편에서 다른 주제들과 함께 다룰 예정이었지만, 그 성격과 상징성을 감안하여 별도의 독립적인 증언록으로 발간하자는 데 편찬위원회의 의견이 모아졌다. 그래서 《중화학공업, 지축을 흔들다》, 《농촌 근대화 프로젝트, 새마을 운동》, 《숲의 역사, 새로 쓰다》로 각각 독립적인 단행본으로 만들게 되었다.

새마을 운동은 가난으로부터 벗어나고자 했던 국민들의 욕구와 농촌 근대화를 추진했던 정부의 의지가 결합된 '잘살기 운동'이었다. 즉, 새마을 운동은 '우리도 잘살 수 있다'는 확신을 심어 주어 농촌 근대화의 기폭제 역할을 담당했다. 새마을 운동에 대해 정치적으로 다른 평가도 있지만, 1970년대 농촌생활 환경과 농업기반 시설을 개선하여 농가소득 증대에 기여했다는 점은 부인할 수 없는 사실이다. 특히, 많은 외국의 정부 관계자, 학자 등이 새마을 운동의 경험과 원리를 배우고자 내방할 만큼 전 세계적으로 그 성과를 인정받고 있으며, 개발도상국의 새로운 빈곤탈출 모델로도 주목받고 있다. 이러한 측면에서 당시 새마을 운동 지도자와 정책 담당자들의 경험담을 통해 새마을 운동의 태동과 활동 사례 등을 살펴보는 것은 새마을 운동을 재조명해 볼 수 있는 계기가 될 것이다.

우리가 이룩한 성공 중에서 우리 스스로 잘 인식하지 못하는 것 중에 하나가 민둥산을 푸른 숲으로 바꾼 산림녹화 사업이다. 우리는 일제 강점기 동안의 수탈과 해방 후 무질서 속에 이루어진 도벌·남벌, 그리고 6·25 전쟁을 치르면서 황폐해진 산림을 20여 년 만에 다시 푸르게 만들었다. 전쟁과 가난 속에서 황폐해진 산림을 복구한 것은 또 다른 기적이라 할 수 있다. 유엔은 "한국은 제2차 세계대전 이후 단기간에 산림복구에 성공한 유일한 나라"라고 찬사를 보냈다. 우리의 산림녹화 과정을 살펴보면 목표 달성에 치우친 탓에 대도시 주변의 조림에 소홀하였고, 토질에 맞는 적합한 조림이 이루어지지 않아 산지의 자원화를 이루지 못한 아쉬움도 있다. 그럼에도 불구하고 민둥산이 푸르게 변하고, 산림파괴의 주원인 중 하나였던 화전민 이주정책 등으로 국민소득이 향상되어 경제발전의 상징적 변화로 인정할 수 있는 점은 부인할 수 없는 사실이다.

중화학공업 육성 정책도 우리나라의 압축적 경제성장을 특징짓는 중요한 사건이다. 오늘날 우리나라가 세계 10위권 수출 강국으로 도약할 수 있었던 근간에는 방위산업 육성과 수출목표 달성을 위한 특단의 조치였던 중화학공업 육성 정책이 있었다. 중화학공업 육성 정책을 시작할 당시만 해도 많은 사람들의 우려가 있었던 것이 사실이다. 중화학공업의 특성상 엄청난 생산시설, 각 분야의 전문 기술인력 등이 뒷받침되어야 하고, 투자의 회임기간이 길어 막대한 자금이 필요하기 때문이다. 그럼에도 대규모 초기투자 위험을 무릅쓰고 중화학공업을 추진하여 성공을 거둘 수 있었던 것은 정부의 강력한 추진 의지와 적극적인 지원정책이 있었기 때문이다.

《코리안 미러클 3: 숨은 기적들》은 최빈국 가운데 하나였던 우리나라가 단기간에 경제 대국으로 발돋움하는 과정에서 증언자들이 겪었던 어려움과 소중한 기억들을 접할 수 있는 계기와, 역사의 현장을 엿볼 수 있는 기회를 제공할 것이다. 또한 산업구조 고도화와 농촌 근대화, 산림녹화 등 주요 경제정책을 다룬 만큼 개발도상국의 정책결정자와 학자들이 한국의 개발 경험을 이해하고 벤치마킹하는 데 기여할 것으로 기대된다.

이번 《코리안 미러클 3: 숨은 기적들》 발간작업에 많은 분들이 참여하고 헌신해 주었다. 시대를 관통하여 후학들에게 많은 도움이 되기를 바라는 마음으로 인터뷰에 응해 주신 여러 원로님들과 관련 자료를 수집·정리하고 인터뷰를 통해 생생하게 살아 있는 역사를 기록한 집필진, 이들에게 지속적으로 유익한 조언을 해 준 편찬위원과 자문위원들에게 감사드린다. 또 작업의 간사 역할을 한 KDI 관계자 여러분들께도 고마운 마음을 전한다.

2015년 11월
'육성으로 듣는 경제기적' 3기 편찬위원장

강봉균

'한강의 기적'을 얘기하면 대다수의 사람들이 한국의 공업화 발전을 연상하게 마련이다. 빈곤으로부터의 탈출이 공업화와 수출을 통한 경제성장에 의해 이뤄졌음은 이론의 여지가 없다. 그러나 그 과정에서 우리가 간과해선 안 될 것은 산업생산시설의 확충과 수출 증가만이 기적이 아니라는 사실이다.

국가발전의 원동력은 경제력이 밑바탕을 이루지만, 그 경제력을 반석 위에 올려놓을 수 있었던 것은 새마을 운동이나 치산녹화와 같은 국가발전 인프라의 성공적 추진이라고 믿기 때문이다. 식량생산을 저해하는 산사태에서부터 난방과 취사를 해결하지 못할 정도의 땔감 부족 등 원천적인 빈곤의 악순환을 단절시킬 수 있었던 중요한 요인 중 하나가 치산녹화사업의 성공이라 믿는다. 한국의 산림녹화는 세계적인 성공사례로 꼽힌다.

열악한 현실을 딛고 기적 같은 치산녹화의 성과를 이뤄낸 원동력은 무엇인가? 오늘에 주는 교훈은 어떤 것이 있는가? 북한을 비롯해 치산녹화가 절실한 나라에 적용할 수 있는 적절한 대안은 무엇인가? 이런 문제들을 풀어 보는 데 역점을 두고 자료를 정리하고 원로들의 증언을 모았다.

열심히 자료를 수집하고 증언을 청취하면서 전문가의 조언을 받아 산림녹화의 역사를 정리했지만 소기의 성과를 거뒀다고 말하기에는 부끄러운 결과물이 아닌가 싶다. 더 열심히 했더라면 하는 아쉬움만이 남는다. 다만 산림녹화에 대해 전문지식이 없었던 사람이 증언과 자료를 통해 산림녹화의 역사를 정리하면서 우리의 소중한 역사를 공부하고 정리하는 데 눈을 뜬 것은 뿌듯한 보람으로 남는다.

당초 산림정책의 증언은 제1차 치산녹화 10개년 계획을 4년이나 앞당겨 6년 만에 끝낸 손수익 제3대 산림청장에게 요청했었다. 그러나 "정책에 대한 평가는 역사가들에게 맡기는 것이 옳다"는 신념이 있어서서 끝내 증언을 이끌어내지 못한 점은 무척 아쉽다. 하지만 기록된 내용의 사실 여부나 적절성, 그리고 보완해야 할 점 등을 지적해 주시는 등 전체 기록에 대한 감수를 처음으로 받을 수 있었던 것은 정말 행운이고, 큰 보람이 아닐 수 없다. 진심으로 감사드린다.

직접적인 산림녹화 정책뿐만 아니라 자연보호운동, 그린벨트 제도, 국립공원 제도 등 산림녹화와 연관 있는 여러 제도들의 역사와 정책배경 등을 함께 검토해 본 것도 큰 의미가 있었다. 산림녹화의 의미를 다른 각도에서 짚어 볼 수 있었고, 깊은 연관성을 찾을 수 있었기 때문이다. 이런 연구는 전문가들에 의해 좀더 확대됐으면 하는 생각도 들었다.

특히 이제부터는 우거진 숲을 어떻게 이용할 것인지에 대한 적극적인 대안의 마련이 절실하다는 결론을 얻었다. 숲을 무조건 보호하는 것이 좋은 일인가? 1960~1970년대에는 무조건 나무를 많이 심고 보호하는 것이 선(善)이었다. 당시에는 그것이 정책의 합목적성을 가졌었기 때문이다.

지금은 어떤가? 높은 산에 우거진 숲은 길이 없어 접근도 못하는 상황이 벌어지고 있다. 숲을 이용하기가 어렵다는 얘기다. 성공한 산림녹화 정책을 환경변화에 맞게 제대로 발전시키지 못해 쓸모없는 결과로 변모시켜 버린 것은 아닌지 염려스럽다. 더 늦기 전에 숲을 이용하고 체계적으로 가꾸는 작업에 나서야 한다.

몇 분의 증언과 제한된 자료를 이용하여 본의 아니게 잘못 기록된 부분이 있을 수 있다. 또 같은 사안이라도 견해가 다를 수도 있기 때문에 이런 점은 차후에라도 기회가 닿는 대로 시정할 것을 약속드린다.

그동안 바쁘신 시간을 할애해 귀중한 증언을 해 주시고, 내용을 검토하여 조언을 해 주신 많은 분들, 그리고 좋은 자료를 찾는 데 협조해 주신 산림청을 비롯한 관계기관, 특히 경상북도 산림자원과 실무자 등 많은 분들에게 감사의 말씀을 드린다. 아울러 산림녹화의 역사적 중요성을 지적해 주신 한국개발연구원 김준경 원장님을 비롯해 김주훈 경제정보센터 소장님과 실무진들의 도움에 심심한 사의를 표한다.

2015년 11월

이계민

육성으로 듣는 경제기적 Ⅲ

숲의 역사, 새로 쓰다
산림녹화 어제와 오늘

차 례

백세청청 : 산림녹화는 왜 중요한가?

"해마다 찾아드는 가뭄과 장마를 이겨야 했고 …"

청산(靑山)이 있는 곳에 녹수(綠水) 흐르고, 녹수 흐르는 기슭에 토실토실 살찐 마을이 버섯처럼 돋아난다. 언제나 변함없는 파란 하늘이지만 이 하늘을 이고 억년을 살아온 겨레들의 가슴속에는 기쁘고 슬픈 숱한 사연들이 전설처럼 쌓여 있기 마련이다. 산이 아니라 빨간 모래언덕이라고 말해야 할 이 고장 남원(南原)의 독산(禿山: 나무가 없어 헐벗은 산) 아래서 한 톨의 쌀과 한 알의 콩을 키우기 위하여 해마다 찾아드는 가뭄과 장마를 이겨야 했고, 이를 이겨내는 방법이 푸른 산을 만드는 데 있음을 깨달은 선각자(先覺者)들이 있었다. 몽매한 민가에 앞장서서 모진 풍상(風霜)과 침식(浸蝕)을 당하고, 또는 가진 모함(謀陷) 피해를 극복하고 생명을 바쳐가면서까지 산림(山林)을 지켜온 선각자들이 있었다. 애틋하게도 가꿔온 풀과 나무들은 오늘 헤아릴 수 없는 연륜을 거쳐 싱싱하고 무성한 산림을 여기에 이루었다. 이 마음, 이 뜻, 영원한 메아리 되어 천세(千歲)에 여울져 흐르리라.

| 전북 남원 산림녹화탑(1965.11.30)
산림녹화탑 건립추진위원회에서 산림녹화의
의지를 다지고 독림가들의 뜻을 기리기 위해
전북 남원에 세운 산림녹화탑. '百世靑靑'이란
박정희 전 대통령의 친필이 새겨져 있다.

이 글은 전북 남원의 '산림녹화탑'에 새겨진 비문(碑文)이다. 제목은 '百世靑靑'(백세청청)으로 박정희(朴正熙) 전 대통령이 직접 친필로 써 준 것이다.

1965년 7월 28일 전북 남원군 '산림녹화탑 건립추진위원회'는 이 같은 비문과 함께 1910년대부터 조림을 실시해온 독림가 이상의(李相儀) 씨 등 산림녹화유공자 8명의 명단을 넣었다. 산림녹화탑은 1965년 11월 30일 전북 남원시 향교동 북편 언덕에 세워졌고, 1970년대에 녹화의 열기를 활화산처럼 타오르게 한 기폭제로 작용했다.

물론 이러한 독림가들은 비단 남원에만 있었던 것은 아니다. 요즈음 삼림욕으로 각광받는 전남 장성 편백림을 조림한 임종국(林種國) 선생, 전남 강진의 초당림을 일군 김기운(金基運) 백제약품 회장 등 전국의 뜻있는 독림가들의 피나는 노력이 푸른 강산을 유지하게 만든 원동력이었음은 새삼 강조할 필요가 없을 것이다.

예로부터 치산치수(治山治水)는 치국(治國)의 근본이라 했다. 농경시대의 소득원은 산림과 농지에서 나오는데 산림이 황폐하고 가뭄과 홍수가 잦으면 그만큼 소득을 얻을 수 없다. 민심이 흉흉해지고 민생고는 쌓이게 마련이다. 그만큼 치산치수는 요샛말로 포장하면 '국민행복시대를 여는 초석'이었던 셈이다.

산림의 중요성은 유사 이래 동서고금을 막론하고 강조되었다. 우리 역시 삼국시대와 고려를 거쳐 조선시대에 이르기까지 산림은 소득의 원천이자 국가재정의 중추적 역할을 했다.

조선시대의 대표적 실학자인 다산(茶山) 정약용은 《목민심서》(牧民心書) 공전(工典) 산림(山林) 편에 이런 글을 남겼다.

산림이란 것은 나라의 공부〔貢賦: 나라에 바치던 물건과 세금을 통틀어 이르던 말. 넓게는 조세 일반, 좁게는 전세(田稅)와 공물(貢物)을 이른다〕가 나오는 곳이니 산림에 대한 행정을 성왕(聖王)은 소중히 하였다. … 주(周)나라 이전에는 한 자 한 치의 땅도 왕토(王土) 아닌 것이 없었다. 그래서 왕은 전지(田地)를 백성에게 주어서 그 전조(田租: 논밭에 대한 조세)를 거두고 왕은 그 산과 숲을 백성에게 주고, 천택(川澤: 냇물과 저수지를 아울러 이르는 말)을 백성에게 주어서 공부를 거두어 왕의 재용(財用: 쓸 수 있는 재물)에 이바지하였다.

인류 역사에서 산림과 인간의 관계는 매우 밀접하고 복잡한 양상을 보였다. 나무가 물을 머금는 수원(水源) 함양을 통한 국토보전은 산림의 가장 기본적인 역할에 속한다. 울창한 숲은 좋은 목재를 생산하고 풍성한 열매와 먹거리를 제공할 뿐만 아니라 야생동물의 서식지를 제공해 자연 생태계를 유지하는 자연자원으로서 온갖 기능을 담당한다.

그뿐인가? 생활전선에서 지친 현대인들에게 휴양·휴식 공간을 제공하는 숲은 치유의 공간으로 거듭난다.

이제는 웰빙(well-being)을 넘어 내추럴빙(natural-being)이 화두입니다. 울창한 숲은 '인간의 고향'이자 '모태' 같은 존재이지요.

숲을 좋아하는 사람들은 입에 침이 마르도록 숲 예찬론을 편다. 요즘 국내에서도 산림이 가진 의학적 기능에 대한 관심과 연구가 늘어나는 실정이니 숲의 내추럴빙에 관심을 가져 볼 만하다. 이렇듯 숲은 다목적 기능을 발휘하는 중요한 자원인데도 우리는 잘 가꿔오지 못한 것이 사실이 아닌가?

민둥산의 시말 : 산림 황폐화의 원인

일본의 수탈에 멍든 산하

우리나라 산림 황폐화의 원인은 어디서부터 찾아보아야 할까? 시대적으로는 조선왕조에서부터 일제 강점기와 6·25 전쟁 등 격동기를 거치는 동안 한결같이 부정적 영향으로 점철된 것이 우리의 산림 황폐화 역사다. 삼국시대와 고려, 그리고 조선시대에 이르기까지 산림은 공용이나 국용으로 사용되는 것이 대부분이었다. 조선 초기에는 양반·관료뿐만 아니라 왕자나 공주 등 왕실의 산림 점유도 엄격히 금지되었다. 그러던 것이 조선조 중엽에 이르러 왕족과 공신, 권문세가들에 의해 산림이 배타적으로 이용되면서 사유화의 병폐가 나타나기 시작한다.

또한 조선의 건국과 함께 한양(漢陽: 지금의 서울)으로 도읍을 옮기면서 목재 수요가 꾸준히 늘기 시작했고, 특히 기후가 유난히 추웠던 16~17세기를 거치면서 온돌이 점점 많이 보급되기 시작했다. 조선 후기에는 보통 백성의 초가집에도 온돌이 널리 사용되어 나무를 연료로 사용했으니 산림훼손은 급속도로 진행되었다. 19세기 말 조선을 방문한 선교사들은 산에 나무가 없음을 신기하게 여길 정도였다고 하니 그 심각성은 능히 짐작할 만하다.

조선시대의 어려운 목재 사정을 반영한 제도 가운데 하나가 '송금절목'(松禁節目) 또는 '송금사목'(松禁事目)이다. 이는 조선 후기에 해당하는 정조 12년(1788년)에 제정된 일종의 규정집으로 소나무를 보호·육성하기 위한 것이었다.[1] 내용은 '전문'(前文)과 28개 조항의 '사목'으로 구성되는데 서문 격인 '전문'은 송금절목 제정의 필요성을 이렇게 전한다.

소나무는 전함(戰艦)이나 세곡(稅穀) 운반을 위한 수송선의 건조, 그리고 궁실의 건축용재로 효용이 크기 때문에 국정의 하나로서 남벌을 금하고 보호·

---

[1] 한국정신문화연구원(현 한국학중앙연구원), 1991, 《한국민족문화대백과사전》.

18

육성해야 하며, 감관(監官)이나 산지기(山直)를 두어 함부로 경작하는 것과 무덤을 쓰는 것을 금하고 수령이나 변장(邊將)·도백(道伯) 등이 모두 이를 살피도록 해야 할 것이다. 그러나 간교하고 교활한 일부 백성이 최근 법망이 해이한 틈을 타서 남벌·모경·입장 등을 하여 소나무 보호가 여의치 않으므로, 권하고 응징하고 상벌하는 법을 통일하여 관이 법을 지키고 백성이 영을 따르도록 고금의 문헌을 참고하여 이 절목을 제정한다.

물론 이러한 규제가 얼마나 실효를 거뒀는지는 평가하기 어렵다. 그나마 소나무를 보존하려는 제도였고, 일부에서는 주민들의 자발적 보호운동으로 금송계(禁松契)가 탄생하기도 했지만, 반면에 도벌, 산림방화가 성행했고, 관료들의 부패에 따른 뇌물수수 등으로 큰 성과는 거두지 못한 것으로 나타났다.

조선 말기에는 국내의 정치적 혼란과 더불어 대외적으로 자본주의 열강들의 문호개방 압력이 여러 갈래로 나타나기 시작했다. 이런 상황에서 한반도는 중국(청), 러시아, 일본의 각축장이 되었다. 1894년 청일전쟁에 이어 1904년에 러일전쟁이 일어나는데 모두 일본이 승리하면서 한반도는 일본의 세력하에 놓이게 된다. 그러한 까닭에 압록강·두만강 유역의 무진장한 산림자원은 일제의 수탈대상이 되었다.

일본은 한국을 점령하자마자 학술조사라는 미명 아래 한국의 모든 자원을 정밀하게 조사했다. 산림자원도 예외가 아니어서 전국에 14개 영림서를 세워 국유림을 관리하는 행정적 조치를 취했다. 특히, 14개 영림서 가운데 11개를 평안북도와 함경남도에 설치하여 압록강과 두만강 연안, 백두산 주변의 원시림을 벌채하는 전진기지로 삼았던 것이다. 벌채한 나무들은 만주지역의 건설사업 등에 투입되면서 전쟁 준비에 쓰였다.

일본의 산림수탈이 얼마나 심했는지는 통계로도 증명되는데, 1927년부터 1941년 사이 6천 3백만 ㎥의 입목축적(立木蓄積: 산림 전체 나무 부피)이 줄어든 것으로 나타났다. 이는 2009년 현재 남한의 총 입목축적량인 6억 9천만 ㎥의 약 9%에 해당하는 양이다. 조직적 산림수탈은 일본의 패망 직전인 1940년대 초반에 더욱 극성을 부렸는데 전국의 송림에서 나무를 베고 남은 그루터기를 모조리 파헤치기에 이른다. 송진을 채취하여 군사용 유류 대용품으로 사용하기 위해서였다. 그루터기까지 파헤쳐진 산야는 장마철에 흙이 아래쪽의 논과 밭, 하천으로 흘러내려와 산사태와 홍수를 악화시키기도 했다.

해방 후 무질서는 도벌 · 남벌 허가증

그러나 이러한 국토 수난의 시련은 여기서 그치지 않았다. 1945년 일본의 패망과 함께 우리에게 찾아온 광복은 환희 그 자체였다. 그러나 그것도 잠시에 그치고 1950년 발생한 6·25 전쟁이라는 동족상잔의 비극으로 인해 민초들의 삶은 피폐해지고 온 겨레의 가슴에는 피멍이 들게 된다. 해방의 기쁨에 '도벌 · 남벌의 허가증'이라도 받은 듯이 동요하는 분위기가 형성되었고, 6·25 전쟁으로 인한 분단과 '남으로 향한 피란민 대열'은 남쪽의 인구급증과 함께 배고픔을 가중시키는 요인으로 작용했다.

그 결과는 어떠했는가. 산림 분야에서만 보더라도 무질서한 임산연료(林産燃料) 채취와 산림의 남벌이 극에 달했고, 산림황폐로 인한 산사태와 홍수가 빈발해 민생을 더욱 어렵게 만드는 채찍 역할을 했다. 그런데도 누구를 탓하고 욕할 수도 없었던 것이 당시의 시대상이었다. 굶어 죽지 않고 얼어 죽지 않으려면 산에서 나무를 베어 오는 것밖에 달리 방법이 없었던 당시의 실정을 감안하면 단속한다고 해결될 일이 아니었음은 너무도 분명했다.

우리의 민둥산은 이렇게 넓어져만 갔고, 조금만 가물어도 하천과 강바닥이 마르면서 가뭄과 홍수로 얼룩지는 버려진 것이나 다름없는 강산이었다. 당시로 되돌아가 생각하면 정말 앞날이 캄캄한 암흑의 시대였다고나 할까?

그런데 60여 년이 지난 지금 우리는 사람이 들어갈 수 없을 만큼 우거진 산림을 보면서 '누가, 무엇을, 어떻게' 해왔기에 이런 모습으로 변했을까, 하고 더듬어 본다. 하지만 좀더 쾌적한 국토를 가꾸고 국민의 사랑을 받는 숲을 만들려면 여기서 그칠 것이 아니라 이를 반드시 규명해야 할 것이다. 우리나라의 시대별 산림정책은 크게 6가지로 분류된다.[2]

(1) 광복 이전의 산림정책 (조선시대~1945년)

(2) 광복 이후 산림청 발족 이전 (1945~1966년)

(3) 산림청 발족 이후 치산녹화 계획 이전 (1967~1972년)

(4) 제1차 치산녹화기 (1973~1978년)

(5) 제2차 치산녹화기 (1979~1987년)

(6) 산지자원화 추진기 (1988~1997년)

물론 이러한 시대 구분은 정권의 변화와 궤를 같이하지만 정책의 기조와 전략에서도 상당한 차이가 있다고 볼 수 있다. 따라서 앞으로 이러한 시대 구분에 따라 산림정책의 변화를 더듬어 보면서 특징적 사건이나 정책 전환의 배경 등을 함께 소개할까 한다.

---

2 산림청, 2007, 《한국 임정 50년사》, 94쪽.

제1장

시대의 과제로 떠오른
산림정책

해방 전 '근대적 산림정책'의 허와 실

소유권 약탈의 발판 만든 「삼림법」

우리나라의 근대적 산림제도는 1908년에 공포된 「삼림법」(森林法)에서 시작된다. 이는 조선총독부가 들어서기 전 조선통감부 시대에 공포되어 일제 약탈의 시초가 된 법으로 한국 정부에 초빙되었던 도가쥬시(道家充之)가 일본 법령을 기초로 하여 비밀리에 입안한 것이다. 이름뿐이었다고는 하지만 대한제국 최초의 근대적 체계를 갖춘 산림관계 법령이라는 점에서는 의미가 크다.

문제는 이 법이 산림의 소유관계를 명확히 하여 산림정책을 펴나가기 위한 조치라는 명분을 내세웠지만 내용상으로는 많은 산림을 국유화해 일제가 마음대로 산림을 약탈할 수 있는 발판을 만들었다는 것이다. 국유림 중심의 산림정책 체계를 갖춰 산림을 마음대로 사용할 수 있도록 제도를 갖춘 것이다.

즉, 삼림산야(森林山野: 나무와 산지)의 소유자는 「삼림법」 시행일로부터 3년 이내에 삼림산야의 지적 및 면적의 견취도(見取圖: 건물이나 산 따위의 모양이나 배치를 알기 쉽게 그린 그림)를 첨부해 농상공부 대신에게 신고해야 하며, 기한 내

23

신고를 하지 않으면 어떠한 증거가 있더라도 사유로 될 수 없고 국유로 간주한다는 것이다. 즉, 몰라서 신고를 안 하면 그냥 국가 소유로 하겠다는 가혹하고 약탈적인 목적을 가진 법이라고 할 수 있다.

그런데 「삼림법」 제정 이후 3년 만인 1911년 「삼림법」이 폐지되고 「삼림령」(森林令)으로 대체된다. 이때가 조선총독부 시절이다. 「삼림령」의 특징은 다음과 같다.

첫째, 국토의 보안 및 기타 필요하다고 인정할 때 삼림을 보안림에 편입할 수 있다는 점이다. 보안림 해제는 총독의 재량에 의해 결정할 수 있도록 함으로써 산림 소유권에 대해 중대한 제한을 가하였다.

둘째, 삼림방화죄·삼림절도죄·삼림훼기죄(森林毀棄罪) 등 특별 형벌규정을 두어 일반 국민의 산림 이용을 금지하였다.

셋째, 「삼림법」에 있었던 부분림(部分林) 제도 대신에 조림대부(造林貸付) 제도를 두었다. 「삼림법」의 부분림제도는 분수수익(分受收益)만을 인정한 것으로, 결국 일제는 「삼림령」을 삼림정책의 기본법으로 하여 국유임야를 창출하고 일반 국민의 임야 소유권을 박탈했다.

좀더 부연설명을 곁들이자면 당초 「삼림법」은 자기가 투자한 만큼의 수익을 배당받는 분수수익제도를 택했다. 즉, 산림에 대한 토지 소유자, 조림을 행하는 자, 보육 및 관리를 행하는 자, 산림의 조성에 필요한 비용을 부담하는 자의 3자 혹은 2자가 공동으로 산림을 조성하는 계약을 체결하여 그 산림으로부터 수익이 날 경우 기여한 만큼의 일정 비율로 나누는 제도가 분수수익제도이다.

이러한 법 규정은 당초 일본인 자본가가 대거 참여하면 자본이 없는 한국인의 지분이 없어지고 한국의 산림을 일본인이 장악할 수 있을 것을 기대하고 만든 조항이었다. 그러나 실제 일본 자본가들은 이러한 부분림제도하에서 투자를 하지 않았다. 왜냐하면 그 산림으로부터 수익을 얻기까지 오랜 세월이 필요했기 때문이다. 결국 일제는 당초 계획했던 목적 달성이 어려워지자 제도를 바꾸기에 이른다.

식민정책 강화한 「삼림령」

일제가 생각해낸 대안은 「삼림법」을 「삼림령」으로 바꾸면서 조림대부제도를 도입하자는 것이었다. 조림대부제도는 문자 그대로 임야를 먼저 투자자들에게 빌려주고, 잘 운용해서 수익이 나면 그때 그 일부를 거두는 제도다. 그런데 문제는 나무를 가꾸고 키워서 수익을 내기까지는 많은 세월이 소요되기 때문에 사실상 일본인들에게 임야를 무상으로 주는 것과 다름없었다.

이는 결국 제도가 어떻게 됐든, 어떻게 바뀌었든 우리에게서 산림과 산야를 빼앗아가려는 궁리에 불과했다. 「삼림법」이든 「삼림령」이든 당시 일제가 일본의 거대 자본을 끌어들여 우리 민족의 임업자본 성장을 억제하고 임야의 상당 부분을 일본인에게 넘기려는 식민정책의 일환이었다.

특히, 이 같은 법제를 시행하면서 국유림 경영 체계를 일단 확립한 일제는 한반도 임업의 완전한 종속체제를 구축하고 식민지 임업 경영을 장악하기 위한 수단으로 민간인들이 소유한 민유림(民有林)에 대한 지도 및 감독을 강화하기 시작했다. 민유림 조성에 대해 조림보조금을 지급하는 등 급속 조림을 서두르고, 특히 1933년에는 민유림 지도 방침 대강을 제정하여 민유림의 관리 기준을 만들기도 했다.

이러한 일련의 조치들은 도시 주변의 황폐지 복구를 신속히 달성하여 총독부 정치의 효과를 민중에게 알리는 한편 척식사업(拓植事業: 국외의 영토나 미개지를 개척하여 자국민의 이주와 정착을 정책적으로 촉진하는 사업)의 발전을 겨냥한 것이었다. 요컨대, 일제의 식민지적 임업정책의 시행은 한국 근대 임업 발전사에 커다란 악영향을 미쳤을 뿐만 아니라 수탈의 수단으로 사용한 것으로 평가된다.

산림청이 2007년에 발간한 《한국 임정 50년사》에서 분석한 '일제 임정이 미친 영향'을 간추려 보면 다음과 같다.

첫째, 자원 배양과 보수적 경영을 본질로 하는 근대 임업의 기본 방향이 식민지 통치 기조에 의해 변질되어 나무를 많이 베어내는 증벌(增伐)과 과도하게 솎아내는 과벌(過伐)에 의해 자원을 수탈하는 임업정책으로 왜곡되었다. 이러한 근대 임업의 본질 왜곡은 식민지 기간 동안 일관되게 유지되어 국민들이 진정한 근대 임업의 의미를 깨닫지 못하게 하는 부작용을 낳았다.

둘째, 식민지 경영의 경비 감축을 목적으로 대규모로 나무를 베어내고 난 땅, 즉 벌채적지(伐採跡地)에 대해 계획적 조림을 하지 않고, 천연적으로 나무숲이 우거지도록 방치하는 이른바 천연갱신(天然更新)에 의존하는 정책을 사용했다. 그로 인해 산림 경영의 기반이 약화되었고, 나아가 전체 산림의 양이나 구조가 열악한 상태로 후손들에게 전달되는 병폐를 낳았다. 그리고 이러한 유산은 해방 이후에도 근대적 임업 경영을 불가능하게 했다.

셋째, 황폐지 복구, 사방사업[1] 등 좋은 나무를 심는 조림보다는 치산치수(治山治水)에 치중된 산림정책이 이루어졌다. 이에 따라 속성조림, 양묘, 사방 등에 대한 기술전수는 이뤄졌다고 평가되지만 근대적 임업 발전을 추구하는 경영 기술의 발전은 정체되었을 뿐만 아니라 민족 임업 경영 자본의 형성도 억제되었다.

넷째, 앞서 살펴보았듯이 일제는 근대 임업의 성립 조건이라 할 수 있는 소유권 확립을 식민지 경제체제 확립을 위한 목적하에 추진하였다. 즉, 식민지 정부의 자본을 축적하는 수단인 대규모 국유림의 창출에 급급한 나머지 산림 공동이용 등에 대한 기술 연구를 억제했고, 아울러 송계(松契: 소나무 지키기 주민 모임) 등 자치조직을 통하여 구축되었던 자율적 산림보호 의식도 소멸시킴으로써 무질서한 산림 이용행태를 고착화시켰다.

마지막으로 식민지 통치방법의 하나로 산림경찰제도를 도입하여 단속·규제 위주의 타율적 산림보호 정책을 실시하여 일제에 대한 우리 민족의 반감을 자극함으로써 저항 표현으로서의 산림 파괴행위가 정당화되는 분위기를 형성했다. 이런 부작용이 결국 우리 스스로 죄의식 없이 산림의 도벌과 남벌을 일상화하는 잘못된 의식을 고착시킨 것 아니냐는 게 산림연구가들의 견해이기도 하다.

일제의 산림정책은 한마디로 식민정책의 일환으로 자행되었고, 산림에 대한 왜곡된 가치관을 심음으로써 우리가 산림을 통해 민족자본을 형성하고 애림사상을 고취하지 못하도록 가로막는 역할을 했다고 볼 수 있다.

●

1 사방사업(砂防事業, erosion control work)이란 단어는 옛 일본에서 유래했다. 흙과 모래가 넘치고 새는 것을 막는다는 뜻의 '토사일루방지사업'(土砂溢漏防止事業)에서 '사'(砂)와 '방'(防) 자가 결합해 '사방'이란 말로 정착한 것이다. 일본에서도 우리와 같이 '砂防'이라고 쓰지만 '사보'(sabo)라고 발음한다.

8 · 15 광복 후
혼란기에 싹튼 자립적 산림정책

해방 후 카오스와 조림계획의 난항

1945년 8월 15일 일본의 무조건 항복으로 태평양전쟁이 끝나면서 우리 민족은 광복의 기쁨을 누릴 수 있었다. 그러나 뜻하지 않은 조국 분단의 비극은 여전히 현재진행형이었다. 정치적으로 남과 북이 민주주의와 공산주의로 갈라져 사상적 분쟁을 벌여야 했고, 그런 혼란 속에서 특히 전기, 석탄, 공장 등이 편재되어 있던 북한으로부터 물자 공급이 끊겨 남한 사회는 경제적 곤란은 물론 정치·사회적 혼란에 휩싸일 수밖에 없었다.

미군정을 거쳐 1948년 정부 수립 후 조직이 안정되고 정책의 방향이 자리 잡기도 전에 6·25 전쟁이 발생하여 3년간 전쟁을 겪으면서 우리 사회는 가난과 배고픔 속에서 민생고가 극에 달하게 된다.

일제 말기에는 일제가 한반도에서 쌀을 비롯한 식량과 목재 등을 징발함으로써 농촌의 피폐는 최악의 상황으로 치달았다. 농촌에서는 끼니를 때울 식량이 떨어진 절량농가(絶糧農家)가 속출하여 풀뿌리와 나무껍질로 연명하는 사람들이 늘어갔고, 산에서 작물을 재배하기 위해 고의로 산에 불을 놓아 화전을 일구는 일이 예사로 이뤄졌다. 특히 광복 후 혼란기와 6·25 전쟁 시기에는 전기, 석탄, 기름, 가스 등이 부족해 난방과 취사를 위한 연료는 오로지 나무나 풀 등 임산연료에 의존할 수밖에 없었다. 아무런 소득원이 없었던 사람들은 산에서 나무를 베어 파는 것 이외에는 뾰족한 생계 대책이 없었던 것도 엄연한 현실이었다.

더구나 해방 후의 이완된 분위기 속에서 도벌·남벌이 횡행한 것은 어찌 보면 지극히 당연한 생존투쟁이었는지도 모른다. 이런 사회 분위기를 실감나게 전해 주는 에피소드를 하나 소개하고자 한다.

해방 후 어느 마을에 사는 한 사람이 산 아래에 소달구지를 대어 놓고 앞산에 올라가 나무를 베는데 산 주인(山主人)이 산 밑에 와서 "여보시오! 왜 내 산의 나무를 당신이 베어내시오? 그 산은 내 산이니 나무를 베지 마시오!" 하고 큰 소리로 경고하였다. 그런데 나무꾼 왈, "해방(解放)이 되어 자유(自由) 천지가 되었는데 내 산, 네 산이 어디 있소! 이 나무를 베는 것도 내 자유이니 말리지 마시오!" 하고 큰 소리로 대답하는 것이었다.

산 주인은 하도 기가 막혀 망연히 서 있다가 산 아래에 세워 놓은 달구지와 황소를 끌고 집으로 갔다. 이때 나무꾼이 "여보시오! 여보시오! 내 달구지와 황소를 왜 당신이 끌고 가요?" 하고 성을 냈다. 이때 산 주인 왈 "나도 자유요!" 하고 자기 집을 향하여 유유히 걸어갔다고 한다.

당시 사회적 혼란과 도벌·남벌이 얼마나 성행했던가를 보여주는 적절한 에피소드가 아닌가 싶다. 해방은 도벌·남벌의 허가장과 같았다. 그나마 다행인 것은 그런 혼란 속에서도 장단기 조림과 사방사업 계획이 수립되고 추진되었다는 사실이다. 물론 그러한 정책의 성과가 눈에 띄게 나타나리라고 기대하는 것 자체가 상상할 수 없는 일이었다.

1945년 광복 이후 우리나라의 국토는 외세에 의해 남북으로 분단되었고, 남북한은 서로 다른 체제에서 각각의 산림정책을 전개했다. 더욱이 식량난과 인플레이션 등으로 사회·경제적 상황은 악화되었고, 남한의 산림자원은 그 이전의 40% 수준으로 감소하였으며, 에너지원의 부족으로 목재 수요량이 급증하는 상황을 맞이했다.

국가기록원 자료에 따르면, 1946년 당시 남한의 산림면적은 681만 4천 정보, 산림축적(산림 전체의 부피)은 5천 4백만 ㎥, 정보당 산림축적은 약 8㎥였는데 이는 일제 강점기의 약탈적 식민지 임업의 실행으로 인해 우리 국토의 산림자원이 크게 감소하고 극도로 황폐화되었음을 잘 보여준다.

그렇다고 정부가 손을 놓았던 것만은 아니다. 미군정기인 1947년 '조림 및 사방사업 10개년 계획'을 수립해 인공조림을 실시하려 했지만 큰 성과를 거두지 못하고 지지부진했다. 물론 산림녹화와 사방사업의 중요성을 도외시한 것은 아니었다. 해방 직후 나무 심는 날인 식목일이 제정되어 1946년 4월 5일부터 대대적인 식목행사가 이뤄지기도 했다. 그러나 빈약한 정부 재정과 갈수록 깊어지는 민생고로 인해 서민들은 나무 심기를 한가한 놀이에 불과한 것으로 인식했다.

1948년 8월 15일, 대한민국 정부가 수립된 이후의 산림정책은 5식1벌주의(5植1伐主義)를 원칙으로 삼아 조림을 장려하는 방식이었다. 나무 한 그루를 베려면 5그루를 심어야 한다는 원칙이다. 그럼에도 산림의 황폐화는 더욱 심각해지기만 했고, 그로 인해 산이 무너지고 산사태가 나면서 농지를 황폐화시키는 사례가 속출함에 따라 사방사업의 필요성은 갈수록 강조되기에 이르렀다.

새로 들어선 정부는 1949년부터 1958년까지를 계획기간으로 하는 '민유림 조림사업 10개년 계획'을 다시 수립했다. 이 계획의 당초 목표는 총 350만 정보를 조림하는 것으로 여기에는 132만 정보에 약 35억 본의 나무를 심는 것과 함께 나머지 산지에는 60만 6천 ℓ의 나무와 풀씨를 뿌린다는 파종조림이 포함되었다.

이 계획은 제1차 계획(1949~1953년)과 제2차 계획(1954~1958년)으로 나눠서 추진하기로 하였으나 6·25 전쟁의 발발과 함께 사회·경제적 혼란으로 인해 초기부터 난항을 거듭해야만 했다.

국토보전을 위한 사투와 「산림보호임시조치법」

그러나 이러한 전쟁의 와중에서도 산림녹화에 대한 정책 의지는 멈추지 않았다. 생계를 나무에 기댈 수밖에 없었던 당시의 상황을 감안하면 정책이라기보다 국토를 지키기 위한 사투(死鬪)였다고 표현해야 옳을 것이다. 난방과 취사는 오로지 나무나 풀 등 임산연료에 의존할 수밖에 없었던 데다 해방 직후의 산림 사정은 대단히 빈약해 그대로 방치할 경우 온 국토가 민둥산 천지로 변하기 십상이었다.

급기야 정부는 전쟁 중인 1951년 9월 부산 피란지에서 「산림보호임시조치법」을 제정하여 산림보호 정책을 강화하는 결단을 내린다. 1951년 9월 11일 국무회의에서 의결·공포된 이 법은 산림파괴 현상을 방지하기 위해 별도의 산림법이 제정될 때까지 산림보호 또는 조림에 관하여 임시 긴급조치를 취함을 목적으로 한다고 법률제정 취지를 밝힌다.

법안의 주요 내용을 보면, ① 정부는 산림의 보호·육성에서 일정한 지역과 기간을 정하여 공권력이 산림을 보호하는 보호림구(保護林區)를 설정할 수 있고(제2조), ② 보호림구에 대해 살아 있는 나무의 벌채 금지 및 조림 보호 등 필요한 조치를 취할 수 있으며(제3조), ③ 농림부 장관은 지방 주민과 산림 소유자에게 산림계(山林契)의 조직 또는 해산과 감독상 필요한 명령을 할 수 있고(제4조), ④ 산림 소유자 및 점유자가 조림과 산림보호의 업무수행이 불가능할 경우 제4조에 의해 조직된 단체에 위탁을 명할 수 있으며(제6조), ⑤ 제3조와 제6조의 명령을 위반한 자는 1년 이하의 징역 또는 5만 원 이하의 벌금 등에 처한다(제8조)는 것 등이다.

1955년 2월에는 이 법에 의해 전국 1,038개소의 보호림구를 설정해 일체의 임산물 채취 행위를 금지하는 조치를 취하기도 했다.

자율적 산림보호를 이끈 산림계 조직과 운영 지원

그런데 이 법에서 우리가 좀더 주목할 대목은 리·동 단위의 산림계를 조직해 자율적 산림보호를 유도함으로써 관민이 합동해서 산림보호를 유도하는 내용이다. 산림계는 1951년 국회에 상정된 「산림보호임시조치법」의 입안 과정에서 그 조직이 처음으로 논의되었던 사안이다. 그런데 농지개혁과 마찬가지로 당시 산림계를 통해 산주의 소유지까지 정리하려는 것이 아니냐는 의혹이 제기되면서 난항을 겪었다.

다시 말하면 민간이 소유한 산지를 일정한 조건으로 환수하여 많은 사람들에게 나눠 주는 식의 개혁을 하려는 게 아니냐는 의구심이 짙었던 것이다. 하지만 임시조치법에 의한 산림정책은 훗날 산림계의 조직과 운용이 잘 이뤄지면서 산림녹화에 기여할 수 있는 단초(端初)를 마련했다는 점에서 큰 성과를 거둔 제도로 평가받는다.

1952년에는 산림사업에서도 좀더 계획성 있는 사업을 실시하기 위해 1951년 말 현재의 산림 현황을 조사하는 동시에 '민유림 조림사업 5개년 계획' 및 '단기

속성 녹화조림 3개년 계획'을 다시 수립하는 한편 '생울타리 조성 5개년 계획'도 작성해서 시행에 들어간다. 연료림 확보는 물론 산사태 등을 막기 위한 사방사업 등을 겨냥한 것이었다.

단기속성 녹화 조림 수종으로 생장이 빠른 싸리나무·오리나무·아카시아나무·상수리나무·리기다소나무 등을 선정해 수원(水源)을 함양하고 농촌 연료로도 공급할 계획이었으나, 정부는 종자의 자금조차 보조할 형편이 되지 않아 사업은 도중에 중단되고 말았다.

또한 일반 농가 울타리를 나뭇가지로 설치함에 따른 생나무 벌채를 줄이기 위해 영구적으로 고정시킬 수 있는 측백나무, 탱자나무, 향나무 등의 '생울타리 조성 5개년 계획'을 수립하여 시행했으나 정부의 지원이 미약해 성과를 거두지 못하고 흐지부지되고 말았다. 지금도 우리 농·산촌에는 탱자 울타리가 제법 조성되어 있는데 이는 생울타리 조성사업의 흔적이 아닌가 싶다.

1954년 2월 농림부가 서울로 환도한 이후에는 국제연합한국재건단(UNKRA: United Nations Korean Reconstruction Agency) 및 국제협조처(ICA: International Cooperation Administration) 원조자금에 의해 조림사업이 비교적 활발하게 추진되었다. 조림의 방향도 종래의 개별분산조림을 지양하고 1ha 이상의 산림계 집단조림은 물론 일정한 간격으로 나무를 심는 식재 방법을 추진했다.

이어서 1955년에는 '민유림 조성 및 사방사업 10개년 계획'을 편성했고, 1956년에는 새로운 상수원 함양사업이 미국에서 도입되어 사방사업이 필요한 요사방지(要砂防地)를 A·B급으로 나누어 B지구에서는 기초공사 없이 풀이나 나무 씨앗을 직접 파종해 사방사업을 실시하였다. 그러나 이는 환경에 적응하지 못하여 실패하고 말았다.

이렇듯 해방 이후의 조림과 사방사업은 처절할 만큼 치열했고 열정적이었으나 정치·사회적 여건이 호락호락하지 않아 성과를 거두지는 못했다. 하지만 국토 녹화를 위한 노력은 계속되었다.

이승만(李承晚) 자유당 정부 시절인 1959년에는 다시 '사방사업 5개년 계획'을 수립하여 빠른 시일 내에 황폐지를 복구하기로 하고, 이를 위해 사방사업촉진전국대회를 개최하는 한편 매년 3월 15일을 '사방의 날'로 정해 범국민적 사방사업에 나서기도 했다.

1959년 11월 11일에는 사방사업촉진전국대회가 경기도 시흥군 관악산 기슭에서 열렸다. 미국의 원조에 의존하던 시절이라 외국 인사들도 대거 참여했다. 이 자리에서 자유당 정부는 식목일을 폐지하는 대신 매년 3월 15일을 사방의 날로 정한다고 공표했다. 왜 그랬을까?

여기에는 이승만 대통령의 산림녹화와 사방사업에 대한 견해가 녹아 있다. 뒤에서 더 구체적으로 언급하겠지만 이 대통령은 '식목'(植木) 보다는 '산림보호'(山林保護)를 더 강조했다. 다시 말하면 새로 나무를 심는 것보다는 지금 있는 나무라도 잘 지켜내면 충분하다는 생각이었다. 따라서 기회가 닿는 대로 "묘포보다 기존에 있는 숲의 보호에 힘쓰고, 입산을 금지토록 하라", "여러 곳에 식목하느니보다 낙엽채취를 금해야 한다"고 지시했다.

사방의 날 제정을 선포한 다음해인 1960년 3월 21일에는 첫 사방의 날 기념식이 성대하게 열렸다. 이날 기념식 상황을 전한 3월 22일자 〈동아일보〉 기사를 살펴보자.

제1회 사방의 날 기념행사 양주군 수락산서 성대하게 거행

황폐한 산들을 푸르게 녹화하여 금수강산을 이룩하고 봄철과 여름의 홍수로 입는 막심한 피해를 덜려는 목적 아래 제정된 첫 사방의 날 기념행사가 춘분의 봄비가 촉촉이 내린 21일 상오 경기도 양주군에 자리 잡은 수락산(노해면 상계리)에서 성대히 거행되었다. 농림부와 경기도가 공동으로 주최한 이날 식전에는 3부 요인을 비롯하여 주한 외교사절, 유솜 처장 모이어 씨와 그의 직원 일동, 국군장성과 수많은 학생, 그리고 경기도민과 기타 내외귀빈이 참석한 가운데 상오 10시부터 막이 열렸다. 이날 작업으로 총 11만 720평의 땅에다가 싸리잡초, 콩과잡초 등의 씨앗을 비롯하여 외국에서 들여온 도입종자 등 도합 137kg의 씨앗을 뿌려 수목이 자라나는 터전을 이룩하게 하였다.

그런데 정부에서는 올해부터 식목일을 없애고 해마다 3월 15일을 사방의 날로 정하였던 것이지만 올해는 15일이 대통령선거일이었으므로 임시로 21일을 택하였던 것이다. 식목일을 없애고 사방의 날을 새로 제정한 것은 식목만을 위주로 한다는 것은 시대에 뒤떨어진 일인데다가 묘목을 심은 후 홍수나 비가 잦으면 뿌리가 모두 씻겨지므로 보람이 없다는 데서 토사를 방지하고 수목이 자라는 터전을 이룩하기 위해 땅을 갈고 거름을 편 다음 씨앗을 뿌리고 그 후 식수도 겸해서 하도록 한 것이다. 한편 정부에서는 올봄에 공무원, 학생, 군인, 유엔군 등 7백만의 인원을 움직여 8만 6천 정보의 사방을 끝내고자 지난 3월 1일부터 각 도별로 작업을 계속하고 있다.

제 1회 사방의 날, 하필이면 그날이 …

앞의 기사는 첫 사방의 날이 3월 15일인데 그해에는 이날(3월 15일)이 대통령선거일과 겹쳐 3월 21일에 기념식을 치른 것이라고 설명한다. 그런데 1960년 3월 15일은 어떤 날인가? 자유당 정권이 대통령선거에서 대대적인 부정선거를 치르면서 정권 붕괴의 단초를 만든 날이다. 앞서 소개한 〈동아일보〉 3월 22일자에 실린 사방의 날 기념식 기사 옆에는 마산에서의 반정부 데모와 그에 따른 유언비어 등 혼란스런 사회상을 다룬 상자기사가 실려 있다. 훗날 4·19를 촉발시킨 사건의 현장이 소개된 것이다. 그렇게 사방의 날은 그해 한 번에 그치고 역사 속으로 사라졌다. 그리고 식목일이 부활했다.

그런데 자유당 시절 이승만 대통령의 국토녹화에 대한 생각을 알아볼 수 있는 글이 있다. 〈경향신문〉 1990년 9월 15일자 24면에 실린 "제1공화국 국무회의"라는 기획기사는 "신두영(申斗泳) 비망록에 비친 자유당 말기"라는 부제가 달렸다.[2] 신두영은 1956년 국무원 사무국장을 시작으로 총무처 차관을 거쳐 1970년대 들어 대통령사정담당특별보좌관, 감사원장을 지낸 인물이다. 그의 비망록에 나타난 이 대통령의 산림녹화 의지도 눈여겨볼 만하다. 기사 내용을 간추려 보면 다음과 같다.

자유당 정부가 당면한 가장 큰 국사의 하나는 치산치수였다. 황폐한 산림과 토사유출로 인해 폭우만 내리면 대소하천의 범람으로 수해 소동을 일으켰고, 가뭄까지 빈발, 연중행사처럼 수해를 입어야 했다.

2 "제1공화국 국무회의: 신두영 비망록에 비친 자유당 말기", 〈경향신문〉, 1990. 9. 15, 24면.

신두영 비망록에는 이승만 대통령의 산림정책에 대한 비상한 관심과 열의가 잘 나타나 있다. 1958년 1월 7일 새해 들어 두 번째 국무회의에서 이 대통령은 산림녹화에 대한 세심한 지시를 내린다.

이승만 대통령　조성철 씨가 건축한 주택을 보니 연탄이라는 것은 참으로 신기한 것이다. 그것을 이용히도록 하라. 내무부 장관은 시내에 빈입되는 신단(薪炭: 숯)을 일절 엄금하고 군경을 막론하고 잡아넣도록 하라. 농림장관은 신춘의 식목에 주력하라. 참나무를 베어 제탄하는 것을 엄금하라.

이 대통령(1958. 3. 11. 국무회의)　식목은 돈만 많이 들고 사실 효력이 적은 일이니 사방에 주력하고 식목을 하려면 심은 것이 죽지 않도록 감독을 잘해야 할 것이다. (식목보다 사방의 중요성 역설)

이 대통령(1958. 4. 7. 국무회의)　묘목 대에 돈을 쓰지 말고 그 경비를 자라나는 수목의 보호에 쓰라. (5월 20일에는 육묘사업 중지에 대한 조치결과를 문의)

이에 대해 정재설 농림장관이 반론을 제기한다.

정재설[3] 농림장관　사방사업에는 식목이 절대 필요하므로 육묘를 중지할 수 없습니다. 이는 세계적 통설일 뿐만 아니라 국군묘지를 시찰하시면 아실 것입니다.

이 대통령　장관이 기차를 타고 부산까지 가 보면 알 것이다, 나무를 심어온 흔적이 있나 없나를. 국군묘지 운운하는데 산림녹화에 관심 없는 사람에게 그러한 말을 하지 말도록 하라. 수목보호에 치중해야 한다.

이 대통령은 이후에도 계속 이 같은 자신의 지론을 역설했다.

이 대통령(50회 국무회의)　묘포에 드는 비용으로 산림 감시를 강화하라. 책임구역을 철저히 시행하고 아울러 표창제도를 장려하라.

---

3 정재설(鄭在卨, 1900~1988): 함경남도 이원 출생으로 1928년에 일본으로 건너가 동경제국대학(東京帝國大學) 임학과를 졸업한 뒤 귀국하여 1931년부터 조선총독부에서 근무하였다. 광복 후 1952년 농림부 차관, 1957년 농림부 장관에 임명되었다. 1971년 한국임정연구회(韓國林政硏究會) 초대 회장에 피선되어 재임했다.

이 대통령 (51회 국무회의) 묘포보다 기존림 보호에 힘쓰고 입산을 금지토록 하라.

이 대통령 (52회 국무회의) 사방에 식목하느니보다 낙엽채취를 금해야 한다.

이 대통령 (1958. 8. 11. 78회 국무회의) 다년간 사방을 해왔다고는 하나 점점 더 황폐해지니 다음과 같은 방법을 연구하라. ① 관계부처 협의로 계획을 수립할 것, ② 돈을 좀 쓰더라도 준설선 하나를 더 사들일 것, ③ 군경 일반 행정 책임자회의를 열고 임무를 분담할 것, ④ 입산금지 지구를 만들어 부락별로 감시할 것, ⑤ 싸리 씨를 다수 채취해 식재할 것.

이 대통령 (1958. 12. 2. 102회 국무회의) 남산의 나무껍질을 다 벗겨 놓았다고 하니 놀랄 일이다. 농림장관과 내무장관은 서울시장에게 알려서 이런 일이 없도록 해야 하며 관계책임자를 엄단하고, 남산관리를 방치하는 일이 없도록 하라.

매사가 열정만 있다고 모두 성취되는 것은 아니다. 무엇보다도 때를 잘 만나야 하는 법인데 이승만 대통령은 실정을 논외로 하더라도 때도 잘못 만났던 것 같다. 1958년 여름에는 폭우로 한강 수위가 13년 만에 위험수위에 이르렀고, 1959년 9월에는 태풍 사라호가 삼남지방을 엄습해 사상 최대 규모의 인명과 농경지 피해가 났다. 흉흉한 민심 속에 4·19가 터지자 이승만 대통령은 하야성명을 발표하고 물러나는 비운을 맞는다.

그러나 해방 후 남북으로 갈라진 현실에서 전기와 공업시설 등이 북쪽에 치우쳐 있는 데다 남쪽으로 내려온 피란민의 증가로 남한은 자원문제와 더불어 인구문제에 직면해야 했다. 먹고살아야 할 입은 늘어난 반면, 먹고 쓰고 입을 자원은 오히려 줄어들었으니 국민들의 생활상이 어떠했을지는 충분히 짐작할 수 있을 것이다. 기본적으로 산림녹화를 아무리 외쳐도 그럴 만한 여유가 없었던 게 당시의 우리네 살림살이였다.

뒷부분에서 좀더 자세히 언급하겠지만 나무나 풀 등 임산연료를 감축하려고 대체연료와 석탄을 개발한 사업이 훗날 산림녹화 성공의 밑거름이 된다.

5·16과 임정 쇄신

군사정부의 5대 사회악 '도벌' 소탕작전

치산치수는 치국의 근본이란 점에서 우리의 위정자들은 전쟁 중에도 산림보호법을 만들어 법 위반자들을 군법으로 다스리려 했다. 그런데도 성과를 거두지 못하고 오히려 산림의 황폐화는 더욱 심각해졌다. 물론 그럴 수밖에 없었던 현실은 충분히 이해할 수 있다. 북쪽에서의 피란민 남하로 인구는 급격히 늘어나는 데 반해 먹고, 입고, 쓸 수 있는 생활필수품이나 전기 등이 모자라 살길이 막막한 서민들은 '산으로, 산으로, 몰래몰래' 숨어들어 나무를 베어 팔아서 연명(延命)하는 지경에 이른 것이다.

정부가 아무리 단속하고 산림보호를 강조한다고 해도 배고픔 앞에서는 어쩔 수 없었던 셈이다. 누군가 가난은 범죄의 어머니라 했던가? 산에 나무가 늘어나기는커녕 오히려 황폐화가 급속히 심화되었던 것이 해방 후 우리가 겪은 혼란기의 실상이었다.

그러던 어느 날 우리의 역사는 새롭게 쓰이기 시작했다. 1961년 5월 16일 새벽 3시, 제2군 사령부 부사령관인 소장 박정희와 육사 3∼5기생 주도세력이 장교 250여 명, 그리고 부사관과 병 3천 5백여 명과 함께 탱크를 앞세우고 한강을 도하하여 청와대를 비롯한 서울의 주요기관을 점령하였다. 군부가 정권을 장악하는 군사정변이 일어난 것이다.

제3공화국, 박정희 시대는 이렇게 시작됐다. 어느 나라를 막론하고 정변이 일어나면 부패청산을 가장 우선하는 조치로 내세운다. 민심을 수습하기에는 그만한 것이 없기 때문이다. 군사혁명 세력은 혁명공약의 하나로 "사회의 모든 부패와 구악을 일소하고 퇴폐한 국민도의와 민족정기를 바로잡기 위해 청신한 기풍을 진작시킨다"는 약속을 내걸었다.

그 후속조치 가운데 하나가 도벌·남벌의 단속이다. 4·19 후의 사회 혼란과 민생고로 인하여 산림의 도벌·남벌이 심하였던 탓에 부정 임산물의 운반과 거

래를 단속함으로써 부정부패를 없애고 과도한 산림의 도벌·남벌을 막아 보려는 시도였다.

당시 군사정부는 도벌을 밀수·마약·깡패·사이비기자 등과 함께 5대 사회악(社會惡)으로 지목하고 대대적인 소탕작전을 전개하기 시작했다. 이를 위해 군사정부가 맨 먼저 칼을 빼든 것이 1961년 6월에 단속의 근거로 삼을 「임산물 단속에 관한 법률」의 제정·공포였다. 사실 이는 5·16 직후 국가재건최고회의 포고령이나 최고회의령으로 공포해 임시조치로 시행하던 것을 모아 법률 형태로 입법한 것이다.

이 법은 매우 강력한 조치를 담았다. 즉, 임산물 반출증 제도를 도입해 반출증이 없으면 단속하는 제도였다. 여기에 벌채임목의 극인제도라 해서 허가를 받고 베어낸 나무에 허가 표식을 하도록 했고, 나무를 가공하는 제재업의 허가제도 등을 새로 도입했다. 나무를 몰래 베는 것뿐만 아니라 이를 옮기는 부정 임산물의 운반 차량에 대해서는 운행정지 조치를 취하고, 운전사에 대해서는 면허취소와 함께 3년 이하의 징역 또는 30만 환[4] 이하의 벌금형을 부과하는 엄한 처벌조항을 담았다.

또 부정 임산물 고발자에 대한 포상을 실시하였다. 즉, 허가 없이 나무를 베거나(伐採) 돌을 캐는(採石) 일을 금지하고 부정한 방법으로 반출이 이뤄질 때에는 그 물건을 몰수하도록 하는 동시에 운반차량과 운전자를 중벌(重罰)에 처하도록 한 것이다. 주범(主犯)은 물론 종범(從犯)에 대해서도 가혹할 만큼의 처벌을 내리도록 한 것이다.

이러한 단속법은 도벌·남벌 방지를 위한 보호조치에 그친 것이지만 산림녹화 정책의 기초라는 점에서 의미 있는 조치였음은 물론이다. 그러나 산림정책의 근본적 정책은 있는 나무를 보호하는 것만이 아니라 새로 심고 가꿔야 하는 것임은 너무도 분명하다. 그래서 탄생한 것이 1961년 12월 제정된 「산림법」(山林法)[5]이다.

대한민국 최초의 산림법 제정과 산림정책의 체계화

우리나라는 해방 이후 그때까지 산림정책의 기본이 되는 산림법 하나도 제정하지 못한 채 일제 강점기 때 제정됐던 「삼림령」(森林令)을 그대로 준용하는 실정이었다. 우리 산림행정의 부끄러운 한 단면이 아닐 수 없다. 어쨌거나 5·16 이후 제정된 「산림법」은 단기 4294년(1961년) 12월 22일 국가재건최고회의에서 의결해 이송된 법률을 동년 12월 25일 각의에서 공포하기로 의결해 동년 12월 27일 당시 윤보선(尹潽善) 대통령이 공포했다. 이 문서에는 내각수반 송요찬(宋堯讚), 농림부 장관 장경순(張坰淳)이 함께 서명했다.

---

4 우리나라의 화폐 단위는 원(圓)→ 환(圜)→ 원(圓)의 변천 과정을 거치는데 1950년 7월 22일 최초로 한국은행권 '원'이 발행되다가 1953년 6·25 전쟁으로 인한 경제 위기를 타개하기 위하여 '대통령 긴급명령 제13호'에 의해 100원을 1환으로 바꾸는 조치가 있었다. 그러다가 1962년 6월 10일 다시 10환을 1원으로 바꾸는 긴급통화조치가 단행되어 지금에 이른다.

5 이 「산림법」은 산림기본법으로 역할을 하다가 2005년 8월 대체법률인 「산림자원의 조성 및 관리에 관한 법률」이 제정되면서 같은 해 폐지되었다.

이러한 산림정책의 근간이 되는 기본 법률의 제정은 산림정책에도 상당한 변화를 가져왔다. 우선 새로운 법으로 인해 가장 크게 변화한 산림시책은 나무 심는 계획인 영림계획의 도입과 산림조합의 공조직화였다.

동법 제7조에는 '농림부 장관은 산림 생산의 발전을 기하며 산림시책의 합리화를 기하기 위하여 일정한 기간을 정하여 산림기본계획을 작성하여야 한다'고 되어 있다. 또 법 제8조에는 '공유림 또는 1단지 1백 정보 이상의 산림 소유자는 각 령이 정하는 바에 의하여 산림경영계획(영림계획)을 작성하여 서울특별시장 또는 도지사의 인가를 받아야 한다', '법 제73조의 규정에 의하여 설립된 산림조합은 앞서 정한 산림을 제외한 조합구역의 사유림을 종합하여 각 령의 정하는 바에 의하여 영림계획을 작성, 서울특별시장 또는 도지사의 인가를 받아야 한다'고 되어 있다. 한마디로 산림보호와 육성의 기본계획을 만들어 시행하자는 내용이다.

이 법의 시행은 곧바로 이뤄지지 못하고 3개월 뒤인 1962년 3월에 시행령이 제정돼 이때부터 적용된다. 1961년 말의 「산림법」 공포에 이어 해를 바꾼 1962년 1월에는 「사방사업법」, 「수렵법」, 「청원산림보호직배치법」 등 산림시책을 추진하는 데 필요한 보완 입법조치들이 신속하게 이뤄졌다. 「산림법」도 마찬가지였지만 당시의 입법기능은 국가재건최고회의에 있었기 때문에 법률 제정이나 개정이 무척 신속하게 이뤄질 수 있었다.

그중에서도 「사방사업법」의 제정은 전쟁으로 황폐화된 국토의 재건에 없어서는 안 될 중요한 법이었다. 새로 제정된 법률에 따라 '사방사업이 필요한 면적' 즉, 요사방지를 다시 조사한 결과 37만 ha의 황폐지가 남아 있어 이를 복구할 계획을 세운다. 그동안 정부가 사방사업을 많이 해서 대상지가 크게 줄었다고는 하지만 아직 많은 곳이 사방사업을 해야 할 곳으로 조사된 것이다.

문제는 이를 추진하기 위한 돈과 인력을 조달하는 것이었다. 빈약한 재정으로 충분한 보상을 할 수가 없었고, 정상적인 인력 동원도 불가능한 실정이었다. 그래서 생각한 것이 강제동원이라도 할 수 있는 장치를 가진 임시조치법이었다.

긴급조치로 인력 동원해 일군 사방사업

1963년 2월에 제정된 「국토녹화촉진에 관한 임시조치법」이 그것이다. 이 법은 군복무 미필자, 공무원, 학생, 공공단체 직원 등의 종사자 중 노력제공의 명을 받은 사람은 일정 기간 동안 녹화사업에 종사하게 하는 긴급조치를 발동할 수 있도록 규정했다. 물론 항구적인 법이 아니라 짧은 기간에 적용하는 한시법으로 유효기간은 1963년 2월부터 1964년 12월까지로 23개월 정도였다. 그러나 아무리 권위주의 정부 시절이라 하더라도 이렇게 강력한 법이 순조롭게 시행되기는 어려웠다. 국민노동을 강제하는 것은 헌법에 위배된다는 비난과 함께 사회적 호응을 얻지 못해 제대로 시행하지 못했다.

법 제정 후 9개월이 지난 1963년 11월에는 법률 개정을 통해 강제동원의 대상과 우선순위를 명확히 하는 등 약간의 수정을 거쳐 시행되었다. 이때 보완된 조항은 법 4조에 정해진 동원 인력의 우선순위를 확정한 것인데 '서울시장, 부산시장 또는 도지사는 국토녹화사업을 위하여 필요하다고 인정될 때에는 각 령이 정하는 바에 의하여 부역(賦役)을 명(命)할 수 있다. 이 경우에는 다음 각 호에 해당하는 자에게 우선적으로 부역을 명할 수 있다'고 규정했다.

그 우선순위는 ① 산림계원, ② 1930년 1월 1일부터 1934년 12월 31일까지 사이에 출생한 자로서 현역에 편입되지 아니한 자와 현역 복무를 마치지 아니한 자, ③ 공무원과 학생, ④ 공공단체에 종사하는 자, ⑤ 각종 기업체에 종사하는 자, ⑥ 재건국민운동에 관한 법률에 의하여 설치된 단체에 가입한 자 등으로 명시되었다.

말하자면 당사자인 산림계원 이외에는 군미필자 등을 우선 동원하도록 한 것이다. 군미필자 동원은 사회적으로도 다소 용인의 여지가 있었던 셈이다. 지금의 기준으로 판단해 보면 이런 일도 있었나 싶을 정도의 강제동원임에 틀림없지만, 다른 한편으로는 그것이 곧 우리나라 산림녹화의 원동력이었음도 부인할 수 없는 사실이다.

이 기간 중 산림 예산의 대부분을 사방사업에 배정하고 사업을 촉진한 결과 1964년에는 요사방지의 면적이 약 8만 ha로 감소되었다. 말하자면 비가 오면 민둥산에서 흙탕물을 쏟아내는 황폐한 땅이 1961년 말에 조사한 37만 ha에 비해서 5분의 1에 가까운 8만 ha로 줄어든 것이다. 1965년부터는 이미 실시한 사방지 보수공사에 치중하는 한편 들에 흐르는 개천을 보수하는 야계사방(野溪砂防)이나 무너지는 해안을 보수하는 해안사방사업을 확충하는 데 중점을 두었다.

말하자면 우리나라 임업사(林業史)에서 5·16 이후 산림청 발족 이전 시기는 본격적 조림녹화를 실시하기 위한 준비기간으로 볼 수 있다. 해방 전후의 산림 황폐화는 이미 검토한 바 있지만 해방과 전쟁 등으로 불가피한 결과였다. 그러한 혼란스런 유산을 넘겨받은 군사정부가 산림정책의 법과 제도를 추스르고, 시급한 황폐지의 사방공사를 통해 홍수와 가뭄의 극심한 피해를 어느 정도 예방하는 것을 최우선 정책으로 삼았다는 것은 산림정책사에서 참으로 의미 있는 일이다.

이 시기의 임업사적 특징을 다시 한 번 요약하자면, 산림의 훼손과 국토 황폐화를 복구하는 사방사업과 조림을 해야 한다는 사회적 인식이 높아졌고, 따라서 정부는 새로운 계획을 수립하고 이를 실행에 옮기기 위한 제도와 법률의 정비에 큰 비중을 두었다. 우리나라 산림녹화의 역사에서 기반정비기 또는 준비기에 해당하는 셈이다.

특히 이 기간 중 특징적 제도 가운데 하나는 공무원직 중에서 산림직을 신설해 이들에게 사법경찰권을 부여하여 강력한 단속을 실시하게 했던 것이다. 이들의 활약은 산림보호라는 긍정적 성과와 함께 권한 남용이나 그로 인한 부정부패의 빈발 등 부정적인 면도 컸지만 임업사의 관점에서는 짚어 볼 만한 변화였음은 분명하다.

어쨌든 이 시기에는 사방사업과 산림녹화에 범국민적 운동을 일으켰고 전쟁복구를 위한 미국의 원조자금과 잉여 농산물 지원 등을 사방사업에 투입하여 산림조성사업의 성과를 제고하기도 했다. 한편으로 생각해 보면 당시의 사방사업은 단순한 국토녹화사업이 아니라 배고픈 농민이나 저소득층의 굶주림을 채워주는 빈민구호대책이란 측면이 더 강했다고 볼 수 있다. 배고픔을 달래려 강산을 누비며 식목을 하던 서민들의 땀방울이 거름이 되어 황폐한 민둥산이 지금의 울울창창한 숲으로 다시 태어났는지 모른다.

산도 아니고, 논도 아니고, 밭도 아닌 것이 …

그러나 여기서 주목할 대목이 하나 더 있다. 바로 산림녹화와는 상반되는 제도의 변화다. 농산물 생산 증대를 위해 제정한 「개간촉진법」이 그것이다. 1962년 2월 제정된 이 법은 산지나 야산의 개간을 장려하는 법이다. 이와 관련해 국민들의 걱정을 드러내는 신문 기사 하나를 보면 이해가 더욱 쉬울 것이다. "개간에 앞서 생각하여야 할 일"이란 제목의 1964년 3월 14일자 〈동아일보〉 사설의 일부 내용이다.

> 정부는 식량증산을 위하여 「식량권(食量圈) 확대 조성법」이니 「개간촉진법」 등 새로운 입법을 서두르고 있는데 물론 그 자체에 대하여 이를 마다할 수는 없는 것이지만 식량권을 확대함에서나 임야를 개간함에 있어서나 축산을 조장하는 것을 잊어서는 안 될 것이다.
>
> 본란은 식량권을 확대하기 위하여 25° 이하의 경사지까지 개간한다는 것이 홍수사태를 촉진하여 하천의 매몰과 국토의 황폐화를 초래할 위험이 있다고 경고하는 동시에 목초의 재배로 축산의 증가를 꾀하라고 주장하였거니와 이는 하천의 매몰을 막아서 국토를 보전하여 농업 이외의 산업이 설 수 있는 터전을 만들자는 데 그 까닭을 두고 있는 것이다. … 개간촉진 법안의 그러한 규정은 임야에 있어서 논뙈기나 밭뙈기를 마구 이루게 해서 산도 아니고 논도 아니고 밭도 아닌 것이 되게 한다면 국토의 황폐화는 더욱더 재촉될 공산만 더 크게 만드는 것이라고 내다볼 수밖에 없는 것이다.

'산도 아니고, 논도 아니고, 밭도 아닌 것'이라는 표현이 절묘하다. 당시 정책의 우선순위는 무엇보다도 식량증산이었다. 배고픔은 민심을 흉흉하게 만드는 첫째 요인이기 때문이었다. 뒤에서 좀더 자세히 언급하겠지만 농림부 내에서 산림정책을 담당하는 산림국은 사실 농정이나 농업생산 조직에 비하면 눈에 띄지 않는 그런 조직에 불과했다. 서로 다른 이해가 충돌하면서 다툼도 많았지만 그래도 산림조직들은 큰소리 한번 치지 못하고 양보해야 하는 실정이었다. 최소한 그때까지는 산림직 공직자들로서는 실력을 기르면서 국가 산림녹화의 청사진을 제시할 수 있을 때를 기다리는 수밖에 없었다.

지리산 도벌 사건

국회의원과 고위층 이름 오르내린 권력형 비리

5·16 이후 군사정부는 5대 사회악으로 '밀수·마약·도벌·깡패·사이비기자'를 꼽았다. 당시 기록사진을 보면, "나는 깡패다"라고 쓰인 어깨띠를 두른 폭력조직 두목들이 광화문 네거리를 행진하는 진풍경이 벌어지기도 했다. 마약, 밀수와 같은 사회악으로 도벌을 꼽았을 정도면 얼마나 도벌·남벌이 성행하고 그 폐해가 컸는지는 자세히 설명할 필요조차 없을 것이다.

군사정부는 곧바로 「임산물단속법」을 제정해 임산물 반출이나 도벌·남벌을 단속하는가 하면 산림정책의 기본법인 「산림법」을 제정하고 이어서 1963년에는 산림녹화를 추진할 「국토녹화촉진에 관한 임시조치법」을 제정하여 군미필자, 공무원, 학생, 공공단체 직원 등을 강제동원해 나무를 심도록 하는 긴급조치에 가까운 정책을 시행했다.

그런데 그런 와중에도 대규모 도벌 사건이 발생해 1964년 겨울과 1965년 여름까지 온 나라를 들썩이게 한다. 1964년 10월 하순에 발생한 이른바 지리산 도벌 사건이 그것이다. 1961년 5·16 군사정변에 의한 1년 7개월간의 군정 체제에 이어 1962년 12월 17일 국민투표로 확정된 개정 헌법에 의해 1963년 10월 대통령 선거와 11월 제6대 국회의원선거를 거쳐 12월 17일 박정희가 대통령에 취임함으로써 한국의 3번째 공화헌정 체제인 제3공화국이 출범했으니 새로운 공화국이 출범한 지 불과 1년도 채 지나지 않은 시점에서 일어난 대규모 사건이었다.

더구나 국회의원과 고위층들의 이름이 오르내리는 권력형 비리라는 점에서 더욱 세간의 관심이 높을 수밖에 없었다. 마침내 1964년 11월 7일에는 국회에 지리산 도벌 사건에 대한 조사위원회가 구성되지만 별다른 뚜렷한 소득 없이 정치적 공방만 거듭하다 유야무야되고 만다. 물론 산림 공무원, 경찰, 민간인 등 총 4백여 명에 이르는 수많은 사람들을 구속하고 일단락 지었지만 거물들에 대한 죄상은 밝히지 못한 채 세월 속에 묻혀 버리고 말았다.

이를 되돌아보면 쓸쓸한 느낌을 갖게 되는 것은 여당과 야당의 정치적 공방의 행태가 50년 전이나 지금이나 비슷하고 또 50년 후에도 달라지지 않을 것 같다는 생각 때문이다. 2007년 개청 40주년을 맞아 산림청이 발간한 《대한민국 산, 세계는 기적이라 부른다》에 기록된 지리산 도벌 사건의 스토리를 옮겨 보면 대략 이런 내용이다. [6]

1964년 10월에 지리산에서 전국 최대 규모의 도벌 행위가 적발되어 경찰이 현장을 덮쳤다. 한국의 허파라고 일컬어지던 지리산이 폐허의 민둥산이 될 위기에서 도벌 소탕작전이 펼쳐진 것이다. 지리산 도벌은 강력한 권력을 배후에 둔다는 소문이 파다했다.

… 지리산은 전남, 전북, 경남의 3개도에 연접한 우리나라 명산 중의 명산으로 전라남도 구례군에 연접해 있는 지역인데 그곳에는 '천은사'(泉隱寺)라는 사찰이 있었는데 천은사 사찰림 일대에서 합법을 가장한 공공연한 도벌이 판을 쳤고, 현직 국회의원이 연루되었다는 소문이 파다하게 떠돌았던 것이다. 막강한 권력형 도벌로 문교부가 끼어들어 업자에게 3배 이상의 폭리를 취할 수 있도록 했다는 소문이었다. 문교부가 끼어든 것은 당시 사찰림의 벌채 허가는 「사찰재산관리법」에 의해 문교부 장관의 재산처분승인이 떨어져야 했기 때문이었다.

또한 순천의 수해복구 용재로 쓰기 위해 벌채를 한다며 합법을 가장하여 중앙정부와 지방행정기관이 합작해 벌채 기간을 연장해 주었다는 소문도 떠돌았다. 수해 복구용 채벌 허가가 나긴 했는데 실제 수해 복구용으로 나간 목재는 허가량의 3분의 1에도 못 미쳤다는 것이다. 나머지는 업자가 빼돌려 폭리를 취한 것이다.

문교부는 그보다 훨씬 앞선 1962년 9월에도 임목 가격이 재(才: 일어로 사이)[7]당 4원 정도였는데 재당 1원 49전에 팔아 사찰이 절간을 고치고 절에서 농사짓는 자경답(自耕畓)을 사도록 재산처분허가를 하여 업자가 폭리를 취하

---

6 산림청, 2007, 《대한민국 산, 세계는 기적이라 부른다》. 한국임업신문사, 197~205쪽.
7 재목의 부피를 나타내는 단위다. 1재는 가로·세로가 모두 한 치이고 길이가 12자로 약 0.00334㎥에 해당한다.

게 했다는 소문도 떠돌았다. 그런가 하면 경남 함양군 마천면 국유림 도벌 현장에서는 상상을 초월하는 사건들이 일어났다. 이곳은 고지대로 사람의 접근이 어려운 곳이어서 더더욱 야만적으로 도벌이 자행되었다. 이곳 도벌꾼들역시 보이지 않는 권력의 비호를 받은 것으로 소문이 파다했다. 가난에 찌든인근 마을 주민들이 고사목 55㎥를 무상양여 받아 땔감으로 쓰기 위해 국회의원에게 사정하여 민 모 의원으로부터 무상양여를 하겠다는 약속을 받아냈으나 그 같은 국회의원의 약속은 허공으로 사라지고 55㎥의 고사목은 삼○흥업에 낙찰되었다.

당국이 주민들의 생계 지원보다는 돈벌이에 우선한 셈이었다. 그런데 문제가 더 복잡해진 것은 벌채 허가를 받은 삼○흥업은 서○흥업에 웃돈 1백만 원을 받고 벌채권을 팔았다. 서○흥업은 다시 남○목재에 웃돈 4백만 원을 받고팔았다. 결국 705만 원짜리가 된 벌채권을 손에 쥔 동○목재는 투자자본을 회수하기 위해 혈안이 될 수밖에 없었고, 무차별한 도벌을 가속화할 수밖에 없었다. 벌채 기간을 연장해 주는 도움의 검은 손길이 뒤를 봐주기도 했다는 것이 당시의 실상이다.

참고로 1964년 11월 14일 〈경향신문〉 기사를 옮겨 보면 좀더 명확한 내용이나온다.

1963년 삼성흥업(사장: 정기성)이 농림부로부터 마천면 강청(江淸) 리와 삼정(三丁) 리의 두 지역 1,800여 ㎡에 쓰러져 있는 피해목 6,450그루를 155만 원에 불하받았다.[8] 이것은 딴 사람에게 매도를 못함에도 삼성흥업은 남선목재에 1백만 원의 웃돈을 얹어 팔았다. 남선에서는 서남흥업으로 하여금 하청을시켰으나 돈만 가져갈 뿐 나무가 나오지 않자 남선목재 자신이 지난여름부터직접 작업에 나섰던 것이다. 작업이 이렇게 늦어지자 남선목재는 3차에 걸쳐작업 기간을 연장했던 것이며 지난달 27일로 그 기간이 만료된 것이다.

---

8 피해목은 여러 가지 형태로 죽은 나무를 가리키는데 고사목(枯死木 : 말라죽은 나무), 풍도목(風倒木 : 바람에 쓰러진 나무), 설화목(雪禍木 : 눈에 쓰러진 나무) 등이 있다.

공병대 장교의 청와대 고발로 드러난 사건의 전모

지리산 도벌 사건 이전에도 도벌·남벌은 크고 작은 규모로 수없이 이뤄져왔고, 지리산 이외의 다른 지역에서도 여러 차례 자행되었음은 너무도 명백한 사실이다. 그런데도 어째서 유독 지리산 도벌 사건이 온 나라를 들썩이게 만들었는지는 그 과정과 결과를 살펴보면 알 수 있다.

당시 지리산에 군 작전도로를 개설하려던 공병대 장교가 지리산의 도벌 현장을 목격하고, 처참하게 폐허가 된 산림의 모습을 사진으로 찍어 청와대에 진정함으로써 대통령의 소탕 명령을 이끌어냈다는 것이 모든 기록들이 전하는 사건의 전말이다. 앞서 인용한《대한민국 산, 세계는 기적이라 부른다》에서는 그 과정을 이렇게 기록한다.

1964년 10월 초 청와대에서는 박정희 대통령의 전남·광주 지방 시찰을 준비하는 손길이 바쁘게 움직였다. 경호실에서는 모든 준비를 하고 서울에서 광주까지 육로로 행차할 도로의 점검까지 마쳤다. 그런데 광주 지역 시찰 하루 전날 대통령의 새로운 지시가 떨어졌다.

"광주시찰 헬기로 준비해!"

육로로 시찰할 준비를 했던 경호실에서는 부랴부랴 헬기 행차를 준비했다. … 다음날 오전 대통령을 태운 헬기가 서울을 출발해 경기도와 충청도를 지나 전라도에 접어들어 광주로 향하던 중 박 대통령은 지리산 상공을 한 바퀴 돌도록 지시했고 지리산 일대에 벌어진 도벌로 폐허가 되다시피 한 지리산의 구석구석을 돌아보면서 입을 다물 수가 없었다.

대통령은 광주시청에 도착하자마자 지리산에 걸쳐 있는 전남, 전북, 경남도 경찰국장에게 도벌꾼 소탕령을 내렸다. 이들 3개도 경찰국은 각각 '부정임산물 특별수사본부'를 설치하고 작전에 돌입한 것이다.

당시의 신문에도 도벌 소탕작전이 생생한 기록으로 남아 있다. 당시 수사는 언론에 보도되기 이전부터 암암리에 진행되었는데 신문지상(新聞紙上)에 등장한 것은 11월 초쯤으로 추측된다. 사건 초기에〈경향신문〉에 보도된 관련 기사를 보면 어느 정도 당시 사회 분위기를 짐작할 수 있다.

다음은 〈경향신문〉 1964년 11월 7일자 사회면인 7면 머리기사의 제목이다. 구체적 내용은 앞서 소개한 내용의 줄거리들이 핵심을 이루어 굳이 소개하지 않더라도 짐작할 만한 내용이다. 따라서 제목만으로도 당시 사건이 어땠는지 분위기를 충분히 짐작할 수 있다.

지리산 도벌 사건 확대?
농림부 관계관에 비화할 듯
발가숭이 진정 받고 답사관 흐지부지
감정 결과 최근에 벌채
수사본부, 수년간 묵인한 책임자들 입건

학생 데모 진압 노력 10분의 1만 쏟았더라도 …

그 후 열흘 남짓 지난 뒤 〈동아일보〉 기사를 보면 권력층 연루설 등이 등장하기 시작한다. 다음은 〈동아일보〉 1964년 11월 19일자 사회면 7면 머리기사의 제목들이다. 사건의 실체가 서서히 제목에 나타남을 알 수 있다.

지리산 도벌 사건 차츰 드러나는 배후
공화당 국회의원 徐, 閔, 張 모 씨 등 관련설
대검의 趙 검사 각종 방증 수집
문제의 키 쥔 辛 씨 나타나야

그로부터 한 달여가 지난 11월 말에서 12월초에는 수사에 대한 종합적인 기사가 등장한다. 권력형 비리라는 점에서 수사가 지지부진하고 부작용도 나타나는 상황이 적나라하게 기록되어 있다. 그러나 권력형 비리인 것은 분명한데 당초 거론되던 거물 정치인들의 혐의는 드러나지 않았다. "태산명동 서일필"(泰山鳴動 鼠一匹)이란 제목의 〈동아일보〉 1964년 11월 30일자의 사설을 보면 이렇다.

국민을 아연케 하고 분노케 했던 지리산 도벌 사건은 관련자를 철저히 색출하여 처벌하라는 민성과는 아랑곳없이 경찰의 수사 태도 자체에 석연치 않은 점이 있어서 국민을 더욱 의아케 하는 것은 불행한 일이라 하지 않을 수 없다. 도벌 사건 수사에서 경찰이 우물쭈물한다는 인상을 국민이 받는 한편으로 지금 이 순간에도 전국 도처에서 사정없이 나무가 벌채되어 미림(美林 : 아름다운 숲)이 하나하나 자취를 감추고 있다.

이렇게 시작된 사설은 다음과 같이 끝을 맺는다.

솔직히 말해서 우리는 경찰이 데모 학생을 수사하던 열의의 10분의 1이라도 산림 남벌의 수사를 위하여 힘을 기울여 주기 바란다. 왜냐하면 도벌은 국토의 생명을 벌채하는 망국행위이며 도벌에 대한 관용은 그 자체가 반국가적인 죄악이라고 말하여도 과언이 아니라고 믿기 때문이다.

수사는 미진한 채 서둘러 봉합 단계로 가고 있었던 것이 당시 현실이었다. 경찰 수사만 그런 것은 아니었다. 1964년 11월 7일 국회는 조사위원회를 구성해 활동하기 시작했으나 본격적인 활동은 경찰 조사가 마무리 단계에 들어선 12월 중순 이후에야 이뤄졌다. 이듬해인 1965년 1월 20일 2차 조사를 마치고 마무리 절차를 밟았는데 수사 과정에서 거론됐던 거물 정치인이나 고위 관료들의 혐의는 밝혀지지 않은 채 역사 속으로 묻혀 버렸다.

산림청 승격의 직·간접적인 요인

지리산 도벌 사건이 대충 마무리된 것은 1965년 2월 초다. 물론 관련자들의 재판은 계속 진행되었지만 진상조사는 흐지부지되고 말았다. 정부는 당시 농림부 산림국장이었던 심종섭[9] 씨를 의원면직시키는 정도로 책임을 물었다. 그러나 이 사건은 또 다른 파장을 몰고 왔다. 당시 연루된 산림청 공무원들에게 이 사건은 악몽이었지만 결과적으로는 도벌 단속을 강화해야 하고, 그러기 위해서는 조직의 강화가 필요하다는 점을 역설적으로 증명한 실증적 사례로 작용한 것이다. 훗날 농림부 산림국이 산림청으로 승격되는 직·간접적 요인이 바로 지리산 도벌 사건이었음을 여러 기록들이 증명한다.

〈동아일보〉 1965년 6월 1일자를 보면 "산림청 신설 검토"라는 제하의 기사가 다음과 같은 내용을 전한다.

> 정부는 빈약한 임산자원의 육성 증대와 황폐 임야의 조속한 복구 그리고 방대한 조림사방 및 강력한 보호단속 등 산림정책의 획기적인 강화를 도모하기 위해 곧 산림청을 독립시킬 것이라고 한다. '지리산 도벌 사건'과 수십년래의 한발(旱魃 : 가뭄)에 부닥친 정부로서는 현 농림부 산림국의 빈약한 기구와 예산으로서는 도저히 국토의 7할을 차지하는 산림의 황폐화를 막을 길이 없으므로 산림국을 청으로 승격시켜 명령계통이 일관되고 임업의 특수성에 입각한 독자적인 산림시책을 수행토록 하기 위하여 이 독립안을 서두른 것이라고 하는데 특히 수해나 한해의 항구적 대책으로서의 조림 사방사업은 절실히 요청되고 있다.

여기서 지리산 도벌 사건에 대해 당시 산림청에 재직했던 김연표(金演表), 이주성(李柱聖), 안승환(安昇煥)의 회고를 잠시 들어보자. 다음은 2014년 7월 1일 수원 소재 산림과학원 산림유전자원부 회의실에서 인터뷰한 내용이다.

이계민   지리산 도벌 사건에 대해 몸소 겪은 사실을 이야기해 주실 수 있는지요?

이주성   지리산이 3개 도, 9개 군에 걸쳐 있거든요. 그래서 도벌 사건의 발상지를 어떻게 보면 셋으로 나눌 수가 있어요. 하나는 전남 구례지구, 또 하나는 경상남도 함양지구, 마지막 하나는 중앙영림서 등이에요.

9 심종섭(沈鍾燮, 1917~2012) : 전라북도 김제 출신으로 잠시 농림부 산림국장을 지냈으며, 제19·20·21대 대한민국 학술원 회장과 제7·8대 전북대 총장을 지낸 학자이다. 일본 규슈(九州)대 농학부를 졸업하고 미국 예일대 석사, 서울대 농학박사, 1966년부터 서울대 교수로 재직하며 농대 학장, 학생처장, 교무처장을 역임했다.

김연표, 이주성, 안승환,
그들은 누구?

김연표(金演表, 1932~) 전 산림청 차장은 충남 금산 출신으로 서울대 농대를 졸업하고 미네소타 대학에서 산림 경영을 수학하기도 했다. 1958년 농림부 산림국에 수석행정관으로 들어가면서 산림행정과 인연을 맺어 만 34년 산림행정의 외길을 걸어온 치산녹화 실행의 산증인이다. 산림청의 핵심 부서를 거의 빠짐없이 돌았고 특히 1973년 '제 1 차 치산녹화 10개년 계획'을 입안할 당시엔 산림청의 중추 조직인 조림과장을 맡으면서 고건(高建) 당시 내무부 새마을담당관을 도와 1차 계획을 입안한 실무자 가운데 한 사람이었다. 그런 연유로 청와대에 파견되어 산림청과의 연결고리 역할을 맡기도 했다. 산림청 조림국장을 거쳐 임업시험장장, 국립산림과학원장 등을 역임하고 산림청이 내무부에서 농림수산부로 이관된 1987년에 산림청 차장으로 발령받아 1992년 3월에 정년퇴임했다. 산림청 차장 시절인 1987년 6월에는 각종 기술고시 출신들의 모임인 기술고시회 회장을 역임했고, 훗날 전직 산림청 공직자들의 모임인 '임우회' 회장도 역임했다.

이주성(李柱聖, 1934~) 전 임업연수원장은 전북 부안 출신으로 전북대 농학과를 졸업하고 산림행정과 연을 맺은 뒤 구례군 산림계장을 비롯해 전남도 산림과장 등 지방 근무에 이어 산림청 보호과장, 동부지방 국유림관리청장, 농림부 농업연수원 교수부장, 국립종자관리소장, 식품개발연구원 감사, 임우회 부회장 등을 역임했다.

안승환(安昇煥, 1940~) 전 동부지방 산림청장은 전남 장흥 출신으로 고려대 농대를 졸업하고 1965년 농림부에 들어가 산림청 조림국을 거쳐 산림청 보호과장, 동부지방 산림청장 등을 역임했다. 재직 중 미국을 비롯해 독일과 일본의 조림 및 휴양림 분야 연수를 받은 실력파. 공직을 나온 뒤로는 한국양묘협회 부회장을 역임하기도 했다.

| 이계민 전 한국경제신문 주필(오른쪽)이 김연표 전 산림청 차장(왼쪽), 이주성 전 임업연수원장(왼쪽 두 번째),
안승환 전 동부지방 산림청장과 수원의 산림과학원 산림유전자원부 회의실에서 인터뷰를 진행하였다.

이계민   지리산 도벌 사건의 발단은 무엇인가요? 물론 도벌은 암암리에 오래전부터 있었지만 대통령까지 나설 정도의 큰 사건으로 번진 이유가 궁금합니다.

이주성   당시 전남에서 듣기로는 박 대통령이 지리산으로 오시는데 그 이유는 지리산이 대한민국 국립공원 제 1호로 지정되었기 때문이라는 이야기가 있었습니다. 확실하지는 않지만 지리산의 관문을 어디로 할 것이냐에 대한 인접 도(道)들 간에 약간의 문제가 있었다고 그래요.[10]
그러던 차에 공병대 대위로부터 청와대에 진정서가 올라온 것입니다. 공병대가 작전도로를 내기 위해서는 측량하는 과정이 있는데 와 보니까 지리산이 온통 무너지는 형국이었다는 거예요. 산속에 이동 제재소가 있는가 하면 그냥 집단적으로 나무를 마구잡이로 쓰러뜨리는 현장을 고발하는 내용이었답니다. 그러니까 박 대통령은 진정서를 보고받고 조금 긴가민가했다고 해요. 그래서 헬기로 시찰한 것이라는 이야기가 있습니다.

10 지리산 국립공원 지정일은 1967년 12월 29일이다.

| 이계민 전 한국경제신문 주필

박 대통령이 지리산 상공에서 헬기를 타고 돌아보니 구례지구에는 천은사 사찰림이 있는데 구례군 방광면 산 1번지예요. 그런데 '이곳이 바로 그 공병대 대위가 이야기했던 바로 그곳 아닌가?'라고 직감하신 겁니다. 그래서 전남도 시찰을 마치고 지시를 내렸지요. 검찰·경찰 모두에게 철저한 조사를 지시한 겁니다. 그것이 발단이라고 들었습니다.

그런데 10월 어느 날 새벽에 우리 집에 있는 경비전화로 전남도경 수사과장에게 전화가 온 겁니다. 그때 나는 구례군 산림계장이어서 동네에서 우리 집에만 경비전화가 있었어요. 특히 사법경찰권을 주었던 때니까 그만큼 산림보호가 중요한 임무였다고 볼 수 있지요. 걸려온 경비전화에서는 "나 도경수사과장인데, 내일 아침 9시까지 구례경찰서에 병력 150명이 나갈 텐데 이 사람들이 가는 목적이 도벌·남벌 단속이다. 그러니 벌채허가지에서 단속을 할 테니까 당신이 안내해서 철저히 실시하라"고 하는 겁니다. 도경수사과장은 나하고는 전혀 인연이 없는 양반인데 말이지요.

그래서 그 말을 군수한테 했더니 군수는 멍하지요. 전남도에 전화했더니 도(道) 산림과도 모르는 거예요. 그게 바로 대통령 지시로 떨어진 조치란 것을 뒤늦게 알았습니다. 142개소에 허가했는데 그 142개소에 일제 조사를 다 했습니다. 그런데 서류상으로는 허가면적을 넘는 거예요. 당시 허가는 9,854입방(㎥)인데 1만 1천 입방(㎥) 정도 나오는 겁니다. 해명해야 하는데 난감했지요.

이계민　결말이 어떻게 났나요?

이주성　너희들이 업자와 결탁해서 허가를 더 해 준 것 아니냐? 이렇게 모는 거예요. 그런데 해법이 있었어요. 형수법(形數法)이라고 나무의 흉고직경(胸高直徑: 사람 가슴 높이의 나무 직경)과 수고(樹高: 나무의 키)를 감안해서 재적

52

| 왼쪽부터 김연표 전 산림청 차장, 이주성 전 임업연수원장, 안승환 전 동부지방 산림청장.

(材積: 전체 나무의 면적)을 계산하는데 나무의 위아래 굵기가 똑같을 수가 없지요? 끝에는 뾰족할 것 아니겠어요? 그러니까 밑변 곱하기 2를 하는 게 원통(圓筒)이었을 때 부피인데 나무는 뾰족해서 원통이 아니란 말입니다. 그것을 계산하는 공식이 수표(數表)로 나와 있어요. 난 그것을 미처 몰랐습니다.

그런데 범택균 씨라고 당시 전남도 산림과장이 와서 그것을 이야기하더라고요. 그 방법으로 한번 검측(檢測: 검사하고 측정하는 것)을 해보라고 말이죠. 그래서 현장 경찰관도 있는 데서 우리가 잘라서 시험해 봤어요. 그렇게 계산해 보니 허가 재적과 실제 재적이 대충 맞아떨어져요. 그렇게 해서 살아난 겁니다. 불법이 없었던 것으로 마무리되었지요.

이계민   그것은 해명되었는데 실제로 지리산 도벌이 엄청나게 이루어지지 않았습니까? 그것을 보고 대통령이 엄벌에 처하라고 3군데 경찰서에 전부 지시했었지요?

피해목 핑계로 멀쩡한 나무 도벌

이주성   지금까지 말한 것은 구례 건이고 함양 건은 훨씬 복잡했어요. 그곳에는 국유림과 학교 연습림이 많았어요. 산림청 소관 국유림이 있었고 진주농대와 서울농대의 연습림이 있었습니다. 그런데 산림청 소관 국유림 내에 피해목(被害木) 처분허가를 해 준 겁니다. 피해목이란 산불이 나서 죽었거나 병충해를 입은 나무, 바람에 쓰러진 나무 등을 이르는 것이지요. 즉, 재해를 입고 죽은 나무를 뜻합니다. 그런 것들은 별도의 허용량에 구애받지 않고 관할 기관장이 허가해 주도록 되어 있었습니다. 그런데 문제는 피해목 벌채 허가를 받아 놓고 실제로는 피해목뿐만 아니라 훨씬 더 많은 생생한 나무까지 도벌한 겁니다.

그때 그런 문제들이 많이 불거졌는데 특히 배후에 정치적 거물들이 있다고 해서 국회에서 국정조사도 하고, 언론에서도 연일 대서특필했습니다. 그 당시 신문에 해방 직후 8대 사건 중 하나라고 했습니다. 그렇게 보도가 날 정도로 충격적인 사건이었고 지금도 아마 우리 임정(林政) 사상 제일 큰 사건이라고 생각합니다.

안승환   그런데 그게 얼마나 유명했냐 하면 그다음 해 각 대학 농과대 학생들 졸업논문 과제가 "지리산 도벌 사건에 대해서 논하라"는 것이었습니다. 나도 그 주제로 논문을 썼어요. 지금도 생생하네요.

이주성   그래서 내가 죽기 전에 이 사건에 대해 글을 한 편 쓰려고 준비하던 차에 얼마 전에 자료를 수집하러 국회도서관에 갔어요. 그런데 어찌된 영문인지 지리산 도벌 사건에 대한 자료 목록은 다 있는데 내용물이 하나도 없는 거예요. 쓸쓸하다는 생각이 들었습니다.

산림청이 탄생하기까지

전화위복이 된 행정직 산림국장 임명

나라를 뒤흔든 지리산 도벌 사건은 농림부에 찬바람을 몰고 왔다. 관련 공무원들뿐만 아니라 농림부의 유능한 임업직 공무원들이 옷을 벗기도 했다.

지리산 도벌 사건이 이처럼 매스컴에 중점적으로 보도되고 사회적으로 큰 파문을 일으켰던 이유는 무엇일까? 대통령의 특별지시나 공병대 군인의 제보 등이 직접적 원인이었지만 다른 요인도 작용해 더욱 요란스러워졌다는 주장도 있다. 농림부와 내무부 간에 산림경찰권을 둘러싸고 갈등을 빚어 골이 깊어진 탓이라는 진단이 바로 그것이다.

당시 산림직 공무원들에게 사법경찰권을 주어 단속하게 하자 앞서 지적한 대로 여러 가지 부작용이 나타났다. 특히 사법권을 행사해야 할 경찰과의 알력이 없을 수가 없었다. 지리산 도벌 사건을 계기로 이러한 산림 사법경찰권 논란이 표면으로 떠오르면서 공방이 더욱 가열되었다는 분석도 있다.

더구나 주무부 장관인 농림부 장관은 이번 사건으로 입지가 매우 곤란하게 됐다. 본업이라고 생각하지 않은 산림 업무에서 코너에 몰리니 얼마나 열불이 났을지 지금도 능히 추측할 만하다. 따라서 농림부 장관이 산림국을 고운 눈으로 보지 않았을 뿐만 아니라 임업직 공무원들까지 미워하는 극심한 후유증을 낳았다. 그것을 실증한 사건이 지리산 도벌 사건으로 물러난 심종섭(沈鍾燮) 농림부 산림국장의 후임 인사 건이다.

원래 산림국장 자리는 임업 전문직들이 맡았던 것이 그때까지의 관례였다. 그런데 임업직 공무원들의 최고 선망 자리였던 산림국장직에 일반 행정직인 농림부 총무과장 조한욱(趙漢旭)[11]을 부이사관으로 승진시켜 발령해 버린 것이다. 1965년 2월 13일의 일이다.

---

11 후일 산림청 차장까지 지냈다.

그런데 임업직을 배제시킨 이 인사가 훗날 오히려 크나큰 선물 보따리가 될 줄은 당시에는 아무도 몰랐다. 사상 처음 행정직 산림국장 체제의 가동은 소문이나 희망사항으로만 거론되던 산림국의 산림부 승격의 핵심 추진체로 등장한 것이다. 당시 산림국의 부(部) 승격 논의는 대충 다음과 같은 논리를 바탕으로 이루어졌다.

산림부 독립을 위한 물밑 작업

1964년 당시 우리나라의 국토 면적은 98,431㎢이었고 이 가운데 68%가 산지(山地)였다. 그럼에도 이를 관장하는 농림부의 조직은 농업에 치중되어 있었고, 산림 조직은 식산차관보 산하 3개국 중 하나인 산림국에 불과했다. 물론 당시 식량 부족이라는 직접적 동기로 보면 농업진흥 조직만큼 중요한 것은 없었을 것이고, 식량자급은 국민 모두가 염원하는 소망이었을 것이다. 그러나 한 발짝만 더 나아가 따져 보면 산림 관리의 중요성을 너무 간과한 것이 아니었느냐는 답이 나온다. 농가에서 쓸 수 있는 연료라고는 나무뿐이니 이를 산에서 베어 쓰는 수밖에 없었고, 그러다 보니 산림이 황폐화되는 것은 필연의 결과였다.

문제는 산에 나무가 없고 관개시설(灌漑施設)마저 부족하다 보니 비가 오면 토사가 흘러내려 농사를 망치고, 가뭄이 들면 농작물이 말라죽는 상황이 지속된다는 것이었다. 이렇게 논리를 전개하다 보면 식량 자급의 근본 치유책은 치산치수로 귀결된다.

물론 5·16으로 군사정부가 들어서면서 중농정책의 기조를 유지하는 동시에 산림자원 보호와 증진을 위한 갖가지 법률을 제정하고 도벌·남벌을 강력히 단속하는 등 산림정책을 상당히 중시한 것도 사실이다. 그러나 현실적 필요에 부응할 만큼의 정책 지원은 부족했다는 게 당시 학자들의 분석이었다.

산림정책을 연구하는 학자들의 분석에 따르면 당시 산림정책의 문제점[12]은

---

12 산림청, 2007, 《한국 임정 50년사》, 282쪽.

① 전 국토의 68%를 차지하는 산림사업에 투자된 국가예산은 1965년에 9억 원으로 전체의 1.1%에 불과했고, ② 산림행정의 독립성이 없어 안정적인 정책을 수립하고 장기적으로 시행하는 데 필요한 통계·경제 분석 기능이 미약했고, ③ 조직 면에서 방대한 업무량을 감당하기 어려웠다는 점이다.

전문가의 분석이 아니라도 행정 수요 면에서 산림기구의 개편이 필요하다는 것은 누가 보아도 타당성 높은 주장이었다. 매년 되풀이되는 가뭄과 홍수 피해를 예방하기 위해서는 개편이 무척 시급하다는 것이 공직사회의 암묵적 동의였다고나 할까. 이런 상황을 배경에 깔고 산림부로 독립하기 위해 발동을 건 사람은 지리산 도벌 사건의 여파로 승진 발령된 조한욱 산림국장이었다. 아마 임업전문직 국장이었다면 당시 산림조직 승격의 과감한 추진이 어려웠을지 모른다.

어쨌든 1965년 2월 총무과장에서 산림국장으로 승진한 조한욱은 궁극적 목표가 산림부 독립이었지만 직접적 건의는 큰 파장을 일으킬 수 있다고 판단해 더욱 치밀한 계획과 설득에 나서기로 마음먹고 자신의 구상을 정리했다.

우선 그는 당시 임정과(林政課) 기획업무를 맡았던 최민휴(崔玟休)[13] 기사(技士)에게 대통령을 감동시킬 산림 장기발전계획을 만들도록 지시했다. 물론 이러한 장기발전계획 작성의 궁극적 목적은 산림부 독립에 있었다.[14] 최민휴 기사는 당시 서울대 대학원에서 임업경제학 석사 과정을 마치고 임정과에 복귀한 엘리트로 즉각 보고서 작성에 착수했다.

그런 가운데 해가 가고 어느덧 1966년 식목일이 닥쳐왔다. 농림부 산림국으로서는 행사를 준비해야 하는 부담도 적지 않았다. 그러나 당시에는 산림국의 기구개편 문제가 농림부 내에서 공공연하게 떠돌아다녔다. 지난 1년여의 작업 끝에 마침내 〈국토녹화 및 임업발전 장기계획〉이란 보고서가 브리핑차트로 만들어졌다. 지리산 도벌 사건의 폭풍우가 지나간 1965년 6월 드디어 농림부 산림국을 '산림부'로 승격하는 프로젝트를 세부화하는 사전 계획이 무르익기 시작한 것이다.

당시 계획 입안자는 골몰에 골몰을 하지 않을 수 없었다고 술회했다. 힘들여

---

13 후일 임업연구원장을 역임했다.
14 산림청, 2007, 《한국 임정 50년사》, 282쪽.

만든 보고서가 위력을 발휘해 소기의 성과를 거둬야 그간의 고생이 헛되지 않을 것임은 인지상정(人之常情)이 아닌가. 만에 하나 아무 반향이 없다면 수고의 대가는 고사하고 앞으로 산림부 승격은 말조차 꺼낼 수 없는 기회의 멸실(滅失)을 초래할 것이 아닌가. 그 답답한 심정은 당사자가 아니면 헤아릴 수 없을 것이다.

대통령을 감동시킨 조심스런 우회작전

당시 보고서 작성 책임을 맡은 최민휴 기사는 단순한 기구 개편이 아닌 국가발전의 핵심과업이라는 점을 내세워 윗사람들을 설득하기로 하고 세부전략을 가다듬어 나간다.[15]

차균희 농림부 장관[16]과 조한욱 국장이 함께 박 대통령 앞에서 설명하게 될 텐데 대통령을 감동시킬 수 있어야 한다. 그렇게 하려면 국토녹화 문제는 한 시대의 정권 차원이 아니라 영원한 민족사적 입장에서 접근할 만한 대명제라는 점을 강조하고, 우리 민족이 운명의 상승기류를 타고 도약하는 이 시점에 민족적 에너지를 집결시켜 국토녹화의 과업을 성취하지 않는다면 국토황폐는 가속화되고 민족의 자립과 국가의 번영은 기대하지 못한다는 사실을 깨닫도록 해야 한다.

최 기사는 온갖 궁리를 다해 최고의 작품을 만드는 데 골몰했다. 특히 국정 최고책임자의 감성을 자극하는 논리와 용어를 총동원했던 것이다. 본래 목적인 산림부 기구 확장안은 내용 말미에 건의 형식으로 대수롭지 않게 달아 놓는 치밀함도 보여줬다. 당시 대통령에게 보고한 내용의 요지는 《한국 임정 50년사》에 다음과 같이 정리되어 있다.

15 산림청, 2007, 《한국 임정 50년사》, 282쪽.
16 차균희(車均禧): 1922년생으로 평안북도 출신. 일본 동경농대(東京農大)와 미국 위스콘신대 대학원을 거쳐 농림부 사무관으로 관에 입문, 부흥부 차관, 경제기획원 부원장을 거쳐 제 21대 농수산부 장관, 1967년 농어촌개발공사 초대 사장을 역임했다.

⑴ 우리나라는 국토 구성상 산악이 많고 기후 풍토가 임목생육에 적당하여 산림자원을 가꾸었더라면 목재의 자급자족은 물론 각종 임산물 생산으로 농가소득의 큰 부분이 임업소득으로 채워졌을 것이므로 지금의 농촌처럼 가난한 모습은 아니었을 것임.

⑵ 조선조 이후 정책의 혼선과 정치적 불안정으로 산림은 황폐되고 임업소득은커녕 해마다 한발과 홍수피해로 농촌은 날로 피폐되었고 전 국토가 사막화되어 민족문화가 말살될 지경이 되었음.

⑶ 따라서 현 정부는 정권 차원이 아닌 민족사적 입장에서 국토녹화의 일대 전기를 마련하기 위하여 전 국민의 총력을 집중하고 국정의 최우선을 국토녹화에 두어 일관성 있게 추진할 필요가 있음.

⑷ 국토녹화사업은 2단계로 실시할 것인데, 첫 번째는 국토녹화에 중점을 두어 속성 비료목을 전국 방방곡곡의 2만여 산림계를 동원하여 양묘와 식목을 실시, 집단연료림을 조성하여 임업투자의 기반을 구축하고, 두 번째는 경제림 조성을 위해 깊은 오지로부터 장기수를 집단으로 심어 자원단지를 조성하여 경제효율성을 높이는 방향으로 추진할 것임.

⑸ 이렇게만 실시한다면 3년 후부터는 농촌 연료 문제가 해결되고, 20년이 지나면 목재자원이 육성되어 목재 자급률을 높이고 각종 임산 가공공장이 설립되어 산골짜기마다 임업의 계열화 단지가 조성되어 임업소득으로 농가소득이 향상되고, 홍수와 한발의 고질병이 치유되어 농지의 유실과 매몰, 가뭄으로 인한 감수(減收)가 예방되어 풍작이 확정되고, 중공업 용수의 확보로 다른 산업발전에도 기여함.

⑹ 이렇게 되기 위한 산림사업으로 양묘, 조림, 육림, 벌채, 가공, 판매에 대한 연차별 사업계획을 세웠으나 현재의 인력과 예산으로는 민족적 큰 과업의 주체적 추진기구로서는 너무나 미약함.

⑺ 대통령께서 우리들의 '국토녹화 및 임업발전 장기계획안'을 승인해 주시고, 이의 강력한 추진에 필요한 산림행정기구의 독립 승격과 임업예산의 파격적인 증대를 약속하는 결단을 내려 주셔야 함.

이러한 건의는 한마디로 이때를 놓치면 국가발전의 기회를 놓치는 것이라는 논리에 다급성을 불어넣어 최고통치자에게 호소한 것이었다. 박 대통령은 이 보고를 받은 뒤 큰 감명을 받았던 것으로 알려졌다. 뿐만 아니라 내심 임업발전 계획과 임정기구 승격에 대해 결심을 굳혔던 것으로 당시의 관계자들은 술회했다.

후일 산림국은 산림청으로 승격하게 된다. 물론 애초에 꿈꾸었던 산림부 독립보다는 한 단계 낮은 산림청으로의 승격이었지만 당시의 상황을 고려해 보면 성공적인 결과였다. 그래서인지 아직까지 이와 관련된 수많은 사람들의 노력에 대한 일화가 전해진다.

앞서 소개한 최고통치자에게 상통했던 비밀 프로젝트 외에도 산림국 직원들의 산림기구 개편 몸부림은 여러 갈래로 진행됐다. 산림청 직제가 통과되고 산림청이 발족·개청한 1967년 1월 9일까지 물밑에서 다양한 노력이 이루어졌다. 당시 산림행정기구 확대 개편안에 관여했던 조한욱 농림부 산림국장을 비롯해 실제 개편작업의 실무를 책임졌던 배중순 기획계장, 초안을 작성한 최민휴 기사, 범택균(范澤均)[17] 경기도 산림과장 등이 전하는 일화들이 《한국 임정 50년사》에 고스란히 담겨 있다. 그 내용을 요약하면 아슬아슬하고 극적인 대목들도 많다.

조 국장의 정면돌파로 얻어낸 산림청 승격 약속

조한욱 국장은 당시 국민들이 산림 공무원의 부패를 '산을 갉아먹는 송충이'로 비꼬는 현실을 직시함과 동시에 그에 따라 땅바닥에 떨어진 산림직 종사자들의 사기를 개선하지 않으면 안 된다는 점을 분명히 인지하였다. 조 국장은 그런 인식을 바탕으로 사기 진작을 위한 대안이 필요하고 조직 확대의 당위성도 충분히 타당성을 인정받았다고 판단하고 본격적인 작전에 돌입한다. 다음은 《한국 임정 50년사》에 기록된 내용들을 간추린 것이다.

17 후일 광주시장, 내무부 소방국장, 전남 부지사, 인천시 부시장 등을 역임했다.

1966년 식목일 행사를 목전에 두고 산림정책 책임자로서 만반의 준비가 필요했다. 우선 조 국장은 대통령이 참석하는 식목일 행사장과 사방사업 현장을 챙겨 보기로 했다. 당시 조 국장은 경기도청 산림과장 범택균 씨에게 전화를 걸어 4월 3일 일요일 아침 일찍 식목일 행사장과 사방사업 현장을 점검하자고 제안한다. 범 과장은 북한산 사방사업 현장에 가장 많은 인부를 동원하였으며 일요일에도 작업을 한다며 북한산으로 가는 것을 준비하겠다고 대답하고 전화를 끊었다.

4월 3일 일요일에 경춘가도 식목일 행사 준비 현장을 거쳐서 사방사업 작업 현장인 경기도 고양군 신도면 효자리 북한산 사방사업 현장을 방문했다. 조 국장과 범 과장이 현장에 도착했을 때 고양 사방사업관리소 이영덕 소장과 심희섭 사방계장이 나와서 사방사업 지도를 했다. 현장을 둘러보다 점심시간이 되어 불가피하게 산을 내려와야 했다. 범 과장이 운전하여 수유리 쪽으로 가는데 계곡 중간에 알 만한 사람들이 차를 멈춰 세웠다. 청와대 팀이었다. 대통령 경호과장 심동관 씨가 엄지손가락으로 대통령이 떴다는 신호를 해 주었다. 그 뒤 경호과장이 박정희 대통령과 이야기를 나눈 뒤 조 국장과 범 과장을 대통령이 쉬는 계곡으로 안내했다.

조 국장과 범 과장 등 일행은 대통령께 인사를 하고 어정쩡해하는 사이 대통령이 "앉아요, 일요일인데 고생이 많구먼. 사방사업은 잘돼가요?" 하고 물었다.

"잘돼갑니다. 열심히 노력하여 잘 마무리하겠습니다." 산림녹화와 사방사업에 관한 여러 가지 지시와 의견이 오갔다. 그러나 조 국장의 머릿속에는 산림부 승격에 대한 문제가 맴돌았다. 산림행정에 인원이 모자라 곤욕스럽다는 점을 비롯해서 여러 가지 애로사항을 건의하긴 했지만 차마 부 승격을 건의하기는 쉽사리 용기가 나지 않았다. 그러나 단단히 마음먹고 인력 부족을 해결하는 방법으로 "산림국을 독립시켜 산림부로 승격시키면 좋겠습니다"라고 조심스럽게 건의했다. 그리고 나서 가슴 졸이며 대통령의 눈치를 살필 수밖에 없었다. 대통령은 거기에 대한 직접적인 답이 없었다. 조 국장의 건의에는 관심 없다는 듯 범 과장에게 물었다.

"이상적인 농촌의 형태를 어떻게 생각하시오? 나는 유실수를 많이 심어서 과실을 팔아 농촌이 부유해졌으면 하는 생각을 갖고 있소마는 …."

범 과장은 맞장구를 치는 수밖에 없었다.

"네, 각하. 특용수종과 유실수를 많이 심는 것이 농촌을 부유하게 하는 가장 빠른 길로 생각합니다."

박 대통령은 흡족한 듯 "그렇지요? 내가 생각하는 이상적인 농촌상은 경운기에 밤을 가득 싣고 집으로 돌아오면서 행복해하는 농부들이 많아지게 하는 것이오. 나는 고향으로 돌아가면 밤나무를 심어 경운기에 밤을 가득 싣고 집으로 돌아오면서 행복해하는 그런 삶을 살고 싶소"라고 말하는 것이 아닌가. 박 대통령은 세상 돌아가는 이야기까지 꺼내면서 사회 전반의 분위기에 대한 언급을 하는 등 꽤 오랜 시간 이야기를 나눴다. 함께 앉아 있었던 시간이 2시간가량은 지났을 것 같았다.

조 국장의 속이 무척 타고 있었음은 물어보나 마나다. 어렵사리 꺼낸 산림부 독립에 대해 가타부타 대답이 없으니 그럴 수밖에. 그런데 대통령께서 일어날 기미를 보이는 것 아닌가. 그렇다고 대통령이 외면하는데 산림부 승격 문제를 또 꺼낼 수도 없는 일이었다. 망설이고 망설였다. 그러나 이 기회를 놓치면 안 될 것 같아 속으로 "에라, 한 번 죽지, 두 번 죽냐"는 생각이 들어 용기를 냈다.

"각하, 송구스럽지만 … ."

미처 말을 꺼내기도 전에 박 대통령은,

"아! 그거. 의원입법으로 발의하여 추진하도록 준비해 보시오. 그리고 산림부는 무리인 것 같으니 '산림청'으로 개편하는 방안을 추진하시오."

구체적인 해법까지 제시해 주었다.

다음날 조 국장은 박동묘[18] 농림부 장관에게 보고하고 본격적으로 산림청 신설 준비에 착수했다는 게 그의 증언이다. 그 일이 있은 다음날인 4월 5일에는 제 20회 식목행사가 서울 장충동(신라호텔)에서 서울시 주관으로 이루어졌다. 대통령은 기념식수로 가이쓰가향나무를 심은 후 우리나라 산이 황폐되어 관상목보다 목재가 되는 용재수종을 많이 심어야 할 것이라는 의견을 밝히며 산림정책에 관심을 보였다.

18 박동묘 (朴東昴, 1922~2006): 함남 북청 출생. 1950년 서울대 상대를 졸업하고, 1964년 서울대 상대 교수, 1966~1967년 농림부 장관을 역임하였다. 1967년 경제과학심의회 위원이 되고 1970년에 성균관대 총장에 취임하였다.

조 국장은 이미 대통령의 결재가 끝난 것이나 다름없는 산림행정기구 확대에 대한 관계기관의 협조를 얻기 위해 요로를 방문하여 설득에 나섰다고 회고했다. 대통령께서도 동의하셨다는 말을 전하고 협조를 요청했으나 내무부는 산림부 안에 대해 탐탁해하지 않는 분위기였다는 게 당시 추진자들의 이야기다. 정부 요로의 협조를 구하는 동안 국회에서는 권오훈 농림분과위원장을 비롯해 김종필 공화당 의장 등 주요 인사들의 집을 방문하여 경위를 설명하고 추진을 요청했다. 그러나 산림부는 무리였고 산림청으로 승격하는 방향으로 골격이 잡혀갔다.

충주 출신의 이종근 농림분과의원이 정부조직법 개정 법률안의 초안을 추진하여 1966년 7월 임시국회에 개정안이 상정되고, 1966년 7월 14일 제57회 임시국회 본회의에서 개정안이 의결되어 2년에 걸쳐 추진되었던 산림기구개정안이 마침내 현실화되어 산림청으로 승격되는 감격적인 순간을 맞았다.

1967년 1월에 산림청이 발족되고 초대 산림청장으로는 당시 농림부 농정차관보였던 김영진[19] 씨가 승진 발령되었다. 우여곡절 끝에 발족된 만큼 산림청의 산림정책은 의욕에 넘칠 수밖에 없었다.

그러나 이 또한 전략이 없으면 이루기 어려운 법. 산림청이 나아갈 새로운 길을 찾기까지는 오랜 시간이 흘러야 했다.

---

19 김영진(金英鎭): 1923년 서울 출생으로 군인 출신이다. 5·16 군사정변 당시 육군 대령으로 참여해 농림 행정에 몸담은 뒤 제3공화국에서 농림부 기획관리실장을 역임하다 산림청장으로 승진했다.

산림청의 더딘 걸음

1967년, 변화의 바람 속에서

1967년은 무척 유별난 한 해였다. 산림청 발족이 이루어진 산림정책의 획기적 변화의 시점이었을 뿐만 아니라 국가적으로 중대한 변곡점을 지나던 시기였다. 70년 만의 한해(旱害: 가뭄)로 인해 농지 피해가 40만 정보에 이르렀고, 피해 농가가 66만 가구에 달했다. 또한 농림부의 농림정책에도 큰 변화가 많았지만 경제개발사업과 정치 지형의 변화도 컸다.

농림부 산림국이 산림청으로 승격되면서 연료림 조성사업 재실시, 화전정리 사업 착수, 수계별 산림복구(사방사업) 계획의 확정, 경북 외동지구 사방사업 (영일지구와는 다름) 실시, 제1호 국립공원 지정(12월 19일, 「자연공원법」에 의해 지리산을 지정)이 이뤄졌는가 하면 다른 분야의 굵직한 사업도 줄이어 이뤄졌다. 소양강 다목적댐 기공(4월 15일), 경부고속도로 건설계획 발표(4월 29일), 포항종합제철 착공(10월 3일)도 모두 1967년에 이루어진 일이다. 정치적으로는 제6대 대통령선거와 국회의원선거가 진행되면서 부정선거 시비로 정국이 혼란을 겪기도 했다.

더구나 1967년은 '제2차 경제개발 5개년 계획'(1967~1971년)이 시작되는 첫해였다. 1962년부터 시작된 '제1차 경제개발 5개년 계획'으로 인해 우리나라는 고도성장과 국민소득의 향상을 이루었다. '민생고로부터의 해방'을 목표로 내세웠던 경제개발의 열매가 어느 정도 익어가는 상황이었다. 1967년은 1차 계획의 성공적 추진을 토대로 '제2차 경제개발 5개년 계획'이 시작되는 첫해여서 경제정책의 기조 역시 상당한 변화의 조짐이 엿보였다. 2차 계획의 목표는 '산업구조의 근대화'와 '자립경제의 확립 촉진'이었다. 따라서 2차 계획은 시장경제의 원칙을 더욱 충실히 지키면서 그 장점을 최대한 발휘하도록 하여 국민경제의 능률을 높이고자 하였다.

또한 중점적으로 추진할 사항으로는 ① 식량을 자급하고 산림녹화와 수산개

| 산림청 청사 (1976)
산림청의 독립은 강력한 산림정책을 추진할 수 있는 기반이 되었다. 출처 : 산림청.

발에 주력하며, ② 화학, 철강 및 기계공업을 육성, 고도의 공업화 기틀을 마련하여 공업생산을 증가시키고, ③ 7억 달러의 수출목표 달성과 수입대체를 촉진하여 국제수지 개선의 기틀을 마련하고, ④ 고용을 확대하는 동시에 가족계획을 추진하여 인구의 팽창을 억제하고, ⑤ 국민소득을 획기적으로 향상시키되 특히 영농을 다각화하여 농가소득 향상에 주력하며, ⑥ 과학과 경영기술을 진흥시키고 인적자원을 양성하여 기술수준과 생산성을 제고하는 것 등이었다.[20]

특히 경제정책의 기조 변화는 산림정책의 변화에도 상당한 영향을 미칠 수밖에 없었다. 더구나 이때까지만 해도 우리의 경제개발정책은 산업구조 근대화라는 명분으로 공업화에 중점을 둔 불균형 성장 전략을 구사했다. 때문에 상대적으로 1차 산업의 비중이 낮아지고, 도시와 농촌 간의 소득격차가 확대되는 양상이 가속화되었다.

이러한 시대적 배경을 안고 탄생한 산림청의 새로운 정책은 종래와는 다른 양

20 경제기획원, 1982, 《개발연대의 경제정책 : 경제기획원 20년사》, 76쪽.

상으로 전개될 수밖에 없었다. 그동안 산림관련 사업은 사방사업을 주축으로
한 치산사업에 중점을 두었다. 경제성장 기반을 이루는 식량증산을 뒷받침하기
위한 것이다. 그러나 '제 2차 경제개발 5개년 계획'에서는 정책 방향이 달라졌
다. 산림녹화에 목표를 두고 산림정책 분야를 강화시키기 위한 여러 가지 시책
과 함께 산림자원의 증식이 적극 추진되었던 것이다.

'산림산업활동'을 목표로 닻을 올리다

산림청으로의 승격 이후 산림정책의 기본 방향은 종래의 산림보호 위주에서 '임
업의 산업활동'으로 전환되었다고 볼 수 있다. 영림계획제도의 도입과 산림보호
체계의 개선, 경제조림시책의 과감한 추진, 목재 수급의 원활화, 임산물 유통
구조 개선 등이 그런 정책의 부류에 속한다. 지금 와서 생각해 보면 이때까지만
해도 산림녹화 정책은 경제상황과 시장원리에 순응하며 차분하게 진행되는 양
상이었다. 초대 산림청장으로 부임한 김영진 청장의 취임회견 내용[21]을 보면 그
런 분위기를 충분히 짐작할 수 있다.

> 과거의 산림시책 방향은 거의 대동소이하며 또 산림보호 정책에만 치중되었
> 다. 물론 경제성이라든가 소득 향상이란 점이 전혀 도외시되었다는 것은 아
> 니다. 다만 임업도 하나의 산업으로서 소극적인 보호 위주에서 경제림 조성
> 정책으로 과감한 전환을 기하지 못했다는 것이다. 이제 나는 금년에 보다 새
> 로운 면에서 임야를 중심으로 한 경제성, 즉 소득향상을 위한 방향으로, 다시
> 말해서 애림보호운동으로부터 '산업활동'으로 전환하고자 한다. 이를 위해서
> 는 국유림의 경영을 개선해야 하며 민유림에서도 투자자의 이익을 보호하기
> 위한 합리적인 경영관리를 해야 하겠다. 아울러 올바른 산림정책의 지표를
> 얻고자 임정심의회를 설치하고자 하며 현행 산림관계 법령을 산림시책에 부
> 응할 수 있도록 재정비하고자 함이 나의 산림시책 방향이다.

21 산림청, 2007, 《한국 임정 50년사》, 300~301쪽.

이러한 정책 방향을 바탕으로 설정된 1967년도의 중점 시책을 보면 ●임산자원의 증대 ●5대강 유역 중점적 사방사업 ●목재 수급의 원활과 임산물 수출 촉진 등이었다. 특히 1968년부터는 '특용수(特用樹) 증식 5개년 계획'을 수립하여 밤나무, 호두나무, 감나무의 특용수종과 대나무 3만 ㏊의 조림을 추진하였는데, 이것은 농·산촌의 소득증대사업으로 정부가 지정 생산한 묘목을 정부에서 지정하는 주산단지에 집중적으로 조림토록 하는 사업이었다.

비록 농림부의 외청으로 산림청이 발족되었지만 2·3차 산업 위주의 경제개발정책을 정부가 중점적으로 추진함에 따라 1차 산업 중에서도 임업에 대한 투자 부진과 관심 저조 등으로 인해 산림관련 문제는 항상 소외되고 산림행정은 소극적인 면을 벗어나지 못했다. 또한 산림사업의 장기적 특성 때문에 급속한 발전을 기대하는 시각에서는 산림사업의 성과가 매우 지지부진하게 보였을 것임은 틀림없다.

이러한 이유로 산림청으로 승격된 지 5~6년이 경과해도 이렇다 할 뚜렷한 성과가 나타나지 않자 산림청의 존폐 문제가 다시 거론되기 시작했으며, 일부에서는 종전의 농림부 내국으로 환원해야 한다는 의견까지 나왔던 것을 당시 관계당국자들의 회고를 통해 확인할 수 있다.[22] 이에 관해 김연표의 증언을 들어보자.

1967년 산림청 발족 이후의 산림녹화사업을 경제개발계획에 포함시켜 추진하였으나 큰 성과가 없었던 이유의 하나를 나는 이렇게 봅니다. 일개 '청'(廳)의 단위사업으로는 관계부처와의 협의 등이 지지부진하고 아무도 지원해 주지 않는 고립무원(孤立無援)의 상황에서 애로가 컸던 것이 사실입니다. 정부조직법상 '청'이라는 위치에서 정책사업을 추진하면서 그 청을 관장하는 국무위원의 관심과 지원이 절대적으로 필요하지만, 당시의 농림부 장관은 당면한 식량증산, 농지확대, 농촌문제 등으로 '청'의 사업에까지 큰 관심을 기울일 여유가 없었을 것입니다. 더구나 「농지확대법」, 「초지조성법」 등이 집행 과정에서 산림녹화사업과 상충되는 경우가 종종 있어 오히려 청에서 고통을 겪어야 할 때가 많았습니다.

22 산림청, 2007, 《한국 임정 50년사》, 303쪽.

개청 첫해, 연료림 조림 역사상 최대 실적 기록

그럼에도 불구하고 산림청은 발족과 동시에 조직 승격을 기념하고 국가적 과제였던 농촌 연료 문제의 해결을 촉진하는 차원에서 1967년을 '연료림 마무리의 해'로 정하고 총력을 기울여 조림사업을 추진했다. 1952년부터 1954년까지 '단기속성 녹화조림 3개년 계획'을 세우고 UNKRA의 원조를 받아 조림을 실시한 것이 연료림 조성의 효시라 할 수 있다. 그러나 이 기간 조림사업은 실효를 거두지 못했다.

본격적인 연료림 조성사업은 자유당 정부 시절에 만든 1959년부터 1963년까지의 '연료림 조성 및 사방사업 5개년 계획' 때부터이다. 이 계획은 농가호수 240만 호에 1호당 0.5ha씩 연료림을 조성하여 가구당 연간 5톤씩 연료를 공급할 계획으로 총 120만 ha의 연료림을 조성할 계획이었다. 그러나 1965년까지 23만 7천 ha밖에 조림에 성공하지 못했다.[23]

산림청은 승격 및 발족 첫해인 1967년에 실패 누적 면적 35만 ha를 포함해 총 46만 6천 ha에 17억 본이라는 대단히 의욕적인 조림계획을 수립하고 추진했다. 이 조림계획의 물량은 예년의 4배에 달하며 조림 역사상 가장 많은 것이었다.

무리한 조림, 과욕이 화를 부른 셈

이처럼 산림청은 의욕적으로 조림사업을 시작했지만 실패했다는 전문가들의 평가와 함께 박 대통령으로부터도 좋은 반응을 얻지 못했다. 무슨 이유에서일까? 이에 관한 김연표의 증언을 들어보자.

이 막대한 조림계획을 추진함에 있어 대통령은 부족한 예산을 예비비에서 특별 배정해 막대한 조림을 성공시키기 위해서 국민에 대한 교육과 철저한 지도가 필요하다 하여 전국의 시장·군수에게 간곡한 서신을 하달하고 결과를 지켜보겠다고 언급했습니다. 연료림은 일반 조림과는 달리 부락 주변에 주민들

23 산림청, 2007, 《대한민국 산, 세계는 기적이라 부른다》, 한국임업신문사, 278~279쪽.

의 자율적 노력에 의해 산림조합의 지도하에 조성하는 것을 원칙으로 했지요.

　전국 2만1천여 개 부락(1개 군당 평균 140개의 부락)에서 일제히 착수하나 조림지도원은 10명을 초과하지 못했습니다. 더구나 1967년도는 17억 본의 묘목을 수급하기 위하여 아직은 심기에 너무 어려 부적합한 1년생 묘목을 대량 공급하였습니다. 일선 식목 지도력에 대한 특별대책이 미흡하였고, 식수 체계의 정비가 미흡한 상태에서 강행됨으로써 일선 관계직원들의 불만이 높았습니다. 더구나 이것이 원인이 되어 1972년에 실시한 제 2차 경제개발 계획의 심사분석과 평가단의 보고에 평균점수 이하의 평을 받았습니다.

　결과적으로는 대통령이 지켜보겠다고 한 산림청 발족의 첫 사업부터 차질을 빚었던 셈이다.

새로운 시도 대단지 경제조림계획, 그러나 …

그런데 더욱 주목할 과제는 대단지 경제조림계획이었다. 이 또한 큰 성과를 거두지 못한 것으로 평가될 수 있는 시책 가운데 하나다. 대단지 조림계획은 김영진 초대 산림청장이 산림 관리가 잘 이루어지는 호주와 뉴질랜드, 인도네시아 및 타이완(당시에는 자유중국으로 불림) 등 남태평양 지역의 산림 시찰을 마치고 귀국하여 산림시책의 기본 방향으로 제시한 야심찬 계획이었다.

　더구나 이 계획은 박정희 대통령의 지시에 따라 이뤄진 것이었다. 1968년 9월에 8일간의 호주 및 뉴질랜드를 방문하고 귀국한 박 대통령은 김 청장에게 호주와 뉴질랜드의 조림이 잘되었으니 시찰하고 와서 획기적인 산림정책을 추진해보라고 지시했던 것이다. 이에 따라 김 청장과 관계자들은 호주와 뉴질랜드를 비롯한 몇몇 나라를 시찰하고 '1969년도 산림시책의 기본방향'으로 제시한 것이 대단지 조림계획[24]이다.

---

24 대단지 조림계획은 미래에 좋은 목재를 생산하여 돈벌이할 수 있는 용재림(경제수종)을 대규모 단지로 조성하는 사업이다. 김영진 산림청장의 취임 이후의 정책 방향에 따른 것으로 이때까지도 박 대통령은 산림청의 계획을 적극 지지했던 것으로 보인다.

이 계획에서는 우선 산지를 더욱 효율적으로 개발·이용하기 위한 기초조사로서 전국을 대상으로 '산지이용 구분조사'를 실시하여 계속 임야로 존속시킬 절대임지와 다른 용도로 전환해서 활용할 상대임지로 구분하는 작업을 1969년에 완료한다. 여기서 절대임지와 상대임지는 지금의 절대농지와 상대농지와 같은 개념이다. 그리고 앞으로의 조림사업을 대단지 조림사업으로 전환하여 산림투자는 절대임지에만 집중시키고, 산업용지 등으로 제공될 상대임지는 투자대상에서 제외시키는 것을 기본 원칙으로 삼는다.

이에 따라 절대임지의 비율이 비교적 높은 14개 단지를 단지 면적당 20만 ha 규모로 총 320만 ha의 대단지를 책정하고, 단지별로 지역적 특성에 맞도록 용재림을 조성하는 '대단지 산지개발 계획'을 1970년 2월에 수립·발표한다.

이 계획에는 ●수종별 대단지 조림계획(1970~1974년) ●대단지 사후관리 계획 (1970~1974년) ●대단지 임도(林道) 및 방화선 시설 5개년 계획(1970~1974년) ●대단지 임목축적 증강 계획(1969~2004년) ●대단지 임산 가공시설 계획(1979~2004년) 등의 구체적인 계획이 포함되었다.

계획 기간은 1970년부터 2004년까지 35년간으로 하되 단기 5개년 계획(1970~1974년)과 장기 30년 계획(1975~2004년)으로 구분하여 추진키로 했다.

우선 단기 5개년 계획 기간에는 연간 6만 ha 규모로 단지 내 민둥산 지역이나 불량한 숲에 대해 과감하게 수종을 갱신하여 5년 동안 총 31만 2천 ha의 인공조림을 하도록 계획했다. 즉, 매년 6만 ha 정도의 단지 내의 나무 없는 땅, 즉 미립목지(未立木地)와 쓸모없는 나무숲인 불량림(不良林)을 베어내고 좋은 목재로 쓸 수 있는 수종을 갱신한 새로운 나무를 심어 자원화하자는 것이었다. 또 향후 30년 동안에도 계속 나무를 베어낸 땅에 재목으로 쓸 수 있는 좋은 나무로 바꿔 심는 작업을 매년 5만 ha 규모로 늘려간다는 계획이었다.

하지만 이러한 야심찬 계획은 본격화되기도 전에 중단되는 운명을 맞는다. 1973년부터 '제 1차 치산녹화 10개년 계획'이 시행됨에 따라 기존의 대단지 조림 계획은 폐지되고 만 것이다. 다만 1970년부터 1973년 치산녹화계획이 시행되기 전까지 3년간 모두 17만 6천 7백 ha의 조림을 실시해 상당한 성과를 거둔 것으로 산림 전문가들은 평가한다. 잣나무를 비롯해 낙엽송, 삼나무, 편백, 리기다소

| 은수원사시나무 (1997)
현신규 박사가 육종 · 개발한 은수원사시나무.
현 박사의 성을 따서 '현사시'로도 불린다. 출처: 산림청.

나무, 강송 등과 함께 생장이 빠르고 병충해에 강한 리기테다소나무를 비롯 이태리포플러, 은수원사시나무 등 개량된 수종들이 많이 조림되었다. 오늘의 힐링 숲으로 각광받는 편백숲 등은 당시 조림된 것이 아닌가 싶다.

그러나 이러한 경제림 위주의 장기적인 대단지 조림계획은 당시 박 대통령의 뜻과는 거리가 있는 시책이었다는 것이 훗날 임업 전문가들의 분석이다. 박 대통령이 의도한 것은 민둥산에 속성수를 많이 심어 빨리 자라게 함으로써 산사태 등으로 인한 피해를 줄이는 것을 급선무로 하는 국토 보존 차원의 녹화인 반면, 대단지 조림계획에서는 마을 근교의 야산과 국도변의 헐벗은 산을 제외시키고 절대임지에 대규모 경제림을 조성하려 했던 것이다.

또, 박 대통령은 단기간 내에 녹화를 완료하겠다는 집념을 가졌던 데 반해 대단지 조림계획은 35년간의 장기계획을 잡았다는 점에서 대통령의 생각과 달라 산림정책에 대한 회의와 불신이 야기되었다는 분석이다.

만약 이러한 대단지 계획이 중단 없이 지금까지 지속될 수 있었더라면 어떤 결과를 가져왔을까? 지금보다 훨씬 좋은 목재를 사용할 수 있는 산림부국이 되어 있지는 않았을까? 이런 생각을 해보지만 이미 지나간 일들 아닌가. 물론 다른 상황이 지금과는 다른 방향으로 변했을 수도 있기 때문에 꼭 그런 결과를 가져왔으리라는 보장은 없다. 그러나 경제림을 조성했더라면 좀더 좋은 성과를 거두었지 않았을까 하는 아쉬움이 드는 대목이다.

대통령의 특명, 울주군 사방사업

울산·경주 연약 지반의 악조건을 극복하라

조림(造林) 사업과 사방(砂防) 사업은 엄밀히 말하면 상당한 차이가 있다. 우선 치산녹화는 전 국토를 대상으로 산과 들을 다스려 수자원을 관리하고 홍수와 가뭄을 막는 것이다. 한편, 사방공사는 나무와 풀이 없는 황폐한 지역이나 경사지이면서 토사유출이 되는 땅의 표면을 여러 가지 방법으로 안정화시키는 것이다. 그렇게 보면 사방공사는 치산녹화사업의 일부인 셈이다.

그런데 사실 우리나라의 치산치수는 해방 직후 사방공사가 주를 이뤘고 그것이 더욱 다급한 과제였음은 이미 살펴본 바 있다. 그러나 사방사업도 1965년을 계기로 시책 면에서 큰 전환기를 맞는다. 정부가 그해 '치산 7개년 계획'(1965～1971년)을 수립·발표한 것이다. 주요 내용은 이미 시행한 사방공사 지역에 대한 보수공사를 대대적으로 추진하고 들의 하천이나 해안 지역의 사방사업을 대폭 확대하는 것이었다. 그러나 '치산 7개년 계획'은 1967년 산림청의 발족과 함께 '6대강 수계별 산림종합계획'으로 바뀌어 시행되기에 이른다.

특히, 경남 울산과 경북 경주 일대의 산들은 특수하게 연약한 지반과 모래흙으로 되어 있어 비만 오면 산사태가 나고 그로 인한 피해도 적지 않았다. 사방사업의 기적적 역사 기록은 이 지역에 집중되었다. 그 가운데 경북 외동지구 사방사업은 사방사업에 얽힌 일화는 다양하다. 외동지구는 훗날 세계적 기적을 남긴 영일지구와는 다른 곳으로 울산항으로 흐르는 태화강의 상류로서 동대산 서쪽에 있다. 따라서 산사태가 나면 울산공업단지를 위협할 만한 곳이다. 임일재전 경북 동부치산사업소장의 회고는 그 같은 사실을 뒷받침한다. 월간지 〈경제풍월〉 2007년 12월호에 남긴 글의 일부를 소개하면 다음과 같다.

> 1966년 연두교서에서는 연료림 조성 3개년 계획으로 농촌 연료 문제를 해결하겠다고 약속하고, 1967년 연두교서에서는 산림청을 신설해 전국을 녹화하겠다는 방침을 천명했다. 이 무렵 울산공업단지를 시찰하고 기차로 귀경하던

박 대통령은 "월성군 입실역에서 울산으로 가는 기차로 약 1㎞쯤 가면 동측에 사방 상태가 지극히 불량한 산이 보일 것입니다"라는 친필 지시문을 당시 양택식[25] 경북도지사에게 보냈다.

박 대통령은 이 지시문에서 "원래 산의 경사가 급하고 암석지대이므로 보통 방법으로는 사방을 하더라도 강우 시에는 유실되고 초목의 활착이 잘 안되는 지형이므로 특수공법의 기술력으로 해야 할 것입니다"라고 지적하고 "저 형편 없던 산이 저렇게 훌륭하게 사방이 잘됐구나!"라는 소리가 나오게끔 "연내에 라도 즉시 착수할 수 있다면 하는 것을 희망합니다"라고 소상히 적었다.

당시의 상황에 대한 김형국 서울대 명예교수의 증언도 있다.[26]

경북 경주 인근의 외동(外洞)지구 사방사업은 가시적 성과로 꼽힐 만하다. 외 동지구의 황폐지는 울산항으로 흐르는 태화강(太和江)의 상류로서 동대산(東 大山) 서쪽에 위치해 있다. 남북으로 뻗은 동대산은 동쪽이 동해안에 이어진 까닭에 경사가 급하고, 게다가 모암(母岩)은 화강암 지대이며 땅은 모래땅인 탓에 비가 내리면 급류가 흘러 흙탕물이 발생하여 나무의 뿌리내리기가 매우 어려웠던 곳이다. 그래서 이 지역은 1945년 이전에 이미 498ha의 사방사업을 한 적이 있고, 1946~1966년까지 2,322ha, 합계 2,820ha의 사방사업을 실시 했으나 실패한 곳이었다.

이런 상황에서 1967년 9월부터 도(道)와 군(郡)은 물론 군부대까지 참여하 여 사방공사에 다시 착수한다.[27] 사업량은 1967년 9월에서 12월 사이에 산지 기초공사 110ha, 그리고 1968년 2월에서 6월 사이에 산지 기초공사 140ha, 기 존 사방지 보수 100ha, 임지비배(林地肥培: 나무에 비료 주기) 70ha를 실시하 였다. 이때 하루 동원된 인부만도 1~2천 명에 이르렀고, 기술지도를 담당한

25 양택식(梁鐸植, 1924~2012): 경남 남해 출신으로 1967년 경북도지사, 1970년 서울특별시장을 역임 했다. 그의 원래 이름은 양탁식(梁鐸植)이었으나, 1970년 서울시장 부임 직후 기자들과 만난 자리에서 '탁'을 '택'으로 잘못 읽어 '택식'으로 잘못 부르는 경우가 많아 아예 이름을 양택식으로 바꾸었다. 그러면 서 '탁'보다는 '택'이 부르기 좋으니 한문이 한글을 따르는 한 예가 된 것이라고 말했다고 한다.
26 박정희대통령기념사업회, 2009, "박정희 대통령의 치산녹화", 〈박정희대통령기념사업회 회보〉, 19호, 16쪽.
27 박상현, 1999.10, 《경북사방 100년사》, 경상북도, 688~691쪽.

직원은 1967년 9월부터 1968년 6월까지 9개월 동안 거의 귀가하지 못했다. 마침내 특수사방공법으로 연암(軟岩: 무른 바위) 지대에 식혈(植穴: 나무 심을 구멍) 작업을 하고 객토(客土: 다른 곳의 흙을 가져옴)를 충분히 한 끝에 해송 식재(植栽: 나무 심기)에 성공한다.

외동지구 사방사업은 이렇게 끝이 난다. 이것이 1967~1968년의 일이니 아마도 박 대통령의 친필 지시에 따른 결과가 아닌가 싶다. 그러나 꼭 똑같은 지역은 아니더라도 동대산 지역의 사방사업은 그 이후에도 계속 이뤄지면서 새로운 기적을 추가한 것으로 기록에 남아 있다. 박 대통령이 산림행정이 고식적이고 구태의연하다는 불신을 갖게 된 원인 가운데 하나는 경북 영일지구를 시찰하면서 목격한 사방사업의 부진 때문이라는 설이 있다.

이와 관련해 김연표의 증언을 들어보자.

어느 때인가 박 대통령은 이 지구가 국제 항공로의 관문일 뿐만 아니라 한수해(旱水害)의 근원지이니 근본 대책을 세우라는 지시를 산림청에 내렸다고 합니다. 그런데 산림청은 이 지구가 특수한 토양으로 무척 어려운 공사라는 점을 잘 알아서 시험연구를 거쳐 완벽한 시공을 하려 했지요. 그러다 보니 연구기관에 공법을 연구한다는 명분으로 지시가 있은 때로부터 3년 후에 실시하겠다는 내부계획이 있었습니다. 그러나 대통령은 기회가 있을 때마다 몇 차례 공중에서 유심히 관찰해 보았으나 아무런 진전이 없자 재지시를 하는 소동이 있었던 것으로 들었습니다.

이 같은 산림녹화사업의 취약성을 보강하는 측면에서 대통령은 내무부 장관으로 하여금 새마을사업과 연계하여 추진토록 하고, 특히 도지사, 시장, 군수를 독려하여 산림녹화에 대한 사명감을 갖게 하기 위해서 산림청을 내무부 산하로 이관케 한 것이라는 게 김연표의 진단이다.

산림청에 대한 박 대통령의 불만은 발족 당시부터 그런 것은 아니었다. 초기에는 오히려 산림행정을 적극적으로 뒷받침해왔다. 내심 성에 차지 않는 듯한 모습을 보이기도 했지만 산림청 발족 이후 추진된 대단지 조림사업을 비롯해 연료림 조성 등 여러 가지 사업을 적극 후원해왔다. 그런데 결정적인 사건은 1972년 여름에 일어났다.[28] 1972년 7월 26일 태풍 리타가 한반도 남쪽을 강타한 것이다. 이후 9월 3일부터 14일까지 울산 지역에 213㎜ 집중호우가 쏟아져 대형 산사태가 발생했다. 사망 실종자가 54명이나 됐다.

울주군 사방사업은 새마을 부서에서 추진해라

1972년 9월 16일 박 대통령은 김현옥(金玄玉) 내무부 장관과 함께 현지를 헬기로 시찰하면서 원인을 찾아냈다. 울주군 능소면 증산리 이화마을 뒷산의 산봉우리 두 곳이 싹둑 잘려서 절벽같이 무너져 내린 것이 확인되었다. 추가 산사태가 일어나면 울산공업단지의 관문인 울산만으로 토사가 유입되어 항만이 폐쇄될 지경이었다. 추가 산사태를 원천적으로 봉쇄하기 위한 방안을 대통령이 직접 지시했다. 절벽에 콘크리트를 치고, 철제 로프로 둘러 꽁꽁 묶은 다음 하단에 콘크리트 파일을 박고 옹벽을 쳐서 막으라고 지시한 것이다.

이러한 특명은 즉시 정해식(丁海植) 경남도지사에게 하달되었고, 즉시 '울주군 산사태 복구 특수사방사업단'이 발족되었다. 단장에 김해두 경남 부지사, 기술총책에 이정조 도청건설국장, 그리고 김 내무부 장관 특명으로 고건 새마을담당관이 현지에 지휘본부를 설치하고 대책회의를 주재했다.

이리하여 산사태 발생 1주일 후인 9월 23일부터 공사가 시작됐다. 중장비와 인력이 최대한 동원된 역사(役事)였다. 어려운 공사였지만 총력을 기울인 결과 순조롭게 진행되었다. 그해 11월 1일 박 대통령이 전국 시·도지사를 대동하고 헬기 편으로 이곳을 방문해 만족해했다는 기록도 나온다. 다음해인 1973년 4월 준공평가회 때 공사 지역에는 풀이 파랗게 돋아나 있어 극찬을 받았는데 풀이 아니라 보리싹이었다고 한다.[29]

28 이경준·김의철, 2010, 《민둥산을 금수강산으로》, 기파랑, 140~145쪽.
29 산림청, 2007, 《대한민국 산, 세계는 기적이라 부른다》, 한국임업신문사, 595~596쪽.

당시 김 내무부 장관의 특명으로 울주군 사방사업을 책임지고 지휘한 고건 새마을담당관의 증언[30]을 들어보자. 그의 저서인 《국정은 소통이더라》에 기록된 내용을 그대로 옮겨 본다.

박 대통령은 1972년 9월 18일 수해가 난 현장을 찾았다가 산사태로 엉망이 된 동대본산을 목격했다.[31] 김현옥 내무부 장관에게 "산비탈과 계곡을 복구하라"고 특명을 내렸다. 그리고 한마디 덧붙였다.

"새마을 부서에서 하라 그래 봐"

내가 내무부 새마을담당관이었다.[32] 나는 즉각 팀을 꾸려 1972년 9월 말부터 경주 시내 여관에 숙소를 잡고 전석홍[33] 내무부 도시지도과장과 함께 현장을 다니기 시작했다. 듣던 대로 동대본산은 악산 중의 악산이었다. 토질이 문제였다. 평소엔 바위처럼 딱딱하지만 여름철 비만 오면 흙이 곤죽처럼 흘러내렸다.

"매년 실패를 거듭한 방법이 아니고 다른 공법을 강구해야 하는데 …"

고민을 거듭하던 어느 날 여관으로 전화가 왔다. 부산의 한 전문대 토목공학과 아무개 교수라고 했다. 그는 여관에 찾아와 특수사방공법에 대해 건의했다. 지역신문을 보고 연락했다는 것이었다. 묵고 있던 경주여관으로 그 교수가 찾아왔다.

"특수사방공법이 뭔가요?"

다짜고짜 묻는 말에 그는 대답은 하지 않고 오히려 반문하는 것이 아닌가.

●
30 고 건, 2013, 《국정은 소통이더라》, 동방의 빛, 197쪽.

31 울산광역시(당시 경남 울주군 농소면)와 경북 경주시(당시 경북 월성군 외동면)에 걸친 산으로 1960~ 1970년대만 해도 시뻘건 민둥산이었다. 1960년대 일본 도쿄 하네다 공항에서 비행기를 타고 서울에 오는 길목에서 우리나라 땅 중에서 가장 먼저 눈에 띄는 것이 바로 동대본산이다. 1967년에는 박정희 대통령이 "저 형편없는 산을 사방공사로 녹화하라"고 지시해 경상남도와 경상북도 그리고 산림청이 나서서 사방공사를 매년 하다시피 했지만 장마가 닥치면 그때마다 산사태로 엉망이 되어 버렸다고 한다.

32 내무부 새마을 직제 개정내용은 공식적으로 1973년 1월 16일에 지역개발담당관을 새마을담당관으로 개칭하고, 새마을계획분석관 신설, 도시농촌주택 개량관을 폐지하고 지방국에 새마을지도과·도시지도과·주택지도과를 신설하는 것이었다. 고건은 1971년 8월부터 지역개발담당관을 맡았다.

33 전석홍(全錫洪, 1934~) : 전남 영암 출생으로 서울대 문리대학 정치학과, 서울대 환경대학원을 졸업했다. 제13회 고등고시 행정과에 합격하고 광주시장, 내무부차관보, 전남도지사, 제15대 국회의원을 역임했다.

"뭐 타고 내려오셨습니까?"

"새마을호 타고 내려왔는데요."

"철도 타고 내려올 때 터널도 지났을 텐데, 터널 입구 양옆에 보면 콘크리트 옹벽도 있고, 석축도 있고, 사이사이 나무를 심어 놨지요? 수로도 있고. 그게 특수사방 공법입니다."

그 교수의 자세한 설명을 듣고 '옳다. 이거다' 싶었다. 그 교수의 설계에 따라 콘크리트 수로를 설치하는 일명 '심줄박기' 공법을 현장에 적용했다. 그리고 경남 부지사와 경북 부지사를 현지에 불러 특별교부세 예산을 투입할 테니 양(兩) 도가 분담해 신속하고 정확하게 공사를 추진했으면 한다는 지시를 내렸다.

어찌 보면 경남과 경북의 두 개 도를 경쟁시킨 것인데. 결과는 성공적이었다. 1972년 11월 1일 박 대통령이 사전연락도 없이 헬기를 타고 현장을 찾기도 했다. 다음해 4월 준공평가회의가 열렸다. 동대본산은 반년[34] 만에 푸르게 변하기 시작했다.

---

34 고건의 회고록인 《국정은 소통이더라》에는 '1년 반'으로 되어 있으나 잘못 기록된 것으로 판단된다. 동대본산은 당초 1972년 내에 완공토록 목표를 잡았으나 공사가 늦어져 이듬해인 1973년 4월에 완공되어 준공평가회의를 가졌다.

제 2 장

정부와 국민이 손잡은
새로운 임정의 전개

산림정책, 유신의 새 옷 입다

정치적 원심력과 산림청의 부진한 성적표

산림청 발족 이후에 산림정책은 크게 3가지 측면에서 접근되고 추진되었다. 무엇보다 해방 이후 줄곧 핵심 과제였던 연료림 조성이 그 첫 번째 과제라면, 1966년 4월에 제정된 「화전정리법」에 의한 화전정리사업 (화전사업은 이 장의 말미에서 더 상세히 기록) 이 그다음이고, 마지막으로 대단지 조림계획 등으로 요약할 수 있다.

그러나 결론부터 이야기하자면 이런 시책들이 어느 것 하나 깔끔하게 추진되고 마무리된 것은 없었다. 그런 연유로 산림청에 대한 기대와 신뢰가 그다지 높지 못한 시기였다고 볼 수 있다. 물론 이러한 상황 전개를 산림청의 잘못이나 청장의 능력 등과 상관 짓기는 어렵다. 정치 상황과 맞물린 구체적이고 근본적인 문제가 내재해 있었기 때문이다. 유신이라는 정치적 상황 변화가 국정에 미치는 영향은 엄청난 것이었고, 그 와중에 산림시책이라고 예외일 수는 없었다.

그리고 이러한 정치적 파장은 일단 접어 두고라도 산림정책의 기본 방향에 대한 논란의 여지가 계속 남아 있었다는 점은 간과해서는 안 될 대목이다. 즉, 산림녹화를 경영의 측면을 강조해 민간주도로 추진할 것이냐, 아니면 행정력을 동원해 더욱 신속하고 강력하게 추진할 것이냐에 대해 많은 논란이 있었다.

앞서 분석한 바 있지만 산림청 발족 이후의 산림정책은 산림 경영의 측면에서 장기적인 경제수목 조림 등에 중점을 두었다. 김영진 초대 청장의 취임사가 그러했고, 여러 가지 시책의 마련도 그런 입장을 많이 대변했다. 청장 일행이 호주와 뉴질랜드를 시찰하고 만든 새로운 산림녹화 계획인 대단지 조림계획 역시 그런 차원에서 추진된 장기 전략이었다.

따라서 정치·사회적 이유를 배제하고 경제적인 이득과 원칙을 따르자면 산림 경영의 측면을 고려해 장기적으로 추진했어야 하는 것이 정답이 아니었나 싶다. '제1차 치산녹화 10개년 계획'이 수립되어 추진되는 동안 임업을 전공하는 학자들 사이에는 이러한 행정력을 동원한 양적 조림 위주의 녹화 시책은 성과를 거두기 어렵다는 문제가 꾸준히 제기되었다. 이미 계획 수립 이전부터 그 같은 갈등 요인을 내포했다고 해야 할 것이다.

1972년에는 조림문제를 다시 생각하게 하는 사건이 있었다. 정부 지원으로 산림조합이 주체가 되어 연료림에 대한 일제 실태조사를 벌였는데 연료림 조림면적 78만 4천 ha 가운데 다른 용도로 변경되거나 조림 실패 등으로 인해 나무가 살아남지 못한 면적이 무려 34만 9천 ha에 이른다는 결과가 나온 것이다. 그동안 조림한 물량 전체의 47%가 실패했다는 분석이었던 셈이다.[1]

황폐지 복구사업 역시 예산과 농촌 연료의 부족으로 사방지에 조림된 묘목이 가정용 연료로 채취되지 않을까 걱정할 정도였다. 뿐만 아니라 1966년 화전정리에 관한 법률을 제정하고 강원도를 중심으로 화전을 정리하고자 노력하였으나 정확한 실태도 파악하지 못하는 등 실적은 미미했다.

결국 제2차 경제개발 5개년 계획 기간 중의 조림사업은 사방사업을 제외하고는 실패로 끝났다고 판명된 셈이었다. 그렇기 때문에 조림정책에 대한 재검토가 필요했고, 이를 계기로 산림정책의 근본적인 재편이 이뤄지게 되었다.

---

1 한국임정연구회, 1975, 《치산녹화 30년사》, 241쪽.

유신(維新)[2]을 전후한 1972~1973년은 정치사(政治史) 뿐만 아니라 우리 산림 정책사 측면에서도 가장 격동의 시기였다. 1972년 10월 대통령 특별선언 이후 국회가 해산되고 모든 정당 활동이 중단되는 비상시국하에서 1972년 10월 17일 부터 1973년 3월 11일까지 약 5개월간 비상국무회의를 통해 각종 법률이 제정되었다. 비상국무회의가 입법 기능을 대신한 것이었다. 국정의 모든 분야에서 제도가 바뀌고 새로운 정책이 도입되는 개혁조치들이 강구되었다.

산림정책 분야도 예외일 수 없었다. 그 첫 실험은 1972년 12월 30일에 공포된 「산림개발법」의 제정과 영림공사(營林公社) 설립 근거 마련이었고, 1973년 2월에는 임목에 관한 법률 제정 및 「산림법」개정 등이 이루어졌다. 또한 거의 같은 시기에 산림청이 농림부에서 내무부로 이관되는 정부조직법 개정 법률이 비상국무회의를 통과했다. 그런데 그해 3월에는 법이 통과된 지 3개월도 지나지 않아서 「산림개발법」을 개정해 영림공사 설립조항을 모두 삭제하는 등 그야말로 격동의 시기였다.

유신 개혁의 산물, 「산림개발법」 제정

유신시대 임업정책의 첫 개혁 조치라 할 수 있는 것이 「산림개발법」의 제정이다. 사실 「산림개발법」제정은 직접적으로는 유신과 상관없이 추진되었던 법이지만 갖가지 의견 충돌로 진척을 보지 못하고 입법 추진이 지지부진하던 사안이었다. 그런데 유신으로 비상국무회의가 입법 기능을 대신하면서 법안이 신속하게 통과될 수 있었다. 이것이 유신의 덕택이라면 덕택이다.

당시 산림정책의 핵심은 농촌 연료 문제의 해결이었다. 그 일환으로 1960년 대까지의 임업정책은 농어촌 연료 문제를 해결하기 위해 연료림 조성사업에 중점을 두었다. 하지만 앞서 지적한 대로 1972년 연료림 조성 실태를 조사한 결과

---

2 사전적 의미는 '낡은 제도를 고쳐 새롭게 함'이다. 일본은 1867년 메이지 유신(明治維新) 이후 자본주의적 군주국가로서 급속히 발전하였다.

그간의 연료림 조성사업은 실패로 판정되었다. 농촌 주민이 사용하는 연료 가운데 11.5%만이 그동안 조성했던 연료림에서 공급되었고, 나머지 88.5%는 다른 목적으로 조림한 산림과 이미 조성된 산림에서 공급되었다. 연료림 조성사업이 실패했음을 반증하는 통계들이 속속 제시된 것이다.

따라서 연료림 개발의 필요성은 무척 다급한 상황이었고 그 당위성은 아무도 부인하지 않았다. 문제는 어떤 방법으로 추진할 것인가에 대해서 두 가지 입장이 첨예한 대척점에 서 있었다는 것이다. 이에 대해 국립산림과학원이 진단한 '1970년대 산림녹화 정책'을 보면 그 진상이 자세히 나온다.[3]

1972년 당시 상황은 당면한 산림 문제를 근본적으로 해결하기 위해 ① 조림을 산림경영의 일환으로 보고 임업 전문기술을 활용하여 장기 산림녹화를 추진하는 방안, 즉 영림공사로 대표되는 경영중심 임정을 추진하는 것, ② 조림을 헐벗은 산림을 복구하는 수단으로 보고 행정력을 동원하여 단기 산림녹화를 추진하는 방안, 즉 국민식수(국민 캠페인)와 행정력 동원으로 대표되는 행정중심의 임정을 선택할 것인가의 갈림길에 놓여 있었다.

두 방안 모두 영림공사와 행정력이라는 공적 주체가 주도권을 행사하려는 측면에서 공통점을 가지나 조림의 목적과 수행 주체에서는 차이점이 있었다. 전자는 특수개발지역으로 지정된 산림의 소유와 경영을 분리해 소유권은 산림 소유자가 가지지만 경영권은 영림공사 등이 갖는 위탁산림경영을 전제로 한 것이다. 그러나 후자는 전국의 황폐산림을 국민식수와 행정력을 통해 추진하자는 녹화운동을 전제로 한 것이다.

이러한 점에서 보면 1972년 말 비상국무회의를 통과해 공포된 「산림개발법」은 산림경영의 일환으로 조림을 고려하는, 즉 산림개발의 선도적 역할을 부여한 영림공사로 대표되는 경영중심의 임업정책이 선택된 것이었다.

그러나 당시 「산림개발법」이 공포된 것은 유신 이전부터 의회에서 추진된 법안이라서 그 틀을 완전히 바꾸기 어려웠기 때문이었다. 다만 의의가 있다면 지

---

3 배재수·이기봉·오기노 지히로, 2007, 《1970년대 산림녹화정책》, 국립산림과학원, 3쪽.

지부진하던 법률 제정 작업이 속전속결로 진행됐다는 것이다.

당초 「산림개발법」은 1972년 7월 10일 한병기(韓丙起) 의원 외 74인이 발의했다. 그때까지만 해도 강력한 행정력을 동원한 산림녹화 정책과는 거리가 멀었던 것이다. 당시의 「산림개발법」 제안 이유를 살펴보면 그러한 정황은 더욱 명백했다. 법률안 제안에 대한 이유 설명서에는 다음과 같이 적혀 있다.[4]

> 우리나라의 총 산림면적은 국토의 67%를 차지하는 666만 ha에 달하고 있으나, 이의 개발은 매우 부진하여 1ha당 산림자원 축적이 11㎥에 불과한 상태이고, 특히 사유림에서는 총 산림면적의 73%가 150만 명에 분산되어 소유구조가 워낙 영세하고 자본도 취약한 탓으로 산주에게 개발에 대한 의욕이나 능력을 기대할 수 없었고, 임지생산 능력의 역화(逆火: 불꽃이 사그라지는 것으로 오히려 줄어드는 것을 뜻함)와 산림의 공익성의 저하는 불가피한 추세에 있었으므로, 이와 같은 난경을 타개하기 위하여 그간 정부는 보조금의 교부, 영림계획제도의 채택, 조림명령의 발동과 산림조합에 의한 대집행, 금융의 지원 등 갖가지 시책을 수행하여 왔으나 아직껏 바람직한 효과를 거두지 못하였음에 비추어, 이에 산림개발의 획기적인 계기를 조성하여 임산자원의 비약적인 증강을 도모하고자 산림개발지역의 지정과 그 지역에서의 사업 시행, 산림개발의 선도적 역할을 맡게 될 영림공사의 설립 및 운영, 산림개발기금에 의한 장기저리의 융자, 산주 등에 대한 조림상의 규제, 기타 산림개발을 촉진함에 있어서 필요한 사항을 정하기 위하여 「산림개발법」을 제정하려는 것임.

즉, 당시까지도 「산림개발법」은 임업 경영적 측면을 고려한 법적 장치였던 셈이다. 「산림개발법」의 주요 골자는 ● 전국의 산림을 용재림 개발권, 풍치림 개발권, 농용림 개발권으로 구분하여 10년마다 종합개발계획을 수립하도록 하고(법 6조) ● 일정한 산림에 대하여 산주로 하여금 개발하게 할 필요가 있는 지역을 일반개발지역으로 지정하고, 다만 기술적·경제적 능력을 갖춘 자로 하여금 장기간에 걸쳐 대단지로 개발하게 할 필요가 있는 지역의 산림을 특수개발지역으

---

4 배재수·이기봉·오기노 지히로, 2007, 《1970년대 산림녹화정책》, 국립산림과학원, 8쪽.

로 지정하도록 하는 것(법 7조)이었다. 이 법의 핵심 내용 가운데 하나는 특수개발지역의 실질적 경영주체인 영림공사를 설립·운영한다는 내용이다(법 23조).

이러한 내용의「산림개발법」을 제정하면서 영림공사 설립을 법정화한 의도는 산림경영에 필요한 자본과 능력이 부족한 산림 소유자들에게 조림을 비롯한 산림 경영을 맡기기 어려우니 공적 주체인 영림공사를 설립하여 강제된 위탁산림경영을 하고 수익을 분배하겠다는 것이었다. 물론 얼마나 공정하게 특수개발지역이 선정되고, 조림투자에 대한 과실 배분이 이뤄질지에 대해서는 의문의 여지가 있을 수 있다. 하지만 최소한 형식상으로는 임업 경영의 측면을 상당히 고려한 선택이었다고 볼 수 있다.

그런데 문제는 이러한 법적 장치와 제도를 뒷받침할 여러 가지 사정이 여의치 못했다는 점이다. 우선 영림공사 설립에 필요한 자본금이 2백억 원인데 이는 당시의 재정 형편상 도저히 감당할 수 없는 규모였다. 당시 1973년도 산림예산 전체가 68억 원이었으니 2백억 원이 얼마나 큰돈이었는지 능히 짐작할 수 있다. 자연히 예산 당국 등에서는 영림공사 설립에 대한 반대가 많았다. 뿐만 아니라 이러한 경영적 측면을 살린 제도로 과연 산림녹화가 이뤄질 수 있을지에 대한 확신이 없었다는 점도 또 하나의 부정적 요인으로 꼽힌다.

국가적으로 보면, 유신이라는 무리수까지 두면서 추진하는 국가시책을 지원과 유인책에 의한 산림개발이라는 순리에 맡겨 두고 지켜볼 만한 여유가 없었던 것도 사실이다.

정부주도 산림정책의 신호탄,「산림개발법」개정

결국 정부는 제정한 지 3개월도 안된「산림개발법」을 1973년 3월 5일에 개정해 영림공사 관련 규정 전체를 삭제한다. 영림공사로 하여금 산림개발을 맡게 한다는「산림개발법」의 핵심 내용이 사라진 것이다. 정부에서는 영림공사 설립 비용을 차라리 황폐한 산림 복구에 투입하는 편이 훨씬 더 효과적이라는 판단을 내린 것이다.

결과적으로 보면 이 같은 절차는 결코 우연이 아니라 예정된 수순이었다. 급박하게 돌아가던 정치 상황에 맞물려 「산림개발법」을 비상국무회의에서 통과시키기는 했지만 정부의 입장은 그렇게 한가하지 않았던 것이다.

더구나 「산림개발법」 개정 이전인 1973년 초에 이루어진 박정희 대통령의 연두회견을 비롯한 일련의 국토녹화 지시사항과 산림청의 내무부 이관과정 등을 종합해 보면 「산림개발법」의 개정은 지극히 당연한 수순이고 오히려 뒤늦은 감이 없지 않다. 국정 운영에서 하루라도 빨리 뭔가 가시적 성과를 내야 하는 정치적 상황에서 영림공사를 만들어 한가하게 산림녹화를 추진할 수 없었으리라는 추측이 가능하다.

다시 말하면 「산림개발법」의 개정은 단순히 예산 부족 등의 여건 미비에 기인한 것이라기보다는 민간주도의 경영중심 임정을 정부주도 중심으로 바꾸는 근본적 변화를 모색하는 것이었다. 일반개발지역과 특수개발지역을 구분할 필요 없이 헐벗은 산림 전체를 시·군·구 단위로 묶어 영림공사의 역할을 대신하는 국가와 지방자치단체가 정부 재정과 지방 행정력 및 경찰력을 동원해 조림을 실시하겠다는 정부의 정책 의지가 실린 셈이다.

종래 농림부가 추진한 경영중심 영농이 지지부진하다는 판단에 따라 정부주도로 바꿔 강력한 행정력을 동원한 산림정책을 구사하겠다는 신호였다. 치산녹화 정책도 '유신의 새 옷'으로 갈아입은 것이라고 볼 수 있다.

내무부 산림청

잘 짜인 한 편의 시나리오

1973년은 우리 임정사(林政史)에서 획기적인 전환점을 이룬 해다. 유신의 영향은 모든 성책에 파급되었지만 특히 산림정책에 획기적 변화를 가져왔다. 「산림법」 개정 등의 제도적 보완뿐만 아니라 산림정책의 추진 주체를 농림부에서 내무부로 이관하는 조치가 단행되었다.

1970년대 초부터 실시한 새마을사업과 치산녹화사업을 연계해 추진하면서, 특히 강력한 지방 행정조직을 활용해 조림을 실시하는 동시에 경찰력을 동원해 도벌·남벌 등에 대한 단속을 효과적으로 추진하려는 의도가 깔려 있다. 물론 이러한 결정은 하루아침에 이뤄진 것이 아니라 상당 기간의 의견 수렴이 있었던 것으로 나타났다. 산림청의 내무부 이관을 전후해 일어난 일련의 사건들을 보면 잘 짜인 한 편의 시나리오였다고나 할까?

1973년 1월 12일은 박정희 대통령이 유신 이후 처음 맞는 해의 연두 기자회견이 있었던 날이다. 대통령의 연두 기자회견을 어떤 사람들은 연두 교서발표라고도 말한다. 어쨌든 1972년 10월 유신으로 비상계엄을 선포한 이후였으므로 숨 가쁜 정치 일정과 국가경영의 대강을 밝히는 내용이 주를 이뤘다. 오전 10시에 시작해 12시가 넘도록 무려 2시간 17분이 걸린 기자회견이었다.

그런데 일반 국민들이나 정치권 등에서는 그다지 주목받지 못했지만 임업인들에게는 눈이 휘둥그레질 만큼 크나큰 내용이 하나 들어 있었다. 기자회견의 마지막 부분에서 국토건설 분야 구상을 밝히면서 다음과 같은 '치산녹화 10개년 계획'을 언급한 것이다.

전 국토를 효율적으로 활용하기 위해서 지금 추진하는 4대강 유역 개발을 촉진하고, 기타 주요 하천도 개발해야겠으며, 항만개발, 고속도로, 고속화도로, 기존 국도의 포장 이런 것을 빨리 서둘러야 하겠고, 전 국토의 녹화를 위해서 앞으로 10개년 계획을 수립해서, 1980년대 초에는 우리나라가 완전히 푸른 강산이 되어야 하겠습니다. 그래서 아름답고 살기 좋은 그런 국토를 만들어야 하겠습니다.

연두 기자회견에서 밝힌 '10개년 계획'

대통령의 기자회견 내용이 알려지면서 산림정책의 실무집행기관인 산림청은 당황할 수밖에 없었다. '치산녹화 10개년 계획' 등 기자회견 내용이 사전에 산림청과 협의되거나 건의된 바가 없었기 때문이다. 당시 산림청 조림과장이었던 김연표의 증언은 그때의 긴박한 상황을 생생히 들려준다.

> 나는 당시 산림청 조림과장으로 1973년도 조림계획을 수립하던 중이었습니다. 대통령의 선언을 듣고 즉시 청와대 농림담당 비서실에 전화를 했는데 그 내용에 대해서는 아는 사람이 없고 기다려 보라는 말뿐이었어요. 그동안 산림녹화에 대한 수많은 대통령의 지시가 있었지만, 예산 당국을 비롯한 관계 부처와 지방자치단체의 소극적인 협조로 성과를 거두지 못한 사례가 허다했습니다.
> 그러나 이번 지시는 다르다고 생각했습니다. 10월 유신 이후 처음으로 갖는 연두 기자회견인데다 엄중한 정치 상황에서 나온 것이어서 종래의 지시와는 무게가 다르다고 생각했지요. 그런 점에서 나무 심기의 실무책임을 맡은 나로서는 내심 반가운 일이 아닐 수 없었습니다.

엘리트 산림청장 손수익을 구심점으로 '새 틀'을 짜다

그런데 그날부터 산림정책을 둘러싼 주목할 만한 사건들이 연일 터져 나왔다. 대통령의 연두회견이 있은 지 3일 만에 산림청장이 경질되었다. 당시 강봉수(姜鳳秀) 청장이 물러나고 손수익(孫守益) 경기도지사가 새 청장으로 임명된 것이다.

손수익, 그는 누구?

"손수익(孫守益, 1932~)은 행정 분야에 뛰어난 업무능력을 인정받아 왔다. 매사에 판단력이 빠르고 명석하다는 평을 들었다. 지난 1973년부터 1978년까지 산림청장으로 재직하면서 '제1차 치산녹화 10개년 계획'을 추진해 4년이나 앞당겨 이룩하는 업적을 남겼다. 최장수 산림청장으로 재직하면서 그의 탁월한 행정능력이 현재 산림행정의 뿌리를 내리게 했고, 지난 1980년 내무부 차관으로 재직 중에도 전국 읍면의 이름을 한자로 전부 외울 정도였다. 앞으로 교통행정의 혁신이 기대된다."

1983년 10월 15일 교통부 장관으로 임명된 손수익 당시 국무총리 행정조정실장의 프로필을 소개한 〈매일경제신문〉의 기사 내용이다.

전남 장흥 출신으로 1932년생. 1956년 서울대 법대를 졸업하고 서울대 행정대학원, 미국 존스홉킨스대에서 수학했다. 고시 행정과 출신으로 1961년 만 29세에 전남 나주군수, 1968년 36세에 전북 부지사와 전남 부지사, 1971년 39세에 내무부 지방국장, 1972년 7월 40세에 경기도지사를 역임한 화려한 경력의 소유자다.

박 대통령은 처음부터 손수익에게 '제1차 치산녹화 10개년 계획'을 완수하는 10년 동안 산림청장을 맡길 요량이었다는 것이 산림녹화를 연구한 학자들의 분석이다.

주도면밀한 기획력과 투철한 사명감이 돋보이는 관료라는 게 관가의 공통된 평가이다. 사실 새마을 운동은 손수익의 손에서 키워졌다고 볼 수 있다. 내무부 지방국장 시절 지방국 아래 부국으로 새로 만들어진 새마을담당관으로 고건 전 국무총리가 부임해 함께 근무하면서 새마을 운동을 다져왔다.

1994년 11월 고향으로 내려와 장흥학당을 개설하고 조찬강연회와 현장연수회 등을 개최하면서 지역사회 발전을 위해 노력했다. 장흥학당은 2014년에 창립 20주년을 맞았다.

김현옥, 그는 누구?

김현옥(金玄玉, 1926~1997)은 특출한 행정가로 꼽힌다. 1926년 10월 경상남도 진주에서 태어나 1947년 육군사관학교를 졸업하고 1962년 준장으로 예편 후 부산시장에 임명되어, 4년간 근무한 뒤 1966년 서울특별시장이 되었다. 당시 43세라는 최연소 서울시장의 기록을 갖고 취임, 역대 시장 가운데 가장 괄목할 만한 업적을 남긴 시장으로 평가된다. 《전환시대의 행정가: 한국형 지도자론》(이종범 편, 2006, 나남)의 '서울의 스카이라인을 바꾼 정열의 행정가: 김현옥 론'에서는 김현옥에 대해 이렇게 적었다.

"역대 행정가 중에서 김 시장만큼 많은 별명을 가진 행정가를 찾아보기 힘들 것이다. 김 시장은 '일을 시키는 부대장', '불도저 시장', '이동 시장', '두더지 시장', '개벽 시장', '돌격 장관' 등 많은 별명을 가졌다. 이러한 별명들은 김 시장의 성격과 행태적 특성을 무엇보다도 잘 나타낸다."

김 시장에 대한 세인들의 평가는 '거칠다', '과격하다', '밀어붙인다', '실수가 나와도 돌아보지 않는다', '너무 주관적이다' 등이다.

그는 별명처럼 진짜 불도저 같은 힘으로 아파트 건설을 밀어붙였다. 세종로와 명동에 지하도를, 종묘 앞 필동 간 소개도로에 세운상가를 건립하고, 여의도에 제방을 구축해 여의도의 현재 모습을 갖추게 했다. 또한 강변북로를 건설하고, 국내 최초의 고가도로인 아현고가도로와 서울역고가도로를 건설하였으며, 남산 1,2호 터널과 삼청터널 그리고 사직터널도 개설하였다. 복개된 청계천 위에는 청계고가도로를 건설하였다.

1970년 와우 아파트 붕괴사고의 책임을 지고 서울시장에서 사임했으나 1971년 내무부 장관으로 복귀, 1973년까지 재직했다. 1981년 5월 부산 기장에 있는 장안중학교 교장으로 부임한 뒤 그곳에서 여생을 보냈다.

손수익은 내무부 지방국장으로 있을 때 새마을 운동의 창안에 참여했을 뿐 아니라 서울-춘천 간 국도변을 시범적으로 정비해 보라는 대통령의 지시를 받고 1년간 작업 끝에 성공적으로 마무리했다. 이로써 대통령으로부터 성과를 인정받은 그는 전국의 도로변을 이와 같이 정비하고 시범교육장으로 활용하라는 지시를 받아 전국 관계 공무원들의 교육장을 만든 엘리트 지사였다.

이에 대한 손수익의 증언[5]을 들어보자.

1973년 1월 16일에 경기도지사였던 나는 산림청장으로 명을 받았습니다. 의외였을 뿐 아니라 내심 서운함도 있었습니다. 1주일 전에 김현옥 내무부 장관을 통해 사전통보를 받긴 하였으나 김 내무부 장관도, 주무장관인 김보현(金甫炫) 농림부 장관도 각하의 뜻이라 이유를 잘 모르겠다는 것이었습니다.

공교롭게도 1월 16일은 농림부의 연두순시 날이어서 김종필(金鍾泌) 총리에게서 임명장을 받고 곧바로 대통령 연두순시에 배석해 각하를 뵈었습니다. 그랬더니 대통령께서 "임자, 산림청장을 맡으라고 했더니 불평했다며?" 하셔서 "아닙니다. 열심히 하겠습니다"라고 말씀을 올렸습니다. 그러나 솔직히 왜 내가 산림청장이어야 하는지 납득이 되지 않았습니다.

그런 와중에 대통령께서 "빠른 시일 안에 국토 녹화에 대한 중장기 계획을 세워 보고하라"는 지시를 내리셨습니다. 대통령의 지시를 받고 헤아려 보니 그해 연초에 발표한 연두회견에 '10년 안에 국토를 녹화하겠다'는 대국민 약속이 있었음이 상기되었습니다.

그런데도 1월 16일 손수익이 산림청장 임명을 받고 처음 참석한 농림부의 연두순시에서 박 대통령은 연두회견 때에 천명했던 '치산녹화 10개년 계획' 등에 대해서는 한마디도 언급하지 않았다. 당연히 주무부처인 농림부의 순시에서 그에 대한 구체적인 지시나 질책이 있어야 마땅했는데도 말이다. 다시 김연표의 이야기를 들어보자.

5 손수익, 2006. 4. 1, "국토사랑과 산림녹화", 〈박정희대통령기념사업회 회보〉, 7호.

그때의 생각으로는 산림청장을 새로 임명했기 때문에 별도의 지시가 있을 것으로 예상하였으나 전혀 언급이 없었습니다. 의아해할 수밖에요. 그런데 뜻밖에도 그해 1월 22일 내무부 연두순시에서 산림정책에 대해 다음과 같은 박대통령의 신랄한 지시[6]가 있었습니다.

첫째, 산림시책도 지금까지 고식적이며 구태의연한 방법으로 했는데 근본적으로 재검토해야 할 단계에 왔다고 본다. 그동안 산림청에 배당한 예산은 적었지만 그 범위 내에서라도 이것을 효과적으로 사용하고 지도를 잘해나갔다면 산이 더 푸르러졌고 나무도 많이 자랐을 것이다. 일본은 기후나 습도나 강우량 면에서 우리보다 좋은 여건을 가져 그렇겠지만 오늘날 일본에서 벌겋게 헐벗은 산을 볼 수 없다. 그런데도 그들은 조림녹화운동을 벌여서 작년만 해도 외국에서 수백만 달러 어치의 묘목을 사들여 심었고, 금년에도 상당한 묘목을 사들여 심는다고 한다. 우리는 재정의 여유가 없기 때문에 나무를 사다 심을 형편은 못되지만 이제부터는 우리나라의 토질과 기후에 알맞은 수종을 선택해서 묘목을 대량 생산하고, 심고, 관리하는 방법과 기술지도를 철저히 해야 하겠으며 다른 한편으로는 도벌을 강력히 단속해 나가야 하겠다.

둘째, 금년에는 법을 만들어서라도 낙엽을 긁는 것을 엄벌해야 되겠다. 연료는 풀을 베거나 연료림을 조성하여 나뭇가지를 쳐서 쓰도록 하고 낙엽은 절대로 긁어가지 못하도록 해야 하겠다. 낙엽을 빡빡 긁는 것은 나뭇가지를 치는 것보다 훨씬 나쁘다는 것이다. 낙엽이 쌓여야 습기를 보존할 수 있고, 썩어서 거름이 되며 …

셋째, 산림관계 연구기관에 근무하는 직원들의 자세도 고쳐야 하겠다. 임업시험장에 근무하는 공무원들이 우리나라의 기후와 토질에 알맞은 수종을 연구·개발하고, 비배(肥培) 관리나 접목(椄木) 기술 같은 것을 연구하는 것은 당연한 일이다. 그러나 이제부터는 한편으로 연구하면서 또 한편으로는 개발한 수목의 묘목을 대량 생산해 인근 부락에 공급하고, 비배 관리 등 기술지도를 철저히 하여 이를 널리 보급해 나가야 하겠다. 자기 혼자서 마치 취미로 정원수라도 가꾸는 것처럼 백날 들여다보고 앉아 있거나, 논문이나 한 편 써내 놓고는 자기 일을 다 한 것처럼 생각하는 자세는 고쳐야 한다고 본다.

6 내무부 편, 1973, 《1973년도 연두순시 시 대통령 각하 지시사항》, 대통령비서실.

김연표는 "이와 같은 대통령의 지시는 산림정책에 대해 장기간에 걸쳐 누적된 불만의 표시였으며 유신과업의 일환으로 일대 개혁을 뜻하는 것으로 해석할 수 있었다"고 평가했다. 산림청을 뒤집어엎고 어떻게 할 것 같은 분위기여서 앞으로 닥칠 인사태풍까지 걱정하지 않을 수 없었다고 한다.

산림 전문가에게 이관에 대한 의견을 묻다

그런데 농림부 소관인 산림정책을 내무부 연두순시에서 신랄하게 비판한 배경이 무엇인지 아는 데는 그리 오랜 시간이 필요치 않았다. 다름 아닌 '산림청의 내무부 이관'이란 수순이 기다리고 있었던 것이다. 그것은 즉흥적으로 결정된 것이 아니라 오랜 시간 여러 각도의 검토와 의견 수렴이 있었던 것으로 밝혀졌다. 박진환(朴振煥) 당시 대통령 경제특보는 다음과 같이 증언했다.[7]

전라남도의 초도순시가 끝난 다음 행선지는 부산이었다. 전남도청이 소재한 광주시에서 부산까지는 남해안 도로를 따라 자동차 편을 이용했다. 하동군 지역을 통과하는 중이었는데, 지리산 남쪽의 기슭이 보이는 곳에 이르자 선두의 대통령 전용차가 길옆에 멈춰 섰다. 우리 일행은 이곳에서 북쪽 방향으로 보이는 지리산 기슭의 산들이 온통 민둥산인 장면을 멀리서 바라볼 수 있었다.

부산에 도착하자마자 대통령의 부름을 받고 필자가 지정된 자리에 가 보니 그 자리에 농림부 장관도 와 있었다. 박 대통령께서는 이 자리에서 아직 성장 중인 나무들의 벌채를 막기 위해 농림부 산하에 있는 산림청을 내무부 산하로 옮기려는 것에 대해 우리들의 의견을 묻는 것이었다. 그때 나는 다음과 같이 답한 것으로 기억한다.

"새마을 사업으로 전국의 농가들이 지붕 개량을 하면서 부엌 아궁이들도 19공탄용으로 개조했습니다. 그리고 농촌 인구가 급속도로 감소하면서 농가에서 불을 때야 하는 온돌방의 수도 줄어들기는 했습니다. 그래도 산에서 자

7 이경준 · 김의철, 2010, 《민둥산을 금수강산으로》, 기파랑, 195~196쪽.

라는 나무들을 지키기 위해 농촌 지역의 파출소 순경들도 단속에 나설 수 있으면 산림녹화가 빨라질 것입니다."

보통 지방 연두순시가 1월, 2월에 이뤄진 점을 감안하면 1월 중이 아니었나 생각된다. 박정희 대통령의 머릿속에는 산림청을 내무부로 이관시켜 새마을 운동과 연계시키고 지방조직과 경찰을 활용하겠다는 복안이 자리했던 것이다. 당시 대통령 비서실장이었던 김정렴[8]은 이보다 훨씬 앞서 산림청의 내무부 이관에 대한 의견 등에 대해 관계요로에 자문을 얻었다고 증언했다.[9] 임목육종연구소를 맡았던 향산(香山) 현신규(玄信圭) 박사를 찾아가 자문을 구한 사연이 그의 회고록 《최빈국에서 선진국 문턱까지》에 기록되어 있다. "산림청을 내무부로 이관하며"라는 부제를 단 대목을 보면 다음과 같다.

나는 평소에 나무와 꽃을 좋아해 수종에 대한 초보적인 지식은 가졌으나 1969년 10월 대통령 비서실장으로 임명된 후에는 박 대통령의 산림녹화에 대한 시정 중시에 자극을 받아 대학의 임학계통 교재를 읽고, 또한 틈이 나면 일요일에는 가족과 더불어 광릉 소재 임업시험장 중부지장에 들러 당직 직원으로부터 현장기술에 관한 이야기를 듣곤 하였다.

이어서 산림녹화에 관한 범국민적 지식과 기초기술의 교육, 보급을 위해서는 때마침 제 2차 연도를 맞이한 새마을 운동과 같이 시・군・면의 일선 지방 공무원, 교사, 새마을 지도자를 통한 교육・보급이 필수적이라고 생각되었다. 이를 위하여 산림청을 농림부에서 내무부로 일시 이관시킬 필요가 있지 않나 생각되었다.

나는 신중을 기하기 위해 1972년 여름 어느 토요일 퇴근길에 수원 교외에

---

8 김정렴(金正濂, 1924~): 서울 태생으로 일본 오이타 경제전문학교를 졸업했으며 미국 클라크대 대학원을 수료하고 명예법학 박사학위를 받았다. 1944년 한국은행의 전신인 조선은행에 입행한 후 1980년 주일대사를 사임할 때까지 약 2년간의 공백을 빼고는 34년간 우리나라 중앙은행과 행정부에서 공직을 맡았다. 재무부, 상공부 장관을 역임했고, 박정희 대통령의 비서실장으로 경제개발정책의 수립과 집행 과정에 계속 참여하여 '한국 경제정책의 산파' 역할을 담당했다. 역대 최장수 비서실장(9년 3개월)을 거쳐, 말년에는 주일대사로 근무한 후 공직에서 물러났다.
9 김정렴, 2011, 《최빈국에서 선진국 문턱까지: 한국 경제정책 30년사》, 랜덤하우스, 249~250쪽.

있는 임목육종연구소로 찾아가 은수원사시나무를 육종·개발한 세계적 권위
자 현신규 박사에게 나의 소견에 대한 자문을 구했다. 현 박사는 "우리나라의
급선무인 산림보호 및 조속한 산림녹화를 위해서는 산림청을 내무부 산하에
두는 것도 상책일 것"이라는 평을 해 주었다. 나는 저녁 늦게까지 현 박사로부
터 육종, 산림녹화에 대한 좋은 이야기를 많이 들었다. 나는 일어서기에 앞서
"임목육종연구소로서 애로사항이 있으면 대통령에게 보고해서 도와드리겠
다"고 하였더니 과묵한 현 박사는 숙고 끝에 "지방에 있는 육종장(育種場: 묘목
키우는 곳)의 포지(圃地: 나무를 심어 가꾸는 밭)가 모자라 활발한 연구에 애로
가 있다"고만 언급할 뿐 인원이나 기구 또는 경비에 대한 이야기는 전혀 꺼내
지 않았다. 나는 학자로서 현 박사의 고결한 인격과 연구자로서의 인품에 큰
감명을 받았다.

　다음 월요일 산림청의 '내무부 이관' 안을 현 박사의 의견을 첨가해 건의하였
다. 박 대통령은 "먼 훗날 농림부로 다시 환원하는 일이 있더라도(1987년 1월
1일 산림청은 농림부로 복귀) 시급한 산림보호와 산림녹화 추진을 위해서는 내
무부로 이관하는 것이 상책"이라고 즉시 결론을 내리는 한편 "육종장의 포지
증가 확보를 지원 해결하라"는 대통령의 분부가 있었다.

　산림청이 내무부로 이관된 것이 1973년 3월인데 이 증언으로 보면 훨씬 오래
전부터 내무부 이관이 검토되었다는 이야기다. 다만 이 증언의 시기는 좀더 확
인할 필요가 있다.[10] 물론 이런 시점이 중요한 것은 아니지만 박 대통령이 여러
경로로 산림청의 내무부 이관에 대한 의견 수렴을 폭넓게 했음을 알 수 있다.

---

10 현신규 박사와 김정렴 실장의 만남과 산림청 내무부 이관에 대한 자문 시기를 김 전 실장은 1972년 여
　름이라고 회고록에 기록했으나 현 박사의 "나의 이력서"에 보면 이런 대목이 나온다.
　"치산녹화계획(정부가 물량 위주의 계획을 집행하려는 것)에 대해 그런 점들을 걱정스럽게 생각했을
그해(1973년) 이른 봄 토요일 하오 내 연구실로 청와대 김정렴 비서실장이 예고 없이 찾아왔다. 그분은
인사치레를 생략하고 무슨 애로나 건의할 것이 없느냐고 물었다. 우선 양에 치우친 조림은 위험하다고
설명하고 육종품종을 비교 실험할 묘지(苗地)가 평지가 아니어서 곤란을 겪었다고 했다. 김 실장이 돌
아간 후 곧 시험지 매수비 조로 5천만 원이 내려왔다."
　현 박사의 "나의 이력서"에서도 역시 글의 전후맥락으로 보아 김 실장의 방문이 '산림청의 내무부 이관
이후'로 기술되어 의문이 남는다. 그러나 김 실장의 방문 요일이 주말인 토요일 오후라는 점과 '애로사
항'에 대해 포지 확보와 자금 지원이 이뤄진 사실들은 일치한다. 따라서 김 실장의 현 박사 방문은 산림
청의 내무부 이관보다 다소 앞선 시점이 아닌가 싶다.

김연표의 증언에는 이런 대목도 나온다.

1973년 2월 13일은 박 대통령이 충청남도와 북도를 연두순시하는 날이었다. 이날 박 대통령은 충남도청으로 행차하던 도중 느닷없이 산림청장을 도정보고에 참석시키라는 지시를 내린다. 긴급지시가 있었기에 나는 청장을 수행하여 충남 도정보고회의 중간에 참석하였다. 그러나 도정보고가 끝나갈 무렵 박 대통령이 "산림청장 참석했소?" 하고 확인하는 것이 전부였다. 더 이상의 질문이나 지시도 없었다. 충청남도의 보고가 끝나고 충청북도의 도정보고를 받는 순서로 이어갔다. 충북도정 보고도 끝나고 여러 가지 지시사항도 내렸지만 산림정책에 관한 지시는 여전히 없었다. 그렇다고 물어볼 수도 없는 일 아닌가. 이런 답답한 심정으로 손 청장을 모시고 귀경길에 올랐다. 그런데 그냥 넘어갈 리가 만무했다.

손수익 청장, 산림청 간판 들고 내무부로 돌아가 …

당시 상황을 손수익의 증언[11]을 통해 직접 들어보자.

충남을 보시고 충북을 거쳐 귀경길 경부고속도로상에서 각하께서는 갑자기 차를 세우시더니 뒤차로 따르던 나에게 전용차로 옮겨 타라고 하셨습니다. 전용차에는 김현옥 내무부 장관이 대통령을 모셨었지요. 그 자리에서 나에게 "업무는 좀 파악했느냐?", "10년 계획은 잘 만들고 있느냐?" 등을 물으시다가 갑자기 "산림청이 내무부로 가면 어떻겠느냐?"고 질문하셨습니다.

김 장관의 눈치를 살필 여유도 없어 엉겁결에 "정부의 부성(部省) 조직은 통치의 수단인데 통치권자께서 판단하실 일 아니겠습니까. 다만 산림도 1차 산업이어서 같은 1차 산업을 관장하는 농림부에 있는 것도 장점이 있겠지만, 국토녹화의 시급성과 절대성에 비추어 볼 때 지방 행정력과 경찰력을 관장하는 내무부로 가는 것도 장점이 많을 것 같습니다"라고 외람된 말씀을 드렸더니

---

11 손수익, 2006. 4. 1, "국토사랑과 산림녹화", 〈박정희대통령기념사업회 회보〉, 7호.

"내일 총리에게 산림청을 내무부로 옮기는 것으로 작업을 하라고 말씀드려라"
라고 해서서 그 뒷날 김종필 총리께 보고를 드렸습니다. 그날 김 총리께서는
"손(孫) 청장을 산림청으로 부르실 때부터 작정하신 것 같다"는 말씀과 함께
내무부로 옮기는 작업을 지시하셨지요.

   한편으로 나는 서울에 도착하자마자 궁금해하실 김보현 농림부 장관께 보
고를 드렸습니다. 그랬더니 "나하고 일 좀 하자고 산림청에 데려왔더니 간판
까지 짊어지고 내무부로 돌아가는 사람이 어디 있느냐!"는 질책 반, 농담 반
의 말씀이 있으셨지요. 김 장관께는 그날 저녁을 모시는 것으로 용서를 빌었
던 기억이 납니다.

손 청장의 증언을 좀더 들어보자.

"산림녹화를 조기에 완수하려면 어떻게 도와주면 되겠느냐"는 하문(下問)을
받고 "전국 읍·면에 산림계를 만들어 최일선에 산림 전담직원을 두는 것이 방
법이겠으나, 그러려면 5천여 명의 새로운 증원이 있어야 할 것 같으니 각 도지
사와 시장, 군수의 측근 참모로 도에 산림국장, 시·군에 산림과장을 만들어
주시면 어떻겠느냐"고 건의드렸습니다. 박 대통령께서 이를 기꺼이 받아 주
심으로써 산림 공무원의 사기를 올리고, 지방장관의 참모회의에 산림직이 참
여할 수 있었습니다. 뿐만 아니라 산림직도 시장, 군수가 되는 계기를 만들 수
있었습니다.

   산림청을 내무부 산하로 이관하는 작업은 그렇게 급속도로 진행되었다. 산림
청장이 국무총리에게 보고한 지 1주일 후인 1973년 2월 23일 비상국무회의에서
산림행정을 효율적으로 수행하기 위해 산림청을 내무부로 이관하는 정부조직법
이 통과되어 3월 3일 공포되었다. 이와 동시에 산림청은 발족한 지 6년 만에 내
무부 산하로 이관되었다.

국토 조림녹화 장기계획의 시동

내무부 감독, 고건 기획의 '산림녹화 10년지대계'

산림청이 내무부로 이관되면서 '치산녹화 10개년 계획'은 내무부에서 짜게 되었다. 산림청에서는 김연표 조림과장과 범택균 기술보급과장이 계획서 작성에 참여하였다. 그러나 작성은 고건 당시 내무부 새마을담당관의 책임하에 진행됐다. 고건의 증언[12]을 그의 저서를 통해 들어보자. 앞서 울주군 사방사업의 추진 성과는 그의 회고를 통해 알아본 바 있다. 그 뒤를 이어 '치산녹화 10개년 계획'을 수립한 과정을 그는 이렇게 설명한다.

> 1972년 동대본산 사방사업 경과 보고서를 올린 지 며칠 지나지 않아 김현옥 내무부 장관이 나를 불러 말했다.
> "대통령 주재 월례 경제동향보고 회의에서 그 내용을 직접 보고해요. 청와대 지시야."
> 동대본산 녹화사업은 그만큼 큰 의미를 가졌다. 며칠 후 떨리는 마음으로 보고를 마쳤다. 그러나 그게 끝이 아니었다. 얼마 후 '국토 조림녹화 10개년 계획'을 수립하는 막중한 임무가 떨어졌다. 나에게 A4 용지 반만 한 크기의 작은 종이 한 장이 전달되었다. 여기에는 이렇게 쓰여 있었다.
> "내무부 장관 귀하. '국토 조림녹화 10개년 계획'을 수립 보고할 것."
> 봉황 무늬가 선명한 대통령의 친필 메모였다.
> 1~2개월 전국의 여러 산을 찾아다니며 성공 및 실패사례를 연구했다.[13] 산림청 범택균 육림과장과 김연표 조림과장은 산림 전문가로서 많은 조언을 해줬다. 특히 손수익 산림청장으로부터 두 차례 자문을 받았다. 손 청장은 내무

---

12 고 건, 2013, 《국정은 소통이더라》, 동방의 빛, 201~204쪽.

13 이 부분은 논란이 있다. 뒤에 나오는 당시 김수학 지방국장의 증언에 따르면 계획 작성 지시를 받은 지 열흘 정도 걸려 입안했다고 한다. 따라서 고 전 총리가 동대본산 사방공사인 울주군 사방공사 준비와 혼동한 것이 아닌가 생각한다 (김수학, 2008. 7. 15, 《이팝나무 꽃그늘》, 나남, 329쪽).

부 지방국장을 거쳐 경기도지사로 일하다 박 대통령에 의해 산림청장으로 발탁된 인물이다. 추진력과 기획력이 뛰어났다.

국토 조림녹화 계획안을 마무리해서 김현옥 내무부 장관에게 보고했다. 김현옥 장관은 바로 청와대로 보고하러 갔다. 그날 오후 4시 청와대에서 연락이 왔다. 다음 날 오전 10시 청와대에서 열리는 관계장관회의에 참석해 국토 조림녹화 계획안을 보고하라는 지시였다. 갑작스런 일이라서 준비가 바빴다. 정신없이 준비에 매달렸다. 그때는 커다란 갱지에 식섭 손으로 써서 브리핑 차트를 만들 때였다. 70~80장에 달하는 차트를 써야 했다. 이를 준비하자니 많은 시간이 걸릴 수밖에.

다음날 보고 시간인 오전 10시에 임박해 겨우 차트를 완성했고, 따라서 보고 시간에 10분이나 지각했다. 진땀 나는 상황이 아닐 수 없었다. 우여곡절을 겪으며 청와대에 도착해 '국토 조림녹화 10개년 계획'을 보고했다.

"국토 조림녹화 10개년 계획을 보고드리겠습니다. 기본 방향을 국민조림, 속성조림, 경제조림 3가지로 정했습니다." 그리고 보고를 이어갔다. "첫째, 모든 국민이 나무를 심고 가꾸는 데 참여하는 국민조림을 추진해야 하겠습니다. 둘째, 지금 홍수와 산사태가 반복되니 우선 속성녹화에 중점을 둬야 합니다. 셋째, 장기적으로 경제조림을 추진해야 합니다."

그러면서 박 대통령 쪽을 훔쳐보니 눈빛을 빛내며 고개를 끄덕이는 모습이 시야에 들어왔다. 안심되는 순간이었다. 그제야 준비한 대로 찬찬히 브리핑을 진행할 수 있었다.

고건은 그의 회고록 《국정은 소통이더라》에서 당시의 상황을 자세히 소개했다. 보고 중간중간에 있었던 박정희 대통령과의 문답 내용은 물론, 회의 분위기까지 상세히 전한다. 이날 회의에 대한 고건의 기록은 계속된다.

고건, 그는 누구?

고 건(高建, 1938~)은 국무총리와 서울특별시장, 국회의원, 대학총장 등 고위직이란 거의 안 해 본 것이 없을 정도로 화려한 경력의 소유자다. 1960년 서울대 문리대 정치학과를 졸업하고 1961년 고등고시 제13회 행정과에 합격한 뒤 1975년 37세에 최연소 전남도지사와 대통령비서실 정무수석비서관을 지냈다. 1981년 교통부 장관, 1981~1982년 농수산부 장관, 1985년 제12대 국회의원(군산·옥구), 1987년 내무부 장관, 1988~1990년 제22대 서울특별시 시장을 지냈다. 1997~1998년 김영삼 정부에서 제30대 국무총리를 지냈고, 1998년 새정치국민회의에 입당한 뒤 제2기 민선 서울특별시 시장에 당선되어 2002년까지 역임했다. 2003년 2월 노무현 정부에서 두 번째로 제35대 국무총리에 임명되었다. 2004년 3월 노무현 대통령 탄핵사태에 의해 5월 14일까지 대통령 직무를 대행하고 5월 24일 퇴임했다. 이명박 정부에서 2009년 12월부터 2010년 12월까지 대한민국 사회통합위원회 위원장을 맡았다.

고건의 이러한 경력은 박정희, 전두환, 노태우, 김대중, 노무현, 이명박 대통령의 임기에 걸친 40여 년 동안 쌓인 것이어서 더욱 감탄을 자아낸다. '행정의 달인', '유능한 관료', '물러설 때와 나설 때를 아는 현명한 관료' 등의 찬사는 늘 그를 따라다닌다.

고건이 새마을담당 부서로 올 때 새마을사업이 시작됐다는 것이 그의 관운이라고 이야기하는 사람도 있다. 시대가 인물을 만들었다고나 할까? 산림녹화의 기획자 지위에 오른 것도 어찌 보면 그가 관심을 갖고 아이디어를 제공했기 때문이 아니라 새마을담당 부서로 오면서 치산녹화 계획을 짜는 임무를 받았기 때문이라고 보는 게 옳을 것 같다.

산림청을 내무부에 빌려줬다 돌려받으시오!

국토 조림녹화 10개년 계획은 이 자리에서 국가정책으로 확정됐다. 산림청 내무부 이관도 여기서 확정된 것으로 기억한다. 산림청을 내무부에 빼앗기자 김보현[14] 농림부 장관은 얼굴이 벌게져 준비한 반대논거 자료를 펴들려고 했다.[15] 자료를 뒤지는 김 장관에게 박 대통령이 말을 건넸다.

"김 장관, 지금 농림부는 국가적으로 제일 중요한 식량자급에 매진해야 하는데 산림녹화까지 하기엔 힘이 버거워요. 1차 계획기간만 산림청을 내무부에 빌려줬다가 1차 계획이 끝나면 돌려받도록 하시죠."

박 대통령이 사용한 '버거워요!' 란 표현이 지금도 또렷하게 기억난다. 며칠 후 '국토 조림녹화 10개년 계획'의 명칭은 박 대통령에 의해 '치산녹화 10개년 계획'으로 업그레이드되었다. 얼마 지나지 않아 산림청 역시 내무부 소관으로 넘어갔다. 경기도 수원에서 시·도지사, 시장, 군수, 산림 공무원 등이 참여한 산림관계관 회의를 열어 1차 계획을 시달하는 업무를 내가 직접 맡았다.

여기서 당시 지방국장이었던 김수학[16]의 증언을 들어보자.

'치산녹화 10개년 계획을 작성해 보고하라!'는 지시가 떨어졌다. 계획의 목적과 요강의 줄거리를 엮은 박 대통령의 친필 메모가 김현옥 내무부 장관에게 보내진 것이다. 농림부 소관인데 왜 내무부에 하명된 것인지 그 영문을 알 수 없어 지방국 안에서도 설왕설래가 많았다. 어찌됐든 당시 계획입안의 책임은 고건 새마을담당관이 맡았다. 10여 일 여관방에서 고건 새마을담당관과 내가 근무하는 지방국 그리고 산림청 관계관 등이 합동으로 철야작업을 거듭한 끝

14 김보현(金甫鉉, 1924~2006): 전남 광양에서 태어나 서울대 법대를 졸업하고 고등고시 행정고시에 합격하여 내무부 지방국행정과에서 공직생활을 시작했다. 내무부 지방국장, 전남도지사, 체신부 장관, 농림부 장관을 지내고 농촌경제연구원장 등을 지냈다.

15 고 건, 2013, 《국정은 소통이더라》, 동방의 빛, 207쪽.

16 김수학(金壽鶴, 1927~2011): 경북 경주에서 태어나 내무부 지방국장, 충남도지사, 경북도지사, 국세청장을 지냈다 (김수학, 2008. 7. 15, 《이팝나무 꽃그늘》, 나남, 329쪽).

에 완성했다. 이는 고건 담당관의 설명으로 박 대통령에게 보고하고 1973년부터 시행에 옮겨졌다.

세계적 기적으로 일컬어지는 한국의 산림녹화 계획은 이렇게 시작되었다. 치산녹화 장기 계획의 시동을 건 고건은 그의 회고록《국정은 소통이더라》에서 다음과 같은 평가를 내린다.

조림계획이 성공할 수 있었던 것은 최고통치권자인 박정희 대통령의 국토조림에 대한 집념, 새마을 운동에서 나온 국민적 에너지, 그리고 치밀한 행정력 등 3가지의 통합적 시스템이 작동했기 때문이라고 봅니다. 행정 장악력과 동원력을 극대화했던 당시 김현옥 내무부 장관과 손수익 산림청장의 리더십도 성공의 주요인이었습니다. 나는 치산녹화 계획을 수립했을 뿐입니다. 현장에서 지휘하고 실천한 사람은 손수익 산림청장이었습니다. 한 해 10만 ㏊가 넘는 산지에 3~4천 개 마을이 나서 나무를 심는 일은 손 청장이 이끄는 임업기술력이 있어 가능했습니다. 1970년대 후반 고속도로를 지날 때 볼 수 있었던 "산 산 산, 나무 나무 나무"란 표지도 손 청장의 작품입니다.

'제1차 치산녹화 10개년 계획' 발표

내무부 장관의 '푸른 유신' 기자회견

1973년 3월 10일, 정부는 드디어 야심차게 마련한 '제1차 치산녹화 10개년 계획'을 발표한다. 김현옥 내무부 장관이 치안국 상황실(광화문 앞 종합청사 맞은편에 있었으며 지금은 헐리고 없다)에서 기자회견을 열고 계획내용을 발표한 것이다. 다시 설명하겠지만 당시 '제1차 치산녹화 10개년 계획'은 국무회의의 의결을 거치지 않은 것이었다. 당시 언론(〈매일경제신문〉)은 해설기사에서 '내무부 관료들이 중심이 되어 수립한 제1차 계획 초안'이라고 소개했다. 국무회의에서 논란이 빚어져 수정될 것을 사전에 인지했기 때문이었을까?

"전국서 푸른 유신 운동 전개, 108만 정보 조림, 903억 예산 투입"이란 제목을 달고 나온 〈매일경제신문〉 기사는 다음과 같다.

> 내무부는 올해부터 10년간 전국의 임야를 푸르게 가꾸기 위해 '제1차 치산녹화 10개년 계획'을 확정, 10일 상오 발표했다. 김현옥 내무부 장관은 이날 기자회견을 통해 치산녹화 10개년 계획 기간 중 정부예산 903억 원을 투입, 108만 4천 정보에 21억 그루의 조림을 하는 등 전국의 임야를 완전히 푸르게 가꿀 방침이라고 밝혔다. 김 장관은 모든 국민이 나무를 심는 국민식수, 조림을 생산에 직결시키는 경제조림, 전체 임야를 완전 녹화하는 속성조림 등 3가지를 조림 기본 방향으로 제시, '푸른 유신 운동'을 통해 이를 적극 추진하겠다고 다짐했다 …….

'푸른 유신 운동'이란 캐치프레이즈가 이채롭다. 유신 직후가 아니었다면 '녹색혁명'이란 용어가 적합했을 성싶지만 어쨌든 당시의 계획에 대해 여러 가지 의견이 있었다. 당일 함께 보도된 〈매일경제신문〉 3면 해설기사의 일부를 보면 다음과 같은 대목이 나온다.

| '제1차 치산녹화 10개년 계획' 발표 기자회견 (1973. 3. 10)
김현옥 내무부 장관(가운데)이 치안국 상황실에서 열린 기자회견에서
'제1차 치산녹화 10개년 계획' 내용을 발표하고 있다. 출처 : 산림청.

내무부 관료들이 중심이 되어 수립한 제1차 계획 초안은 1973년 3월 10일 내무부 치안국 상황실에서 공식 발표되었다. '전 국토의 녹화'라는 목표하에 총 31개 중점 시책으로 이루어진 계획이다. 농촌 연료 대책을 비롯해 선식후벌제(先植後伐制: 나무를 먼저 심고 나중에 그중 일부를 베는 제도)의 확립, 의무 조림 강화, 사방녹화 등 산림녹화에 직접 연결된 시책부터 자연보호, 산림 병충해, 산불방지, 입산통제, 산지묘 정책, 목재 수입계획, 임업시험장의 업무 확대, 산림통계의 정비 등 산림녹화가 성공할 수 있는 폭넓은 지원시책을 사업범위에 포함시켰다. 푸른 유신의 전 국민 교육, 검목(檢木) 책임제 등 당시 정치 상황을 반영한 용어도 등장했다.

'푸른 유신' 간판에 '정치적 용어'의 등장이란 표현을 차용한 것에서 분명 다소 부정적인 의견이 내포되었음을 알 수 있다. 더구나 내무부는 이 계획이 국무회의 의결을 거쳐 정부정책으로 공식 확정되기 이전인 3월 16일에 전국 시장·군수·경찰서장·산림관계 공무원 회의를 소집, '제1차 치산녹화 10개년 계획'의 내용을 설명하고 차질 없이 추진할 것을 당부했다.

당시의 〈경향신문〉 기사 내용을 보면 다음과 같다.

| 전국 산림관계관 회의(1973. 3. 16)
손수익 산림청장의 주재로 전국 시장, 군수, 경찰서장, 산림 공무원들이
'제1차 치산녹화 10개년 계획'의 추진 방안에 대해 논의하고 있다. 출처: 산림청.

내무부는 16일 상오 10시 수원시민회관에서 전국 시장, 군수, 경찰서장, 산림 관계 공무원 회의를 소집, 산림의 관리, 보호단속과 기술책임에 온 행정력을 집중하라고 지시했다. 이날 회의에서 지시된 주요 내용은 전 국민에 대한 조림 기술교육 실시, 벌채금지구역의 확대, 낙엽채취 금지(갈퀴 없애기 운동), 벌채 자의 조림의무 강화와 학교·기관·기업인에 대한 조림 명령 강화, 4월 1일부 터 입산통제 실시, 밤나무 등 유실수의 식재 의무화, 치산녹화에 따른 농어민의 소득 증대 등을 골자로 한다. 김현옥 내무부 장관은 이 자리에서 전국 시장, 군수, 시·도 내무·농림국장, 새마을지도과장, 산림과장 등 450명을 산림책임 관으로 임명하고 전 국토를 하루빨리 녹화하여 산림입국을 만들자고 강조했다.

앞서 고건이 "1차 계획을 시달하는 업무는 내가 직접 맡았다"고 술회한 것이 바로 이날(16일)의 회의를 두고 하는 말이다. 그런데 정책을 입안해 발표한 내 무부로서는 이 같은 계획이 문제가 될 것이란 생각은 추호도 할 수 없었다. 이 미 대통령 보고를 거쳐 재가를 받은 데다 내무부 안으로 확정된 것은 이미 국가 시책으로 확정된 것이나 다름없었기 때문이다. 당시에는 대통령의 결재가 났 다면 그것으로 모든 게 통하던 시절이다.

다만 이 계획에 대한 다른 부처의 반발이 만만치 않을 수 있음을 간과한 것이 문제로 지적되었다. 그러나 막상 비상국무회의에서는 지나친 규제가 국민정서를 거스를 수 있다는 이유로 몇 가지 시책이 문제가 됐다. 임산연료 채취에 대한 지나친 사유림 규제 등이 민생과 관련한 국민정서에 맞지 않는다는 것이었다.

의외의 반발에 농촌 현실을 고려한 재검토 결정

1973년 3월 27일에 비상국무회의가 열렸다. '제 1차 치산녹화 10개년 계획'을 의결하기 위한 회의였다. 결과는 '재검토'였다. 당시 일부 언론 보도는 '전면 백지화'라는 표현도 썼지만 가장 중요한 내용을 재검토하는 것이었기 때문에 국민들의 관심을 끌기에 충분했다.

그 핵심 논의는 입산금지 등 지나친 규제로 인해 농촌 주민들의 민원이 많았던 것과 농어촌의 연료확보 대책이 미흡하다는 지적을 중심으로 이루어졌다. 예컨대, 1차 계획 초안에서는 입산통제를 위해 자기 산에 들어가는 산주인들조차 입산증을 별도로 발급받아야 했고, 솎아낸 나무인 간벌재(間伐材)까지도 연료로 쓸 수 없도록 엄격한 제한을 가함에 따라 농촌에서 연료로 쓸 나무를 확보할 방법이 막연했던 것이다. 그런가 하면 사찰에 돗자리방 만들기를 권장하는 등 국민정서에 맞지 않는 조치들이 많았던 것도 재조정 결정의 주된 요인이었다. 당시의 언론보도 내용을 통해 무엇이 문제였고, 어떻게 결말이 났는지 자세히 알아보자. 3월 28일자 〈경향신문〉 1면 기사의 내용은 이렇다.

내무부가 지난 10일 작성·발표한 '치산녹화 10개년 계획안'은 국무회의 심의과정에서 문제점이 발견되어 새로운 안을 다시 작성했다. 정부는 27일 하오국무회의에서 내무부가 작성한 '치산녹화 10개년 계획'을 장시간 토론한 결과, 농촌 현실에 맞지 않는 여러 가지 문제점이 발견되어 새로운 안을 다시 성안하기로 했다.

국무회의는 이날 손수익 산림청장으로부터 3시간에 걸친 보고를 듣고 이같이 결정했다. 윤주영(尹冑榮) 문화공보부 장관[17]은 28일 상오 이 같은 국무회의 결정을 발표하면서 "그동안 내무부가 마련한 치산녹화 10개년 계획안에 대해 장시간에 걸쳐 토의한 결과 다시 내무부가 각 부처와 긴밀한 협의를 통해 새로운 방안을 수립, 국무회의에서 결정하기로 했다"고 밝혔다.

… 국무회의에서 문제가 된 부분은 무단입산을 강력히 통제, 일반 주민에게 입산증, 담당공무원에게 산감증, 산주에게 산림증을 주어 증명서 소지자만이 입산할 수 있다는 내용 등인 것으로 알려졌다.

또한 이날 회의에서는 등산 및 산림애호가에게는 명예산감증을 주어 산림애호와 보호시책에 적극 참여시키고 특히 현 농촌 주택의 아궁이 부엌 등을 열(熱)관리식 주택으로 점차 개량하고, 마을 단위로 공동 연료림을 조성하며, 농촌 연료를 연탄, 메탄가스 등으로 전환시켜야 한다는 내무부의 원안이 농촌의 현실과 거리가 먼 것으로 지적된 것으로 알려졌다.

치산녹화 계획을 다시 마련한 산림청은 당장 다음날부터 손수익 청장 주재로 상공부 광무국장, 건설부 주택관리국장, 교통부 육운국장 등이 참석한 관계부처 국장급 회의를 열어 보완 대책을 수차례에 걸쳐 논의하고, 몇 가지 보완을 거쳐 3개월여가 지난 6월 21일에 최종계획을 확정했다.

그동안 말도 많았던 것이 사실이다. 그러나 치산녹화에 대한 정부의 의지가 얼마나 강했는지는 그해 4월 5일 식목일 기념식의 대통령 기념사에 잘 나타난다. 일부를 소개해 보면 다음과 같다.

얼마 전 정부에서 '치산녹화 10년 계획'이라는 것을 만들어서 일부 발표를 했는데 이에 대해 각계에서 여러 가지 시비가 많았다는 것을 나는 알고 있습니다. 아무 대책도 없이 느닷없이 이런 계획을 그냥 밀어대면 어떻게 하느냐, 실현성이 없는 계획이 아니냐는 것이었습니다. 물론 그 계획은 아직 확정된 것이 아니기 때문에 지금 다시 정부에서 조정을 하고, 일부 실정에 맞지 않는 것은 다소 수정하고 보완해서 가급적이면 우리 국민들의 불편을 덜어 주고 고통을 덜 주는 방향으로 밀고 나가려고 합니다. 그러나 정부가 지금 앞으로 10년 동안에 이 나라의 산을 완전히, 적어도 외국의 산 정도로 푸르게 만들기 위한 기본계획과 방침에는 하나도 변동이 없습니다. 이것은 기어이 해야 되겠습니다.

---

17 당시는 문화공보부 장관이 정부 대변인을 겸했다.

실현 가능한 수정계획을 만들다

당초의 '입산금지'를 '행정통제'로 완화

정부는 1973년 6월 21일 '제1차 치산녹화 10개년 계획'의 수정안을 최종 확정·발표했다. 물론 큰 틀에서 골격이 변한 것은 없다. 처음부터 문제가 되었던 지나친 입산통제와 농촌 연료확보 대책 등의 보완이 이뤄졌다.

국립산림과학원은 〈1970년대 산림녹화정책〉이란 보고서에서 수정계획의 내용과 당초 계획과 다른 점 등에 대해 여러 각도에서 분석하고 설명했다. 그 내용을 간추리면 대략 다음과 같이 요약할 수 있다.[18]

우선 수정된 제1차 계획에서는 국무회의 지적 사항을 반영해 ① 지력(地力) 증진을 위해 낙엽채취를 전면 금지했고, ② 당초 계획했던 전면 입산금지 방침은 입산통제구역을 시장·군수가 지정하는 행정통제로 전환하고, ③ 조림지역에서 나무를 솎아 주는 간벌(間伐)을 허용하며, ④ 목재연료를 다른 연료로 대체하는 계획을 2년간 연기, 연료 대체 계획을 재조정하는 것 등이 골자를 이뤘다.

소주제로는 전체 31개 시책 가운데 ① 밤나무 보호지역 설정 계획은 삭제하고, ② 산지묘(山地墓) 대책은 원래의 소관에 따라 보건사회부에 맡기며, ③ 연료시설 개량, 사찰 등의 돗자리방 만들기 등은 강제사항이 아닌 행정지도 사항으로 변경하는 것 등이 포함되었다. 또 가장 문제였던 강제적 집행력을 다소 완화한 것이 특징이다.

수정된 1차 계획의 추진 방향, 목표 및 수단에 대해서는 계획의 첫머리에 다음과 같이 4가지로 제시되었는데 당초 발표되었던 내무부 안과는 큰 차이가 없다.

첫째, 우리나라 전 국토의 67%인 산림자원을 소득화하기 위하여 모든 국민으로 하여금 애국지성으로 푸른 유신 치산녹화에 참여케 한다. 둘째, 조림이 필요한 임야 2,637천 ha(전 임야 면적의 39%) 중 1차 10개년 계획으로 1백만 ha, 나머지는 2차 계획을 통해 빠른 녹화를 완성한다. 셋째, 산림을 배경으로 모든 마

---

18 배재수·이기봉·오기노 지히로, 2007, 《1970년대 산림녹화정책》, 국립산림과학원, 19~21쪽.

을의 산림소득을 주민들에게 돌아가도록 하여 산림소득을 중심으로 한 새로운 국민경제권을 조성한다. 넷째, 모든 주민조직, 행정조직, 경찰조직, 산림요원과 임계(林系) 학교를 산지 개발에 일체적으로 집결시킨다.

둘째 조항부터 보면 조림이 필요한 263만 7천 ha의 산림을 1, 2차로 나눠 녹화하고 제 1차 계획기간 동안의 1백만 ha 조림이라는 정량적(定量的) 목표를 제시했다. 이 목적을 달성하기 위해 첫째로 제시한 국민식수와 넷째로 밝힌 이용 가능한 행정력 및 기술력을 모두 동원한다는 방침을 제시했다. 또한 셋째로 기록된 산지경제권을 형성해 농·산촌 주민 소득을 올리겠다는 추진 방향도 함께 제시했다.

이렇게 보면 이 4가지 항목 중 1백만 ha의 정량적 조림 목표와 이를 달성하기 위해 국민식수와 행정력 동원이라는 실행카드를 선택했다는 것이 제 1차 계획의 핵심이라고 할 것이다. 물론 이는 당초 계획의 골격을 거의 그대로 유지하는 것이다. 또 제 1차 계획은 초안에서 31개 시책을 병렬적으로 나열했던 것과는 달리 수정계획에서는 •절대보호시책(10개) •임목절약대책(5개) •산지경제계획(4개) •국민조림시책(5개) •산림행정쇄신(7개) 등 5개 영역으로 구분하여 체계화한 것이 눈에 띈다.

초안과 크게 달라진 주요 부분을 보면 초안의 입산증(入山證) 제도를 폐지하고 법정 제한림인 보안림, 채종림, 시험림, 학교 연습림, 조림 및 사방 시행 후 5년 이내 임지 등에 대하여 행정통제를 하고, 기타 지역은 자율적인 입산통제로 변경하였다. 또한 농촌 연료 대책에서는 초안에서 연 2회로 한정한 연료 채취시기를 완화하여 수종갱신, 가지치기, 간벌, 잡목 솎아내기 등 산림작업을 통해 나온 부산물을 활용할 수 있도록 했다. 다음으로 화석연료의 농촌 공급은 소관부처인 상공부에 맡겨 무연탄 보급 등 나무 이외의 연료인 타계(他系) 연료 공급을 확대할 수 있도록 계획을 수정하였다.

국립산림과학원은 여기서 특이할 만한 것으로 1차 계획 초안에는 없었던 '국민식수운동'이라는 시책이 새로 도입된 점[19]을 소개한다. 즉, "헐벗은 산림을 녹화하기 위해서는 정부와 산주 등 직접 이해당사자만이 아닌 '모든 국민이 마을과 직

---

19 배재수·이기봉·오기노 지히로, 2007, 《1970년대 산림녹화정책》, 국립산림과학원, 21쪽.

장, 가정과 단체, 기관과 학교를 통하여 국민식수운동을 전개해야 한다'는 취지로 새로 도입한 것"이라는 설명이다.

마을 중심에서 2㎞까지는 원칙적으로 마을공동조림을 시행하고 기관에 대해서는 책임조림제를 지정하며 학교 및 산주는 소유한 산림에 조림을 실시하고 기업의 경우 산림을 소유한 기업은 의무적으로, 그렇지 않은 일반 기업은 조림을 권장하는 국민식수운동을 전개한다는 것이 주요 골자였다.

산림과학원은 "이런 국민식수 시책은 제1차 계획 초안에 제시된 자연보호, 산림 병충해 방제대책, 입산통제, 산화방지 경보망, 농촌 연료 대책, 검목책임제, 산림정책 분담, 의무조림 강화 등을 추구하고 중앙과 지방의 행정력 및 경찰력을 최대한 동원하여 단기간에 산림을 녹화하겠다는 의지와 연결된 국민식수 캠페인이었다"고 분석한다.

국민식수 실행계획 구체화

여기서 다소 의문이 생긴다. '국민식수운동'의 개념은 사실 치산녹화 정책 구상 때부터 도입된 개념이 아닌가 하는 것이다. 그런데 국립산림과학원의 보고서는 수정계획에서 이 시책이 새로 도입되었다는 것을 특기할 만한 사항으로 꼽는다. 이에 대해 보고서를 집필한 배재수 박사(국립산림과학원)는 "국민식수의 개념은 당초 안에도 대원칙으로 제시된 것은 사실이지만 구체적인 시책으로는 특정되지 않았다. 그러나 수정계획에서는 국민식수운동의 방법과 목표 등을 구체적으로 제시해 보완한 것"이라고 설명했다. 예컨대 수정계획에서 국민식수운동을 마을조림·기관조림·학교조림·산주조림·기업조림 등으로 구분하고 이들 계획의 구체적 실천방안을 명시한 것이 처음이라는 설명이다.

결론적으로 '국민식수'의 개념을 도입해야 한다는 대원칙은 처음부터 있었던 것이지만 구체적인 실천방안을 담은 '국민식수운동' 시책은 처음이라는 것이다. 국립산림과학원에서 1차 계획 초안과 수정안의 주요 내용을 정리한 대비표(〈표 1〉)를 보면 그 수정내용의 차이점은 분명히 드러난다.

표 1 | 1차 계획 초안과 수정안 주요 수정 내용 대비표

중점 시책	초 안 (1973. 3. 10)	수정안 (1973. 6. 21)
입산통제	• 입산증: 일반인의 산지 용무에 발급 • 산감증: 산 및 산림시책 관리자에게 발급 * 등산, 산림애호가에 대해서는 명예산감증을 발급해 국민적인 산림애호, 산림보호에 참여시킨다.	• 행정통제: 법정 제한지역인 보안림, 채종림, 시험림, 학교 연습림, 조림, 사방시행 후 5년 이내 임지 및 기타 시장, 군수가 필요하다고 인정하는 산림에 한정 • 산주에 의한 통제: 산주 등이 산림피해 방지가 필요한 자기 산림에 대하여 자율적으로 입산을 통제

농촌 연료 대책	• 간벌 활용 불허
	• 타계연료(연탄) 확대
	  - 연평균 7% 공급 증대, 군·읍 근교 자급 연료 부족지역 우선 보급
	  - 1단계: 군청 소재지 읍 91개 지역 (1973년)
	  - 2단계: 군청 소재지 면 51개 지역 (1974~1975년)
	  - 3단계: 면 소재지 1,233개 지역 (1976~1982년)
	• 온돌개량: 돗자리방, 열관리주택 연구·보급
		• 간벌재 활용 허용
		  - 조림대상지 추풍령식 벌채
		• 타계연료 공급(상공부 주관)
		  - 석탄은 1972년 공급 수준을 유지하고 석유, 가스 등 타계연료의 공급을 확대
		• 온돌개량 시책 중 돗자리방은 권장으로 전환

목재 수급계획	• 절감 목표
	  - 1차 절감 목표: 30%
	  - 2차 절감: 대량수요 품목의 대체용재 개발로 총 수요량의 50% 절감
		절감 목표 제외

국민식수	없음	• 모든 국민이 '국민식수운동'을 전개
		  - 마을조림: 마을권 산지는 원칙적으로 마을 공동조림 (마을중심 2km 이내)
		  - 기관조림: 기관에 대한 책임조림제 지정
		  - 학교조림: 학교림의 지정
		  - 산주조림: 소유산림에 대한 1차 책임조림
		  - 기업조림: 산림기업의 의무조림과 일반 기업의 조림권장

밤나무 보호구역 지정	재래종 밤나무 분포 지역 실태조사, 조림지의 대장화(臺帳化) 병충해 방제 등	삭제

자료: 배재수·이기봉·오기노 지히로, 2007, 《1970년대 산림녹화정책》, 국립산림과학원, 22쪽.

농민 반발의 또 다른 의미

행정력 동원, 물량 위주 정책에 제동

여기서 당초 내무부가 입안했던 '제1차 치산녹화 10개년 계획'에 대해 반론이 컸던 상황의 원인(遠因)과 근인(近因)을 좀더 살펴볼 필요가 있다. 우리나라 임업정책 역사에서 상당한 의미를 가진다고 여겨지기 때문이다.

기본적으로는 과도한 입산통제 등 농민들의 불편사항에 대한 반발이 주요 원인을 이뤘지만 동시에 행정력을 동원한 강제추진 방식, 그리고 물량 위주의 정책목표 설정 등 산림정책 추진 방식에 대한 반발의 의미도 컸다는 해석도 있다. 예컨대 1973년 3월 29일 〈조선일보〉 기사를 보면 정부의 밀어붙이기식 치산녹화정책에 대한 냉소적 반응을 담은 구절이 나온다.

> 그동안 어느 심산에 가도 억새 같은 마른풀을 베다가 낯선 사람이 다가가면 지게도, 억새도 내어 버린 채 황급히 자취를 감추는 시골 사람들을 보는 수가 흔했고, 농촌에서는 낫을 이장 집에 맡겨 놔야 하는 등의 단속에 대한 불평이 없지 않았는데, 그와 같은 단속은 순박한 농민들을 인신적(人身的)으로 불신하는 것이 아니냐는 여론도 꽤 비등했던 것 같고, 한 집에 온돌방 하나만을 두어야 한다든가, 일본식 다다미를 깔도록 권장하는 등의 너무나 실제 생활을 무시한 탁상공론으로서 물의의 대상이 되었던 것도 사실이다.

말하자면 정부의 '제1차 치산녹화 10개년 계획' 초안이 농촌 주민들이 받아들이기 어려운 규제였음을 지적한 것이다. 어찌 보면 당시의 산림보호나 산림감시의 사회적 인식이 어떠했는가를 적나라하게 보여주는 한 대목이라는 점에서 주목할 만한 기사이다.

사실 제1차 계획 초안은 그 시책 내용 자체가 농민들의 불편을 살 만한 내용이 많았던 것이 사실이다. 그러나 이같이 순수한 농민들의 불편만이 반발의 주된 요인은 아니었다. 즉, 정책의 내용보다는 산림정책의 내무부 이관과 그에 따른 행정조직의 동요와 갈등, 그리고 지방 행정조직과 경찰을 동원한 강제적 산림녹화

방식 등 부처 간 이해다툼이나 지나친 일방통행식 추진방식에 대한 반발의 의미가 컸던 것이다. 예컨대, 당시 농림부를 비롯한 산림 전문가들에게는 임업 경영의 차원에서 점진적·장기적으로, 그리고 경제적 타당성을 중시하면서 조림을 실시해야 한다는 주장이 대세였다. 이른바 경영조림의 실시를 주장했던 것이다.

그래서 행정력을 동원한 강제조림은 50년, 100년 앞을 내다보아야 하는 산림정책에서 효율성이 떨어지며 근본적 대책이 될 수 없다는 견해가 많았다. 더구나 조림은 경제성이 높아야 하는데 강제력을 동원하는 것은 문제가 많다는 지적도 있었다.

이처럼 여러 의견이 제시됨에도 불구하고 밀어붙이는 정부의 처사가 임업 전문가들로서는 맘에 들지 않았을 것임은 너무도 분명한 사실이었다. 그렇다고 '유신'이라는 엄중한 정치 상황에서 대놓고 반대할 수도 없는 것이 당시의 분위기였다. 결국, 농민들의 불편을 빙자해 반론을 거세게 제기했던 셈이다. 이러한 징조는 여러 군데에서 발견할 수 있다.

양에 치우친 강제조림에 대한 우려

우선 현신규 박사의 회고담[20]을 들어보자. 회고록에 담긴 내용을 통해 당시의 분위기를 어느 정도 짐작할 수 있다. 현 박사는 양에 치우친 강제조림에 대한 걱정이 컸던 점을 기록했다.

> 1973년은 우리나라 산림행정의 변환기였다. … 산림보호를 강조한 대통령의 뜻은 곧 전국 경찰력의 동원으로 나타났다. 김 장관은 경찰 간부들을 모아 놓고 산림을 보호하는 임무를 도둑 잡는 일보다 더 중요한 임무로 삼도록 지시하고, 소홀히 했을 경우 책임을 묻겠다고 호통을 쳤다. 그 호통이 하도 강렬해서 옆에 앉아 있던 내가 오히려 섬뜩할 정도였다. 그로부터 입산금지는 물론 낙엽채취가 일체 불허되었고 보호 의미를 강조하는 뜻으로 조림(造林)도 식수(植樹)라는 표현으로 바꾸었으며 식목 후의 검목제도를 새로 도입했다.

20 현신규, "나의 이력서", 제80회(일부), 〈한국일보〉, 1981. 7. 12.

참으로 엄청난 실천력이었다. 그만큼 엄청난 변화를 가져왔다. 그것이 비록 '힘'에 의한 결과였다 하더라도 단시일 내에 낙엽채취가 근절되는 동시에 산림보호에 대한 국민적인 인식이 완전히 뒤바뀌어 산림을 소중히 하는 기풍이 일었다. 김 장관에게 산림장관이란 별명이 붙었다. 그로부터 햇수가 더해 갈수록 산이 좋아진다는 소리도 들려왔다. 강력한 행정력의 덕이었다.

그러나 흠도 있었다. 산림청이 내무부로 이관된 후 '치산녹화 10개년 계획'을 추진 중에 있었는데 아직 기술도 뒷받침되지 않은 채 양(量)에만 치우쳐 있던 것이다. 10년간 1백만 정보를 조림키로 하고 전국에 5천 7백 개 새마을양묘장을 만들어 속성수 묘목을 양묘토록 한다는 것이었다. 그 같은 계획이란 도무지 성급했고 부실이 빤히 내다보였다. 선진국에서도 그렇게는 하지 않는다.

이와 관련한 김연표의 증언[21]도 있다.

내가 '치산녹화 10개년 계획'을 만드는 데 참여한 데다 이는 범정부적으로 추진하는 사업이어서 청와대에서는 이를 챙기고 수시로 대통령에게 보고해야 한다고 해서 나를 청와대 정무비서실에서 근무하도록 했습니다. 그때 청와대에서는 정부 조직 외에도 공화당과 정보부 조직을 통하여 녹화사업의 추진 상황을 점검했습니다.

1973년 7월 대학의 방학 기간을 이용해 임학과 교수들이 현지를 시찰하게 하여 상황을 보고하게 하는 것이 좋겠다는 지시에 따라 10여 명의 임학과 교수들이 10일 동안 전국의 산을 시찰하고 그 결과를 대통령에게 직접 보고하기 위해서 날짜를 정하고 좌석 배치까지 정해 놓은 상태였습니다.

그런데 교수단의 보고서 내용을 수석비서관이 검토한 바 큰 문제가 야기되었습니다. 이 보고서의 내용은 녹화사업을 너무 급속히 서둘러서는 실패할 것이고, 특히 마을양묘는 중단하고, 묘목 생산은 전문업체에 위임하여야 한다고 했습니다.

정부의 중점 시책인 조기 녹화와 새마을사업과 연계된 마을양묘에 대해 반대하는 건의였습니다. 그 내용을 검토한 후 수석비서관 회의에서는 박 대통령에게 보고하는 일정을 취소하고, 대학 교수들에게는 대통령 일정상의 이유

21 산림청, 2007, 《대한민국 산, 세계는 기적이라 부른다》, 한국임업신문사, 474쪽.

로 보고회를 연기한다고 통보했지요. 연유를 모르는 대학 교수들은 한 달 동안 청와대를 수시로 방문하여 보고할 수 있도록 해 달라고 요청하였으나 끝내 실현되지는 못했습니다. 뿐만 아니라 그들은 박 대통령이 집권하는 동안 식목일과 육림의 날, 그리고 새마을 전국대회 등 주요 행사에는 초청을 받지 못하는 안타까운 일이 벌어졌습니다.

'제 1차 치산녹화 10개년 계획' 첫해에 이뤄진 조림 실태를 점검하고 평가해 보았다는 점에서 현신규 박사와 김연표 차장의 기억은 일치한다. 물론, 인원 규모나 내용 등에 대해서는 약간의 차이가 있지만, 현 박사의 의견에 따라 조림 상황을 점검했고 그 결과 전문가들은 전문지식이 없는 마을 사람들이 감당하는 새마을양묘와 밀어붙이기식 강제조림에 대해 부정적 평가를 내렸음은 분명하다.

여기서 이와 관련한 에피소드[22] 한 가지를 더 살펴보자.

현신규 박사가 식목일 행사에 참석한 박 대통령에게 조림정책을 점진적이고 장기적 관점에서 질 위주로 전환해야 한다는 내용의 건의를 했다고 한다. 박 대통령은 현 박사에게 "그렇군요. 알겠습니다"라고 답을 했는데 바로 뒤에 손수익 산림청장에게는 "그런 식으로 언제 국토를 녹화할 수 있겠나? 당장 녹화가 더 시급하니 지금대로 진행하게나!"라고 전하면서 국토녹화사업을 밀어붙였다고 한다.

입산통제 정책의 기조는 사실상 대통령의 지시였다

'제 1차 치산녹화 10개년 계획'의 핵심을 이루는 것이 입산통제 정책이다. 그런데 여기서 드는 의문은 실현 불가능할 정도의 그토록 강력한 산림녹화계획의 통제 방향과 전략은 누구의 머리에서 나왔는가 하는 것이다.

당시만 하더라도 대통령의 한마디가 정책의 방향이고 수단이자 방법이었음은 잘 알려진 사실이다. 그도 그럴 것이 중대한 정책의 경우 아이디어와 정책

22 이경준, 2006, 《산에 미래를 심다》, 서울대학교출판부, 232쪽.

방향은 '대통령 지시'라는 형식을 통해 발표되고 실천되었다. 각 부처는 경쟁하다시피 아이디어를 대통령에게 제시했다. '대통령 지시'라야 섣부른 관계 부처의 시비나 반발을 제압할 수 있고, 실행을 담보할 수 있었기 때문이다.

특히 예산 확보에서 각 부처는 사업계획을 사전에 대통령에게 은밀히 보고하고 결재를 받아 그 결재서류를 예산 당국에 제시함으로써 필요한 예산을 확보하는 관행이 있었다. '이미 대통령이 결정한 정책을 예산당국이 감히 거부해?' 하는 식이었다. 산림정책도 예외일 수 없었을 것이다. 입산통제 정책 역시 그 같은 행태의 산물이 아닌가 싶다.

입산통제 정책은 사실상 대통령의 지시나 마찬가지였다. '제 1차 치산녹화 10개년 계획' 기간 중 가장 관심이 집중된 분야는 입산통제 정책이다. 입산통제는 입산으로 인한 인위적 훼손을 방지한다는 산림보호의 성격 이외에 생태학적 방법을 통해 산림녹화의 효과를 기대한 것이라고 볼 수 있다.

그런데 이러한 발상은 어디서 나왔는가? '치산녹화 10개년 계획'을 만들기 한 해 전인 1972년 4월 5일 식목일에 박정희 대통령은 경기도 용인군 구성면에서 거행된 기념식 현장에서 유시를 통해 입산통제의 필요성을 다음과 같이 강조했다.[23]

나무는 사람을 싫어한다. 사람의 발자국 소리만 들어도 나무는 불안하고 자라지 않는다. 사람만 들어가지 않으면 나무는 저절로 자란다. 이러한 사실은 휴전선 일대를 가 보면 알 수 있고 휴전선 내의 산림이 돈 안 들이는 조림방법을 실증하고 있다. 돈이 안 드는 조림을 연구해야 할 것이다.

입산통제는 대통령의 명령이었던 셈이다. 물론 치산녹화와 관련해 입산통제가 최선의 정책이라는 점은 세계의 유수한 학자나 산림 선진국 관료, 그리고 산림에 대해 어지간한 식견이 있는 사람이라면 다들 한마디씩 하는 실질적인 실천 방안이었다. 그럼에도 실천하기는 쉽지 않은 과제인 것 또한 분명하다. 그런데 대통령이 이를 훈시를 통해 강조했으니 '제 1차 치산녹화 10개년 계획'의 핵심 정책으로 포함되지 않았다면 오히려 더 이상한 것 아닌가?

23 김연표, "산림청의 내무부 이관과 환원", 농촌경제연구원, 1999, 《한국농정 50년사》, 농림부, 426쪽.

산림행정에 책임의식을 심은 교차검목제도

순차교차 검목제도로 '봐주기 행정' 뿌리 뽑아

1970년대의 산림녹화가 성공을 거둔 데는 여러 가지 요인이 있겠지만 그중의 하나로 교차검목제도(交叉檢木制度)를 들 수 있다. 다시 말해, 그 이전의 사방사업에서 조림은 산림녹화보다 오히려 토사유출 방지 등에 중점을 두었고, 특히 강제동원을 통한 조림과 비료 주기가 주를 이루었다. 그것도 미국이 원조물자로 제공하는 잉여 농산물 등을 배급받아 배고픔을 달래기 위해 식목에 참여하는 경우가 많았다. 그러다 보니 대충 목표량을 채우면 되고 그다음 일은 생각조차 하지 않았던 것도 사실이다.

그러나 '제1차 치산녹화 10개년 계획'의 수립·실시 이후는 달라질 수밖에 없었다. 그것은 바로 교차검목제도의 시행 때문이라고 말할 수 있다. 검목제도란 문자 그대로 나무를 심어 놓고 그 나무가 뿌리를 제대로 내렸는지, 영양 상태는 좋은지, 나무가 튼튼한지 등에 대해 사후에 점검하는 제도다. 그런데 심은 사람들이 스스로 점검하는 것이 아니라 서로 다른 시·군에 가서 검사를 하는 것이다. 그래서 교차검목제도다. 그것도 한 번만 하고 마는 것이 아니라 3차례에 걸쳐 시·군과 도, 그리고 중앙정부 차원의 점검이 단계적으로 이뤄지는 것이다. 한마디로 철저한 사후관리인 셈이다.

이는 '제1차 치산녹화 10개년 계획'에서 처음 채택된 제도인데, 김현옥 내무부장관의 아이디어다, 고건 당시 새마을국장의 아이디어다 하는 여러 가지 설이 있지만 주무부처가 내무부였던 만큼 내무부의 아이디어인 것만은 분명하다. 물론 과거에도 유사한 제도가 없었던 것은 아니다. 과거에는 활착률(活着率) 조사라 해서 나무를 심고 나서 얼마 지난 뒤에 나무가 뿌리를 잘 내렸는지만을 조사했다. 나무가 잘 자라기 위해서 가장 중요한 것은 뿌리를 내리는 것으로, 뿌리를 내리면 일단 스스로 잘 자랄 수 있는 첫 단계는 성공했다고 판단했던 것이다.

그러나 검목제도는 여기서 한 걸음 더 나아가 활착률 조사뿐만 아니라 그 이후에 비료를 주거나 생육을 관리하는 등의 사후관리까지 철저히 점검하는 형식이었다. 당시의 국민조림은 학교나 각급 기관, 마을 단위 또는 기업들이 책임구역을 정해 나무를 심고 보살폈던 관계로 잘못되면 책임을 져야 하는 그런 상황이었다. 특히 이러한 조사는 행정실적에 반영되어 행정책임자들의 인사에 반영되다 보니 최선을 다할 수밖에 없었다.

그런데 초기에는 다소 문제가 있었다고 한다. 점검은 하는데 서로 지역을 맞바꿔 검사를 하다 보니 상호 간에 편리를 봐주고 눈감아 주는 일이 자주 발생한 것이다. 이른바 상호교차 검목제도의 병폐다. 서로가 적당한 선에서 활착률을 높여주기도 하고 잘못된 점은 모르는 척 눈감아 주는 경우가 빈번했던 것이다.

이를 막는 방법을 연구한 끝에 나온 아이디어가 교차점검이 아닌 순차점검 방식이었다. 예컨대 전남 지역의 조림지는 충남에서 검사를 하고, 충남은 충북이, 충북은 경남이 하는 식으로 배정해 점검을 한 것이다. 그것도 미리 정해 놓은 것이 아니라 수시로 바꾸거나 그때그때 정했기 때문에 사전밀약이란 있을 수 없었다. 즉, 비리가 있을 수 없고 봐주기가 통하지 않았던 것이다.

'제 1차 치산녹화 10개년 계획'이 4년이나 앞당겨 6년 만에 당초 목표를 달성할 수 있었던 원동력이 바로 이러한 교차검목제도에 연유한 것은 아닌지 좀더 연구할 대목이다. 더구나 이 제도가 오늘에 주는 교훈은 그 의미가 더욱 크다. 철저한 현장 중심의 사후관리 시스템은 모든 정부정책에서 디지털이 판치는 요즈음 더욱 절실한 것은 아닌지 생각할 일이다.

이에 대해 산림행정의 실무를 담당했던 김연표, 이주성, 안승환의 좌담 증언을 들어보자.

김연표　검목이라고 하는 것은 '제 1차 치산녹화 10개년 계획'의 주요 골자로 들어가 있었습니다. 나무가 잘 심어졌는지 확인하기 위해서는 현지에 가서 직접 살펴봐야겠지요. 물론 그전에도 조림을 하고 나면 그 결과를 확인했는데 중앙에서 일일이 할 수 없으니까 충남은 충북을, 충북은 충남을 검사하고, 이렇게 도를 바꿔 교호적 검사를 했습니다. 그런데 그렇게 하다 보니까 저희끼리 서로 봐주기식으로 되더라는 이야기입니다.

| 전국 검목관 교육(1974)
체계적이고 책임의식 있는 산림행정을 정착시키기 위해 산림청에서는 전국의
산림 공무원을 대상으로 정기적으로 검목관 교육을 실시했다. 출처 : 산림청.

　그래서 순환식 방안이 강구된 것이지요. 예컨대 충청남도는 경상북도로 가고, 경상북도는 전라남도로 가고, 경상남도는 전라북도로 가고, 이렇게 순환식으로 전국을 돌려서 검목을 실시하는 겁니다. 그것도 미리 정해 놓은 것이 아니라 그때그때 정하니까 사전에 짜고 검사하기 힘들지요. 그런 과정을 거쳐 조림의 활착률이 어떻다, 뭐가 부진하다 하는 것을 객관적으로 제대로 평가하고 확인했다는 말입니다. 그런 검목제도를 처음에 내가 조림과장 때 내무부 고건 국장께 제안해서 실시했어요. 그래서 상당한 성과를 거뒀죠.

이계민　서로 경쟁심리도 작용했겠네요. 서로가 비교, 평가되니까.

김연표　검목제도 이전에는 활착률 조사라고 그랬어요. 조림을 하면 우선 나무가 뿌리를 내렸는지 살펴보고 제대로 자라는지까지 종합해서 검사하는 것이 검목입니다. 처음에는 심고 나서 한두 달 후에 제대로 활착이 됐는지만 검사했었는데 4~5개월 후에 활착이 되고 생육사항까지 검토하는 검목제도로 발전했죠. 검목의 결과는 그 지역에 맞는 수종의 평가라든가, 또 지역에 따라 나무 가꾸기의 유의점 등을 추출해서 대책을 세우는 데 활용했지요. 말하자면 앞으로의 성공적 조림을 위한 평가 대책의 일환이라고 볼 수 있습니다.

"검목 실시는 건국 후 처음 있는 일" 언론 논평

검목제도에 대한 당시 언론의 반응도 환영 일색이었다. 〈경향신문〉은 1973년 4월 28일자 2면 사설에서 이렇게 논평했다. 제목은 "한 그루가 소중한 녹화의 생명: 전국적 검목 실시와 묘목 보호령에 붙여"이다.

> 나무는 아무리 심어도 이것을 가꾸지 않으면 자라지 않는다. 하물며 심어 놓은 묘목이 착근도 하기 전에 뽑히고 육성 도중에 잘리곤 한다면 국토녹화는 그야말로 백년하청(百年河淸)일 수밖에 없을 것이다. 불행히도 우리는 이것을 되풀이해왔기 때문에 해방 후 20여 년 동안 많은 나무를 심어왔어도 지금껏 벌거숭이산을 면치 못하는 것이다. 이번에 이러한 악순환을 단절시키기 위한 두 가지 시책이 실시된 것은 퍽 다행한 일이 아닐 수 없다.
> 그 하나는 내무부가 오는 5월 10일부터 실시하는 전국적인 검목 작업이요, 다른 하나는 내무부 치안국이 27일부터 시작한 묘목보호령이 그것이다. 이색다른 묘목보호령은 그 어느 해보다도 활발한 금년의 녹화운동으로 최근 묘목 수요의 급증, 품귀 상태가 나타나자 일부 악덕업자 또는 몰지각한 시민들에 의한 묘목의 도난이 늘어날 것을 방지하기 위한 조치이다. … 치안국은 묘목장 및 식목지의 순찰 강화, 종묘(種苗) 관리인의 지정, 관민합동 단속반의 편성 등으로 강력히 단속하리라는데, 무엇보다도 중요한 것은 지역주민의 감시망이니만큼 일반 국민의 적극적인 협력이 요청된다 하겠다.
> 한편 경찰, 지방 산림관계 공무원 합동으로 실시하는 검목 작업은 그 대상을 1972년, 1973년 양(兩) 연도에 심은 나무 3억 292만 3천 그루로 한다. 실로 방대한 작업이라 하겠으며 이것은 우리나라 건국 후 처음 있는 일로서 지

금까지의 "심은 뒤 나는 모른다"는 식의 식목운동의 사고방식을 지양하고, 그야말로 나무 한 그루 한 그루에 세심한 신경을 쓰는 녹화에서 확인행정의 구현이라 하겠다.

묘목에까지 보호령을 내리지 않으면 안 될 지금의 상황은 확실히 슬픈 일이 아닐 수 없다. 그러나 로마가 하루아침에 이루어지지 않은 것과 마찬가지로 나무를 허술하게 생각하여 오늘의 수치스런 벌거숭이산을 눈앞에 보고도 아직까지 깨닫지 못하는 사람들의 버릇이 일조일석에 고쳐지기는 어려울 것이다. 따라서 나무 하나하나를 검목하고, 묘목 보호에 강권을 발동하여 되풀이 단속하고 가르치는 가운데 점차 스스로를 율(律: 다스리는 것) 할 줄 아는 자각이 생겨날 것이다.

나무는 고무공장에서 고무신 찍어내듯이 되는 것은 아니다. 사람은 자라는 데 20년, 30년이면 족하지만 나무는 50년, 100년이 걸려 비로소 산림(山林)이 되고 숲이 되는 것이다. 그만큼 국토녹화는 우리에게 긴 안목과 끈기를 요구하는 것이다. 우리는 그날을 위한 기초작업의 첫발이라 할 수 있는 이번 검목사업과 묘목보호령이 유종(有終)의 성과를 거두도록 국민 모두 협조를 아끼지 말기를 바란다.

이 신문 사설은 검목 작업을 "건국 후 처음 있는 일"이라고 논평했다. 묘목보호령 역시 "묘목에까지 보호령을 내리지 않으면 안 될 지금의 상황은 확실히 슬픈 일이 아닐 수 없다"고 지적했다. 당시 조림이 얼마나 강력한 정부 시책이었는지를 보여주는 대목이 아닌가 싶다.

영일지구의 혈투

이암과 혈암으로 이루어진 '저항의 땅'

산림녹화의 기적을 낳은 또 하나의 사건도 이 무렵에 일어났다. '저항의 땅' 영일지구 황폐지 사방공사가 그것이다. 한국 사방사업 역사상 최대의 혈투로 불리는 영일지구의 사방사업은 이제 20세기의 기적으로 인정받으며 지금도 전 세계적으로 칭송을 받는 전설적인 사방사업의 성공사례이자 '제 1차 치산녹화 10개년 계획' 중에서 가장 성가를 높인 사업 가운데 하나다.

국제적으로도 그 성공담은 널리 알려져 있다. 1980년에는 FAO 임업담당관 아놀드(Arnold) 박사가 개도국의 임업인 20명 내외를 인솔하여 한국 임업을 시찰한 적이 있다. 그때 아놀드 박사는 한국의 치산녹화사업 중에 특히 영일지구의 사방사업은 세계의 모범이 되므로 이를 본받기 위한 협의회를 구성하자는 의견을 제시하기도 했다.

1981년 일본에서 개최된 국제임업연구기관연합(IUFRO: International Union of Forestry Research Organizations) 대회 때 한국의 임업을 관찰하던 미국 오리건대학의 허만(Herman) 교수는 영일지구 사방사업의 기록영화를 본 다음 실제 현지를 시찰하고 이 사업은 진정 '국민 의지의 작품'(the works of people's will)이라고 격찬하면서 대학 시청각 교재로 사용하겠다고 필름을 사비로 구입했다.

1983년 페루의 수도 리마에서 개최되었던 FAO 임업자문단회의에서는 영일지구 사방사업을 슬라이드로 설명한 바 있는데 어린애를 업고 머리에 흙을 이고 나르는 광경을 보고 강제적 동원이 아니냐는 비난이 대두되었다. 그러나 애향심에서 가구당 책임을 다하기 위해 참여한 것이라고 설명하자 감탄과 의아심이 뒤섞인 반응이 나왔다는 보고도 있다.

영일지구는 1907년 우리나라에서 사방사업이 시작된 이래 무려 50여 차례에 걸쳐 크고 작은 규모의 사방사업을 실시했으나 모두 실패한 이력이 있다. 그래서 혹자는 녹화를 거부하는 '저항의 땅'이라 부르기도 했다. 모두 115개 마을에 걸쳐

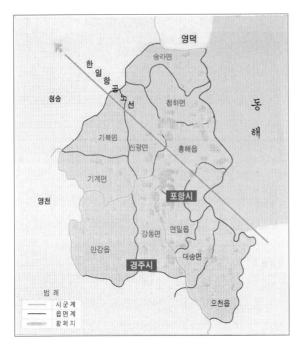

| 영일지구 사방사업 지역도
모두가 체념했던 '저항의 땅'
영일지구에서 사방사업이
계획되고 실행되었다.

총 4천 5백여 ㏊에 달하는 방대한 면적에 풀 한 포기, 나무 한 그루 없는 사막과 같은 곳이었다. 이곳은 진흙이 굳어 생긴 암석인 이암(泥岩)과, 점토가 수중에 퇴적하여 굳은 바위인 혈암(頁岩)으로 이루어진 특수지역이어서 비가 많이 오면 대규모의 황폐화가 나타나고 복구가 매우 어려운 특징을 보인다. 풍화작용으로 바위와 돌이 힘없이 부서져 비가 오면 겉흙이 씻겨나가고, 건조하면 단단해져 풀 한 포기 자랄 수 없는 그런 곳이기 때문이다.

이러한 영일지구는 산림 황폐로 토사가 유출되어 형산강(兄山江) 상류의 구하천, 곡강천, 광천 등의 강바닥이 높아지고, 영일만이 퇴적물로 인해 매몰되는 등 그 피해가 극심했다. 그러다 보니 이들 하천 유역의 농경지는 가뭄과 비 피해가 상습적으로 발생할 수밖에 없는 구조였다.

더욱 큰 문제는 이 지역이 일본 도쿄(東京)발 서울행 여객기 항로의 관문으로 한국을 처음 찾는 사람들에게 첫인상을 남기는 곳이라는 점이었다. 외국인들이 한국 땅에 들어서면서 이런 민둥산을 내려다보고 한국에 대해 어떤 첫인상을 느꼈을지는 물어볼 필요도 없을 것이다. 특히 한국과 일본을 자주 드나들던 사람들에게는 일본의 울창한 숲에 비해 허허로운 한국의 민둥산이 뚜렷이 대비될 수밖에 없었을 것이다.

1964년 12월 박정희 대통령이 서독을 공식 방문하고 귀국하는 길에 비행기에서 이 지역을 보고 가슴 아파했다는 이야기는 널리 알려져 있다. 이후 1965년 한일 국교 정상화 이후 하늘길이 열리자 일본을 오가게 된 많은 이들이 우리의 민둥산을 목격할 때마다 느끼는 착잡한 심경은 이루 말할 수 없었다고 한다.

그러던 1971년 가을 '저항의 땅' 영일지구의 민둥산 탈출이라는 대역사의 계기가 만들어진다. 그해 9월 17일 박정희 대통령은 영일군 기계면 문성리 우수 새마을을 시찰하면서 이곳의 집단 황폐지를 목격한다. 그리고 새로 부임한 강봉수[24] 제 2대 산림청장에게 복구 명령을 내렸다. "이곳은 국제공항의 관문이며 영일지구 한·수해의 근원을 이루는 곳이니 근본 대책을 세우고 완전 복구하여 버려진 땅을 되찾도록 연구·노력하라"는 지시였다.

산림청은 다급해질 수밖에 없었다. 곧바로 계획 수립에 착수했다. 물론 혼자만의 힘으로 될 일은 아니었다. 사방 대상지가 속한 경상북도와 협력해 계획을 수립하고 시행해야 하는 사안이었다. 강 청장은 처음부터 그 지역이 특수한 토양인 점을 파악하고 새로운 공법을 개발해야 한다는 결론을 내렸다. 중앙임업시험장에 의뢰해 이 지역의 복구를 위한 새로운 공법 연구에 착수했고, 공법 개발을 위해 1972년부터 시험사업을 먼저 해보기로 하고 관련 대책을 수립하기 시작했다.

대통령의 지시가 떨어진 뒤 4~5개월 만인 1972년 2월에 제 1차 영일지구 산림 복구 계획이 완성되었다. 물론 이러한 계획은 경상북도 관계자들과 함께 만든 것이었다. 이 계획은 1972년부터 1973년까지 2년간을 시험 및 실지(實地) 연습기간으로 설정하고, 본격적인 영일지구 산림 복구사업은 1974년부터 1976년까지 3개년에 걸쳐 시행하는 것이었다.

24 강봉수(姜鳳秀, 1921~1992): 전북 정읍 출신으로 일본 동북제국대학을 2학년에 중퇴하였다. 5·16 군사정변 이후 1963년 말부터 1964년 여름까지 보건사회부 차관을 지냈다. 공화당 전북도 사무국장을 지냈고, 산림청장으로는 1971년 6월 12일 부임해 1973년 1월 15일까지 약 7개월간 재임했다.

| 영일지구 사방사업 현장
특수한 자연조건으로 인해 영일지구 사방사업에는 수많은 인력과 시간이 투입되어야만 했다.

　　좀더 구체적인 사업목표를 살펴보면 총 계획면적 3,616ha 중 4.5%인 162ha는 첫해인 1972년도에 연습사방으로 일반사방 및 특수사방 방법을 시험적으로 시도하고, 약 25%에 달하는 911ha에 대해서는 사방공사 없이 비료를 주어 나무와 풀을 잘 자라게 하는 방법을 추진하기로 했다.

　　이런 시험사방의 실시와 동시에 다른 한편으로는 1972년 3월부터 임업시험장에서는 과거 일제 강점기부터 이 지역에 실시되었던 사방사업의 실패 요인을 조사·분석하였고, 영일군 의창읍 대련동에서는 이암층 지대에 나무 심기와 풀 가꾸기에 관한 각종 시험 연구를 실시하였다. 즉, 어느 정도 양의 흙을 덮어야 하며, 나무에 비료는 어떻게 줄 것인지, 구릉의 높낮이에 따라 어떤 식으로 계단을 만들고 나무를 심을 것인지 등에 관한 연구를 진행했다. 훗날의 평가이지만 이들 시험 결과는 실제 본 사업의 성공에 상당한 기여를 하였다.[25]

　　이렇듯 한 치의 빈틈도 없는 계획이 한참 진행될 즈음인 1972년 어느 날 박 대통령이 헬기를 타고 이곳을 지나가다가 1년이 다 되도록 사방사업이 아무 진전

25 산림청, 2007, 《한국 임정 50년사》, 327쪽.

이 없다는 것을 알고 언짢아했다는 이야기도 전해진다.[26] 사실 영일지구 공사는 애초부터 쉽게 이루어질 만한 것이 아니었다.

예상대로 구체적인 계획이 진행되면서 여러 가지 문제에 봉착했다. 넓은 지역에 걸친 공사인 탓에 모든 지역의 공사 조건이 같을 수 없었는데 이러한 점을 고려하지 못해 일어나는 문제들이었다. 즉, 사업장마다 입지 조건이 다르고 지질 등에서도 많은 차이가 있어 막상 공사에 착수했다가 낭패를 보고 계획을 전면 수정하는 시행착오를 반복했다.

손수익 청장에게 특별지시, "무슨 수단으로든 황폐지 복구할 것"

그러면서 세월은 흘렀고, 1973년에는 '제1차 치산녹화 10개년 계획'이 수립되고 경기도지사였던 손수익이 3대 산림청장에 임명된다. 그리고 손 청장은 박 대통령으로부터 어떤 수단을 동원해서라도 영일 지역의 황폐지를 반드시 녹화해 놓으라는 특별지시를 받는다. 1973년 5월의 일이다.

당시 박 대통령의 특별지시는 "영일지구 황폐지 복구를 위하여 새로운 기구를 설치하여서라도 2~3년 안에 완전히 복구하도록 하라"는 것이었다. 이런 지시는 당시 사업장의 애로가 많다는 현지 실정을 보고받고 내린 것이 분명했다. 구체적인 지시 내용이 이를 증명한다.

영일지구는 지역이 광대하여 입지조건이 모두 다른데 세부계획도 제대로 작성되지 않은 채 작업에 착수한 탓에 당시 총괄책임을 맡았던 포항사방관리소 한 개소로는 도저히 전체적 사업을 관할하기 어려운 실정이었다. 그리고 이러한 현지보고가 이어지자 박 대통령은 기구 및 인원의 증원을 결정한다. '기구를 늘려서라도 추진하라'는 지시가 그런 특수성을 감안한 것이다.

이에 따라 경상북도는 포항사방관리소를 해체하고 영일, 의창 등 2개의 사방관리소를 신설함과 동시에 38명의 정규직 및 기술지도요원을 배치하고 1973년

---

26 이경준 · 김의철, 2010, 《민둥산을 금수강산으로》, 기파랑, 144쪽.

부터 1977년까지 완전 복구할 계획을 세워 실행에 옮긴 것이다.

이에 대해 《경북사방 100년사》[27]의 기록을 보면 "의창사업소를 신설해 기존 영일사방사업소와 공동으로 영일군 1읍 7개면 총 구역면적 10만 2,344ha, 월성군 강동면 8개 등 총 구역면적 5,064ha, 합계 10만 7,408ha라는 방대한 지역에 산재한 요사방 면적 4,538ha를 38억 2천 8백만 원을 들여 1973년 1월부터 1977년 4월까지 5개년에 걸쳐 시행한 곳"이라고 소개되었다.

결국 영일지구 사방사업은 1972년 시험사방사업을 거쳐 1973년부터 1977년까지 5년 동안에 성공적으로 완수되었다. 이에 대한 기록은 수없이 많다. 산림청장이었던 손수익[28]을 비롯해 김수학 경북도지사의 회고록,[29] 《경북사방 100년사》에 자세한 기록들이 넘쳐난다. 그만큼 어렵고 힘든 사업이었음을 증언하는 셈이다.

눈보라와 강풍도 못 말린 현장보고

영일지구의 사방사업은 당시 대통령의 특명사항이었기에 모든 관계자들이 항상 긴장 속에 살아야 했다. 특히 군부대로 따지면 전선(戰線) 최전방의 사단장 격인 경상북도 산림국장의 노심초사(勞心焦思)는 말로는 다할 수 없을 지경이었다. 당시 경상북도 산림국장은 박상현(朴商鉉)으로, 1947년 4월 김천사방관리소에서 공직생활을 시작해 도내 각 군(郡)의 산림계와 대사방관리소장 그리고 경상북도 산림계장에서부터 산림과장, 산림국장을 지내고 1978년 정년퇴임 때까지 31년 6개월을 줄곧 산림 업무에만 종사한 베테랑이었다.

당시 상황이 얼마나 엄중하고 긴박했는가를 기록으로 남기기 위해 경상북도가 발간한 《경북사방 100년사》에 실린 그의 증언 일부를 그대로 옮겨 싣는다.

27 박상현, 1999. 10, 《경북사방 100년사》, 경상북도, 682쪽.
28 손수익, 2006. 4. 1, "국토사랑과 산림녹화", 〈박정희대통령기념사업회 회보〉, 7호.
29 김수학, 2008. 7, 《이팝나무 꽃그늘》, 나남, 337~339쪽.

1975년 4월 17일 오전 7시 나는 호텔에 가서 김수학 지사에게 대통령 현장시찰에 따른 보고 준비를 위해 미리 포항에 가겠다고 말씀을 드린 후 출발했는데 그때까지 억수같이 내리던 비가 가랑비로 바뀌고 세찬 바람이 불었다.

오전 8시경 영일군청에 도착하여 박돈양(朴敦陽) 군수와 같이 영일군 의창면 오도읍 현장을 가기로 하였다. 그때 마침 강원도에 출장 가셨던 손수익 산림청장께서 헬리콥터로 모진 폭풍우가 퍼부어 방향을 가릴 수 없고 비행기가 전진할 수 없는 지극히 위험한 기상임에도 조금 늦게 도착하셨다는 것이었다. 나는 대통령에게 보고할 것을 걱정하는 참이었으므로 그 소식을 듣고는 안심이 되었다.

오전 9시 30분 현장에 도착해 준비 상황을 점검하였으나 브리핑차트 판이 강한 바람에 넘어져 두 사람이 잡도록 지시하고 현장으로부터 70m 떨어진 차도까지 헬리콥터로 오면 잠시지만 심한 바람으로 헬리콥터가 뜨지 못하여 포항제철 지프차로 요철이 심한 노폭 3m 짜리 비포장도로를 달려올 수밖에 없었다. 그때 지프차 뒷자리에 동승하였던 김수학 지사는 덜컹대며 뛰는 지프차 천정에 머리를 받쳐 상처를 입기도 하였다.

그런데 박 대통령은 지나는 도중 곡강(曲江) 초등학교 주위에 있는 큰 플라타너스 가로수를 2~3m로 짧게 잘라 버린 것을 보고 "왜 나무를 저렇게 잘랐지?" 하시면서 교장과 교육장의 무책임성을 꾸지람하셨다. 그렇게 나무를 사랑하는 마음이 강하다는 것을 재삼 통감하였다.

낮 12시 30분경 차도에서 약 70m 떨어진 현장까지 가는 도중 중간지점에서 "이곳에서 보면 되지 않는가?" 하시기에 상세한 보고와 우리들이 고생하는 것을 알려드리기 위해 "조금만 더 올라가시면 현장에 보고드릴 장소를 마련하였습니다. 그곳까지만 가셨으면 좋겠습니다"라고 하였더니 흔쾌히 "그러면 좋다, 가자"고 하셨다.

대통령께서 준비된 자리에 앉자 관계관들이 대통령 의자 뒤편으로 둘러싸 방풍했지만 결국 강한 바람이 계속되어 차트 종이가 찢어지는 바람에 즉석 구두 브리핑으로 바꾸었다.

| 영일지구 사방사업 이전과 이후의 모습
5년에 걸친 혈투 끝에 영일지구는 황폐했던 저항의 땅(위)에서
풍성한 녹음을 드리운 기적의 땅(아래)로 변신하게 되었다.

　　이렇게 박상현은 역사의 현장인 영일지구 사방사업의 현장을 끝까지 지킨 공
직자다. 손수익은 그를 "당시 경북 산림국장으로 거의 현장에서 상주하다시피
했고, 박 대통령의 현지시찰 시에도 현장을 안내하고 직접 차트로 보고하는 등
현장감 있게 안내했던 공직자"라고 회고했다.

　　산림청이 영일지구 사업을 끝내고 청와대에 보고한 〈영일지구 사방사업 완
료 보고〉[30]는 다음과 같은 자체 평가를 담았다. 특히 보고서 말미에 사업효과를
4가지로 요약했는데 ●국제 항공로 관문의 녹화 ●토사유출 방지로 국토보전
●포항 공업지역 재해 예방과 수원(水源) 함양 ●노임(勞賃) 살포로 농외소득
향상 등을 들었다. 또한 영일지구 사방사업이 준 교훈으로는 두 가지를 꼽는데
●굳은 의지로 성의를 다하면 어떠한 어려운 일도 성공할 수 있다는 것 ●사방
사업은 치밀한 계획에 의하여 지구(地區) 완결 원칙으로 실행함이 더욱 효과적
이라는 것 등이다. 이 보고서의 대통령 결재일자는 '6 / 2'(6월 2일)이다. 1977년
6월 2일이 아닌가 싶다.

●
30 산림청, 1977, 〈영일지구 사방사업 완료 보고〉.

연료림 조성계획의 표류

치산녹화는 연료림과의 전쟁이었다

산림청이 2007년 발간한 《대한민국 산, 세계는 기적이라 부른다》[31]에는 5·16 군사정변 직후의 농림부 장관 취임식 상황이 적나라하게 묘사되어 있다. 이를 그대로 옮겨 본다.

> 1961년 5월 16일 혁명이 감행된 지 4일 후인 5월 20일 농림부 장관실에도 어김없이 별판 계급장을 단 군복 차림의 장○○ 장관[32]이 장관실의 주인으로 군화 소리를 울리면서 들어섰다. 이 군화소리가 바로 치산녹화사업에 불을 댕긴 첫 걸음이었는지도 모른다. 장 장관은 군복 차림에 권총을 찬 영관급 장교 5명의 호위를 받으며 장관실로 들어섰다.
> 　서울 서소문 (구) 대법원이 자리 잡았던 남쪽의 석탄공사 건물 4층에 위치한 농림부 청사에는 긴장감이 감돌았다. 건물 옥상에서 취임식을 한다는 방송이 울려 퍼졌다. 농림부 직원 4백여 명이 옥상으로 올라가 국별로 앞줄과 옆줄을 맞춰서 장관이 올라오기를 기다렸다. … 장관은 농촌 고리채 정리 문제를 우선 강조했다. 연설은 그리 길지 않았지만 짧지도 않았다.
> 　연설이 끝나자 장관은 직원들을 뒤로 하고 발걸음을 옮겼다. 그런데 갑자기 걸음을 멈추고 뒤로 돌아서서 직원들을 향해 다시 걸어왔다. 그리고 직원들과 일일이 악수를 하기 시작했다. 악수를 하면서 몇 마디씩 인사말을 주고받았다. 장관은 키가 크고 나이가 들어 보이는 이원한 조림계장과 악수를 하고 나서 즉흥적으로 이것저것을 물었다. 심종섭 산림국장과는 악수를 하면서도 묻지 않았던 업무에 관해 여러 가지를 물었다. 산림국장과는 가볍게 악수하는 것으로 지나갔고 직무에 관한 것은 질문하지 않았는데 느닷없이 이 계장을 붙들고 꼬치꼬치 질문을 한 것이다.

---

31 산림청, 2007, 《대한민국 산, 세계는 기적이라 부른다》, 한국임업신문사, 182~185쪽.
32 장경순(張坰淳) 육군 준장이다.

장관은 취임식이 끝나고 장관실로 돌아가 산림국장을 호출했다. 잰걸음으로 달려간 산림국장에게 장 장관은 혁명적 지시를 하였다.

"지금 즉시 전국 시·도지사에게 지시하여 농가호당 0.5㏊씩 돌아가도록 연료림을 조성하고, 연료림을 조성할 임야를 정부의 강제명령으로 확보하도록 하시오."

심종섭 산림국장의 머리가 복잡하게 돌아갔다.

'아무리 혁명정부라고는 하지만 이런 강압으로 국민의 엄연한 사유재산을 강제 수용하란 것은 있을 수 없는 일이다. 연료림 조림지를 강제 수용한다면 농촌의 저항이 엄청날 텐데, 큰일이 아닐 수 없다.'

심 국장은 이런 생각으로 고민을 하다가 묘안을 생각했다. 현신규 박사를 내세워 장관을 설득시키는 게 좋겠다는 아이디어였다. 마침내 현 박사가 장관 설득에 나섰고 무리라는 것을 설명받은 장관은 '강제 확보' 부분을 빼고 농촌 연료림 조성사업을 차질 없이 시행하도록 즉석에서 지시했다.

사실상 혁명정부의 치산녹화 정책은 이렇게 시작됐다. 해방 후 1960년대까지의 산림녹화는 연료림과의 전쟁이었다. 어찌 보면 산림녹화라는 표현은 걸맞지 않았다. 당시만 해도 나무를 심기보다는 베지 못하도록 하는 보호정책이 급선무였다. 치산치수는 사방사업이 주를 이뤘고 사방공사를 통해 토사의 붕괴를 막는 것이 급선무였던 것이다. 다만 이를 보완하는 시책으로 연료림 대책을 추진했다.

우선 농촌에는 당장 밥을 지을 때 쓰는 연료로 나무나 풀(임산연료)이 전부였고, 겨울 난방을 위해 아궁이를 지필 때 역시 나무를 쓸 수밖에 없었다.

일제 강점기에도 화전정리 등 넓은 의미의 연료 대책이나 산림녹화사업이 광범하게 추진되었지만 이렇다 할 성과를 거두지 못했다. 의욕적인 계획이 그야말로 서류상 계획에 그치고 큰 성과 없이 해를 넘겨 계속 떠밀리기도 했다.

특히, 8·15 광복 이후와 6·25 전쟁 시기에는 전기나 석탄, 기름 등이 부족했기 때문에 난방과 취사는 오로지 임산연료에 의존할 수밖에 없었다. 광복 이후 남한의 목재자원은 대단히 빈약했으며 사회혼란에 따르는 민생고와 전쟁으로 인한 산림 파괴가 매우 심각했다.

| 농촌의 재래식 부엌 (1967)
농촌의 주부가 임산연료에 의존한 재래식
아궁이에 불을 지피고 있다. 출처: 산림청.

시장에는 나뭇짐을 파는 장터가 섰고, 심지어 낙엽을 큰 망태기에 싣고 시장 거리로 팔러 다니는 일도 많았다. 지금은 상상도 할 수 없는 일이지만 말이다.

조림계획을 수도 없이 세웠건만

연료림 확보 전쟁의 시말을 좀더 자세히 살펴보자. 해방 이후 연료림 확보와 사방사업의 시행을 위해 세운 계획은 무척 많다. 1947년 미군정기에는 '조림 및 사방사업 10개년 계획'을 수립했으나 시행도 제대로 해보지 못했다. 1948년 정부 수립 이후 1949~1958년을 계획기간으로 하는 '민유림 조림사업 10개년 계획'을 세웠다. 이를 1차(1949~1953년)와 2차(1954~1958년)로 나눠 시행키로 했으나 1차 계획이 제대로 시행되기도 전에 6·25 전쟁이 터져 중단할 수밖에 없었다.

전쟁이 끝나지는 않았지만 전황이 어느 정도 진정의 기미를 보인 1952년에는 또다시 '민유림 조림사업 5개년 계획' 및 '단기속성 녹화조림 3개년 계획'을 수립하는가 하면 '생울타리 조성 5개년 계획'도 세워 연료림 확보에 총력을 기울였다.

연료림 확보가 안 되면 아무리 나무를 심어도 소용이 없었다. 나무가 크기도 전에 연료로 베어가기 때문이다. 해방 후 나무 심기를 많이 했지만 민둥산이 더 늘어나는 것은 이러한 연료채취가 많았기 때문임은 이미 앞의 해방 후 산림정책에서 분석한 바 있다.

산림청은 1952~1954년을 계획기간으로 하는 '단기속성 녹화조림 3개년 계획'을 연료림 조성의 효시로 본다.[33] 이는 UNKRA의 원조를 받아 조림을 실시한 것으로 보다 계획적인 사업이었기 때문이다. 물론 실효를 거두지는 못한 것으로 평가받는다. 당시 미국의 원조를 받았기에 사방사업에서도 외국인 전문가들의 자문을 받았으나 한국 실정에 맞지 않는 것들이 많아 실패도 그만큼 컸다는 분석도 있다.

그 이후에도 조림계획은 수차례 더 수립되고 시행과 중단을 반복하는 양상이 이어진다. 1955년에는 당초 계획했던 '민유림 조성 및 사방사업 10개년 계획'의 2차 사업이 다시 입안됐고, 1959년에는 1959~1963년을 계획기간으로 하는 '연료림 조성 및 사방사업 5개년 계획'을 수립하였다. 특히, 자유당 정부 시절인 1959년 당시에는 빠른 시일 내에 황폐지를 복구하는 데 총력을 기울이기로 하고 식목일 대신 사방의 날을 정하는가 하면 전국적인 사방사업촉진대회를 개최하기도 했다는 것은 앞에서 자세히 살펴본 바 있다.

그러나 적절한 지역을 선정하는 것이 잘못되거나 많은 동원인력을 잘 지도하지 못하여 넓은 면적의 사방지 공사가 성공하지 못한 경우도 있다. 이처럼 성급하게 실시한 황폐지 복구사업은 많이 실패했으나 그 같은 실패의 경험이 훗날 산림녹화 성공의 기초를 다진 자산이었음도 부인할 수 없는 사실이다.

본격적인 연료림 조성 사업은 1959~1963년 '연료림 조성 5개년 계획' 때부터 시작되었다. 이 계획은 농가호수 240만 호에 호당 0.5 ha씩 연료림을 조성해 가구당 연간 5톤씩 연료림을 공급하기 위해 5년 동안 총 120만 ha의 연료림을 조성한다는 것이었다.

120만 ha 중에는 이미 조림이 되어 땔감으로 이용할 수 있는 산림 40만 ha에서 땔감을 충당하면서, 나머지 80만 ha에 인공조림을 계획하였다. 말하자면 당시 국민들이 먹고사는 데 필요한 연료의 3분의 2가 부족한 상태였던 셈이다. 따라

33 산림청, 2007, 《대한민국 산, 세계는 기적이라 부른다》, 한국임업신문사, 278쪽.

서 이를 5년간 연료림을 조성해 충당하자는 야심찬 계획을 내놓은 것이다.

그러나 이 역시 말 그대로 계획에 그치고 말았다. 실천이 없고 정책이 빈약해 서라기보다는 가난과 굶주림에 찌든 국민들에게는 하루하루의 생존이 더 다급 했기 때문이 아닌가 싶다. 1959년부터 1965년까지 조림한 연료림은 23만 7천 ha 밖에 안됐다. 당초 계획이었던 80만 ha의 3분의 1에도 미치지 못했다.

이렇게 보면 5·16 군사정변 직후 장경순 농림부 장관이 취임식에서 지시한 "지금 즉시 전국 시·도지사에게 지시하여 농가 호당 0.5ha씩 돌아가도록 연료 림을 조성하고, 연료림을 조성할 임야를 정부의 강제명령으로 확보하도록 하 라"는 사항은 혁명정부의 새로운 시책이라기보다 1959년에 수립된 '연료림 조 성 5개년 계획'의 이행을 재차 강조한 것임을 알 수 있다. 특히, 5·16 군사정변 이후에는 산림관련 법령을 정비하고, 동시에 「국토녹화촉진에 관한 임시조치 법」을 한시법으로 제정해 연료림 확보에 총력을 기울인 것은 이미 앞에서 언급 한 바 있다.

그러나 이 같은 노력에도 불구하고 제 2차 경제개발 5개년 계획이 끝난 1971년 까지의 연료림 조성사업은 실패였다는 진단이 내려졌다.[34] 그 근거는 이런 것이 다. 1972년 정부 지원으로 산림조합이 주체가 되어 연료림의 일제 실태조사를 벌인 결과 지금까지의 연료림 조림면적 78만 4천 ha 가운데 다른 용도로 변경되 거나 조림 실패 등으로 조림했던 나무가 살아남지 못한 면적이 무려 34만 9천 ha 로 나타났다. 전체의 45%가 실패하고 나머지 43만 5천 ha만 살아남은 것이다. 그 원인은 용도 전환과 조림기술 미숙이었다는 진단이다.

국립산림과학원은 "이와 같이 연료림 조성 실적이 좋지 못한 근본적 원인은 사후관리 없는 실적 위주의 조림과 산주·지역 주민의 참여를 유도할 만한 경제 적 유인책이 부족했기 때문"이라고 지적했다. 그 실례로 1970년대 초반 산림 관 계자가 당시 〈산림보호〉라는 잡지에 기고한 내용을 제시한다. 필자는 남정근 씨로 제 32호(4월호)에 실린 글이다.

---

34 배재수·이기봉, 2006, 《우리나라의 산림녹화 성공요인》, 국립산림과학원, 61쪽.

… 무슨 말인고 하니 묘목, 비료 등 자재의 대부분을 정부가 보조함으로 해서 관(官)에서 먼저 산주에게 조림명령을 내리는데 대부분의 산주는 무력 내지 무성의하여 관이 내린 조림명령에 무반응함이 일쑤이고 따라서 관(官)은 해당 지역의 산림계에 대하여 대집행토록 하면 산림계는 계원을 동원하여 거의 무보수로 노력을 제공하여 식재(植栽: 나무를 심는 것) 한다.

이 과정에서 사실상 문제가 되는 것은 노임(勞賃)을 무보수(無報酬)로 한다는 사실이다. 산주가 노임을 부담하면 문제는 썩 달라지겠지만 산주는 자기 산에 나무가 심어지는 것을 알면서도 무력한 나머지 거의 조림에 대한 참여의식이 없는 실정이고 보니 주인 없는 공사이고, 더구나 노임도 없는 공사가 얼마나 알뜰히 이뤄지겠는가 말이다. … 세심한 사후관리가 절대로 뒤따라야만 비로소 활착과 생장을 기대할 수 있음에도 불구하고 현재는 올해 조림실적과 내년 계획에만 온 신경을 쓰니 이래 가지고 어찌 조림의 실적을 기대할 수 있겠는가 … .

이 글 한 대목만 보더라도 해방 이후 우리나라 산림정책이 어떻게 이루어지고 실행되었는가를 능히 짐작할 수 있을 것 같다. 그러나 따지고 보면 정부의 책임만은 아니다. 해방 후 혼란, 남북 분단, 급증하는 인구와 빈곤의 악순환, 그리고 빈약한 나라살림 등 당시 상황을 고려해 볼 때, 아무리 유능한 정부라 해도 마땅한 대책이 없었을 것이다. 기껏해야 미국과 미국 주도하의 유엔 기구가 지원하는 돈과 식량에 전적으로 의존하다시피 하던 때였으니 더 이상 어떤 이유를 들 수 있겠는가?

그렇다고 물러설 수도 없는 일이다. 정부는 단기 연료림 조성사업 계획을 다시 세워 1966년에 4만 2천 ha, 1967년에 35만 8천 ha 등 모두 40만 ha의 연료림을 심었다. 특히 1967년 이 사업은 산림청 발족 첫해 사업으로 사상 최대의 조림 실적을 기록했다.

또, 정부는 그간의 실패를 바탕으로 1973년부터 시작한 '치산녹화 10개년 계획'은 보다 치밀한 계획과 준비로 성공을 담보할 수 있었다. 1973년부터 1977년까지 5년 동안 추가로 20만 5천 ㏊의 신규 조림이 추진되었다. 이러한 성공의 요인은 치밀한 계획과 행정력을 동원한 강력한 추진 방식이었다는 해석이 있다. 그러나 동시에 석탄 생산의 확대 등 대체연료의 개발과 아궁이 개량 등 임산연료 수요 자체를 줄이는 노력이 함께 이뤄졌기에 가능한 일이었다는 것이 더 정확한 해석일 것이다.

연료림 조성, 계획대로 했는데 결과는 실패?

그러나 한편으로 산림녹화 정책이 전반적으로는 성공했지만 연료림 조성 문제에서는 실패한 정책이라는 의견을 내놓는 학자들도 있다. 그 근거는 연료림 식목 계획을 당초 구상대로 완성했지만 이를 실제로 활용할 수는 없는 결과가 나왔다는 이야기다. 산은 푸르러졌는데 여기서 연료가 될 나무를 공급하려 해도 더 이상 나무 연료가 필요 없는 시대가 되었다는 이야기이다. 한마디로 수요 예측이 빗나간 것이란 뜻도 된다.

오히려 연료림 조성보다는 장기적으로 재목으로 사용할 수 있는 나무들을 심었더라면 하는 결과론적인 아쉬움인 셈이다. 말 타면 경마 잡히고 싶다는 것은 이런 상황을 두고 한 이야기인가? 민둥산에 산림이 우거지고 나니까 더 좋은 재목을 아쉬워하니 말이다.

어찌됐든 한국의 산림녹화는 세계의 성공사례로 꼽히니 내용은 고사하고 성공한 정책이 아닌가.

석탄 개발에의 열정

온돌 개조 없이 산림녹화 될 수 없다

"산을 다스리는 자(治山)가 물을 다스리고(治水), 물을 다스리는 자가 나라를 다스린다(治國)"는 말이 있다. "일년지계(一年之計)는 곡식을 심는 일이고, 십년지계(十年之計)는 나무를 심는 일이며, 백년지계(百年之計)는 사람을 기르는 일"이라는 옛말도 있다.

철혈재상(鐵血宰相)으로 불리는 독일의 비스마르크는 제1차 프로이센-프랑스 전쟁에서 승리한 후 전쟁 배상금으로 프랑스로부터 묘목을 받고 전국 방방곡곡에 심어 독일을 '숲의 나라'로 탈바꿈시켰다고 전해진다. 산림녹화의 중요성을 거듭 강조하는 이야기들이 아닌가 싶다.

그런데 세계의 기적으로 일컬어지는 한국의 산림녹화가 전적으로 조림에 의해 이뤄진 것인가? 이에 대해 일부에서는 연탄 등 대체연료의 개발 보급 등을 큰 요인으로 꼽는다. 물론 학자에 따라 강한 반론이 제시되기도 하지만 대체연료 개발이 산림녹화에 도움이 되었음은 부인할 수 없는 사실이다.

우선 산림녹화의 핵심 성공요인은 연료재(燃料材)가 임산연료에서 화석연료로 대체된 것이라는 주장의 논거를 살펴보자. 산림청 산하의 국립산림과학원은 '우리나라의 산림녹화 성공요인'[35]에 대해서 이렇게 진단하였다.

대체연료(타계연료) 개발 없이는 산림녹화는 탁상공론에 불과하다는 것은 역사적 사실이다. 해방 이후 우리나라의 산림훼손이 심각하고 민둥산이 늘어난 것은 그만한 이유가 있었다. 해방 전에는 석탄 생산의 80%를 북한 지역이 담당했다. 그러던 것이 남북분단 상황이 고착화되자 남한은 그야말로 최악의 연료난에 봉착한다. 민수용 연료는 장작과 숯에 의존할 수밖에 없었고, 산림 훼손은 심각하여 나날이 민둥산이 늘어갔다. 거기에다 해방이 되자 해외 귀

35 배재수·이기봉, 2006, 《우리나라의 산림녹화 성공요인》, 국립산림과학원, 28쪽.

환동포가 320만 명에 이르고, 남쪽으로 내려온 월남민이 250만 명에 이르는데, 이들은 서울을 비롯한 대도시를 중심으로 정착함에 따라 임산연료의 추가 수요가 대량으로 일어났다.

'제 1 차 치산녹화 10개년 계획'에서의 중요 과제 가운데 하나도 온돌 개조를 통한 임산연료 대체였음은 기록으로 남아 있다. '제 1 차 치산녹화 10개년 계획' 실시 당시의 정책구호만 보더라도 대체연료 개발 및 온돌 개조 등이 얼마나 중요한 과제였는가를 충분히 알 수 있다.[36]

(1) 온돌 개조 없이 연료 절약 할 수 없다.
(2) 연료 절약 없이 산림녹화 될 수 없다.
(3) 산림녹화 없이 우리는 잘살 수 없다.
(4) 못산다고 울지 말고 / 병들어서 고생 말고 / 수해 한해 한탄 말고
    땔나무에 걱정 말고 / 냉방에서 떨지 말고 / 화재 만나 폐가 말고
    가스중독 염려 말고 / 온돌부터 개조하자.

국립산림과학원의 정책 추진상황 분석[37]으로 그 요인들을 좀더 자세히 짚어보자.

산림녹화 성공의 핵심 요인은 막대한 가정 연료로 소모되던 연료재의 화석연료 대체였다. 1955년 당시의 연료재의 소비량이 그대로 이어졌다면 10년이 채 지나지 않아 산림의 대부분은 황폐되었을 것이다. 이 측면에서 본다면 1950년대 중반의 에너지 정책과 농림부의 산림녹화 정책의 다부문 간 협력(inter-sectoral cooperation)은 효과적인 선택이었다.

상공부는 1956년 연료재의 화석연료 대체를 위해 우리나라의 거의 유일한 부존 에너지 자원인 무연탄 생산을 늘리는 정책을 강력히 폈다. 농림부는

---

36 배재수 · 이기봉, 2006, 《우리나라의 산림녹화 성공요인》, 국립산림과학원, 28쪽.
37 위의 책, 68쪽.

1958년 도시 지역으로의 임산연료 반입을 금지하고 상대적으로 연료재의 압박이 덜한 농·산촌에는 연료림을 조성하는 정책을 수립·시행하였다. 영암선, 태백선 등 석탄철도 부설이 확장됨에 따라 무연탄 생산은 급속하게 증가하였고, 상대적으로 교통이 편리하고 인구가 밀집된 도시 지역부터 연료재의 대체가 이뤄졌다.

특히 1960년대 도시의 가정 연료는 무연탄이 연료재를 대체하는 데 큰 역할을 하여 이런 영향으로 1970년대에는 이미 도시 지역의 5.2%만이 가정용 난방 및 취사 에너지로 임산연료를 사용할 뿐이었다. 이러한 화석연료의 대체 정책이 성공을 거두기 시작하자 전통적인 자원조성 정책 및 산림보호 정책도 효과를 발휘하기 시작하였다.

해방 후 석탄 개발을 촉진해야 한다는 주장을 제기한 사람은 정인욱이었다('정인욱, 그는 누구?' 참조). 그는 산림녹화에도 상당한 관심을 갖고 묘포를 운영하면서 나무 심기에도 온갖 정성을 다한 인물이었지만 산림녹화를 위한 방안으로 석탄 개발을 주장한 것은 아니었다. 우리나라 개발 전략의 큰 틀에서 우리의 기술·자본으로 경제 발전을 이룰 수 있는 방법으로 강원 지역의 탄광 개발과 지하자원 개발 사업을 제시했던 것이다.

정인욱은 미군정기부터 군정청 상무국 석탄과장을 맡아 석탄 개발에 심혈을 기울였고, 동시에 '태백산 종합개발계획'을 제안해 추진한 선각자이다. 그리고 일본 와세다대학 이공학부 채광야금학과를 졸업한 이후 오직 석탄 산업의 외길을 걸어온 인물이다.

정인욱은 "우리가 살길은 탄전 지대를 개발하여 석탄을 캐는 것이다. 일자리가 없어 시름에 잠겨 있는 실업자들에게 미국의 잉여 농산물로 공급되는 식량을 노임으로 제공하여 석탄을 캐고, 그 석탄을 발전소에 공급하여 전기를 생산한다. 여기서 생산된 전기를 에너지로 삼아 공업을 일으키고 또 국민들에게 장작 대신 석탄을 공급하여 추위를 이길 수 있게 하자"고 주장하면서 만나는 사람마다 "태백산 지역의 석탄을 개발합시다. 이를 위해 태백산을 관통하는 철도와 도로를 건설해야 합니다"라고 강조했다.

정인욱, 그는 누구?

정인욱(鄭寅旭, 1912~1999)은 황해도 곡창지대인 재령평야에서 2만 석 부호로 알려진 정찬유(鄭纘裕) 씨의 3남 중 장남으로 태어났다. 그의 부친인 정찬유 씨는 우리나라 기독교사에서 빼놓을 수 없는 기독교 장로 겸 교육가로 알려져 있다.

1938년 3월 와세다대 이공학부 채광야금과를 졸업한 그는 1945년 해방이 되고 미군정이 시작되면서 대학 전공과 해방 전의 관료 경험 등을 인정받아 미군정청 산하의 상무국 석탄과장으로 발탁되었다. 1946년 2월의 일이다. 이어 1950년 대한석탄공사 이사를 지내다 1952년 6월 강원산업을 창업했다. 5년 뒤인 1957년 9월에는 이승만 대통령에 의해 대한석탄공사 총재로 발탁되어 2년 3개월여를 근무했다. 그 후 19공탄을 생산하는 삼표산업(三票産業)을 창업했으며 철강 산업 및 건설 자재업 등으로 사업 영역을 넓혀 기업 경영에 전념했다. 1981년 2월 전경련 부회장을 지냈다.

김입삼(金立三) 전 전경련 부회장은 정 회장의 전기 《선각자 정인욱》의 서문 첫머리에서 "원리원칙대로 살다 간 기업인, 아니 경세가(經世家)의 풍모를 지닌 인물이다. 이윤보다는 도리를, 기업보다는 나라를 앞세웠으니, … 이 혼탁한 세상에 이런 청량제 같은 기업인도 있었는가"라고 기술한다.

무엇보다도 정 회장은 석탄 생산을 통해 국민 연료 개선에 공헌하였다. 목재와 장작에 의존하던 시대에 무연탄으로 연료를 대체시켜 국민생활의 질을 높이는 것은 물론 연료 대체를 통해 산림녹화에도 기여한 인물이다. 특히 석탄공사 사장 시절에는 석탄공사 내에 임무소(林務所)를 설치해 산림녹화에 앞장섰다.

그러나 당장 입에 풀칠도 어려운 해방 직후의 사회 분위기에서 태백준령을 넘는 철도와 도로를 건설하자는 정인욱의 주장은 '몽상에 가까운 주장'이라는 비난을 받았다. 게다가 과도정부의 상관들은 정인욱을 '정신 나간 과대망상증 환자'로 취급할 정도였다.

그는 해방 후에는 줄곧 '태백산 종합개발계획'을 제시하고, 이를 실천할 것을 주장했다. 정선-삼척-강릉을 잇는 삼각지대의 석탄과 지하자원을 개발하여 전력을 생산하고, 이것을 에너지로 활용해 산업을 일으킨다는 구상이었다. 또한 이를 위해서는 태백 탄전지대를 관통하는 철도와 도로를 건설하는 것이 시급하다는 의견을 펼쳤다.

우리나라 공업화 발전계획의 첫 구상

물론 당시의 혼란한 상황에서 이를 액면 그대로 받아들이기는 어려운 상황이었다. 그럼에도 정인욱은 자신의 주장을 굽히지 않았다. 그러다 4·19 이후 장면 (張勉) 민주당 정부에서 이 같은 계획을 수용하고 구상을 다듬었다. 당시 경제건설에 앞장선다는 명분으로 결성된 한국경제협의회가 주요 핵심 사업으로 태백산 종합개발계획을 기간산업 정책으로 채택한 것이다. 물론 이 같은 개발계획은 5·16 군사정변으로 인해 유야무야되었지만 말이다.

2011년에 펴낸 《전경련 50년사》에서는 이를 "우리나라 역사상 최초의 공업화를 발화시킨 사건"으로 성격을 규명했다. 우리나라 공업화 발전의 첫 구상이자 실천계획이었다는 뜻이다. 당시의 한국경제협의회는 4·19 이후 장면 정부가 들어서 경제 재건을 위해 자의 반 타의 반으로 설립된 단체로 5·16 이후에는 해체 절차를 거쳐 한국경제인협회로 다시 태어나고, 곧바로 전국경제인연합회 (전경련)로 개편돼 지금에 이른다.

그는 1958년 당시 석탄공사 총재 임명을 놓고 이승만 대통령과 실랑이를 벌인 일화[38]가 있다. 6·25 전쟁 기간이던 1952년 6월 강원산업을 설립한 재계 지도자 정인욱 회장은 1957년 9월 대한석탄공사 총재로 임명되면서 이 대통령으로부터 간곡한 당부를 듣는다. 그때 이 대통령이 총재 자리를 마다한 정 회장에게 임명장을 주면서 나눈 대화 내용이 바로 연료림 조성과 대체연료인 석탄 개발과 관련한 내용이므로 잠시 들어보겠다.

장작 실은 마차가 보이면 그건 당신들 책임이오

당시 상공부 장관이던 김일환(金一煥)은 석탄공사 총재 자리를 맡지 못하겠다는 정인욱을 "그가 제시한 전제조건을 들어주겠다"며 설득했다. 그리고 함께 경무대(대통령 집무실의 옛 명칭으로 지금의 청와대)에 찾아가 이 대통령과 면담을 가졌다.

"자네가 석탄공사 총재 못하겠다고 고집 피운 사람인가?"
"예"
"자네가 석탄공사 총재를 못하겠다고 고집을 피워서 미리 임명한 게야. 그런 줄 알고 가서 일 잘하시오. 과거에 정부 수립 전에도 당신에게 태백 탄전지대의 석탄을 개발해야 한다는 말을 들었소. 그리고 정부 수립 후에 당신 말을 듣고 내가 석탄공사를 설립했소. 석탄공사 설립한 지가 한참 지났는데도 석탄 생산이 시원치 않고, 기술자 양성도 안 되었어요. 지금 석탄공사와 민영 탄광을 다 합쳐도 석탄 생산량이 2~3백만 톤도 안 나오니 이래 가지고 나라살림이 제대로 되겠소?

내가 산에 올라가 나무 한 토막이라도 베는 사람은 엄벌에 처한다고 공표했지만 소용이 없어요. 다른 땔감을 만들어 주고 산에 올라가지 말라고 해야 국가 영(令)이 제대로 서는 것이지, 당장 땔감이 없어 밥도 못 지어 먹을 형편인 국민들에게 나무를 베지 말라고 해야 무슨 소용이 있겠느냐 말이오.

석탄공사는 당신이 만들자고 해서 만든 회사요. 그러니 이 회사는 당신이 책임지시오. 내가 영암선(경북 영주와 강원도 삼척군 철암을 잇는 철도로 1955년

38 정인욱전기편찬회, 2000, 《선각자 정인욱》, 춘추각, 200~201쪽.

말 완공) 철도 개통식 때, 그 추운 날 철암에 가서 보니까 당신이 운영하는 탄광은 괜찮게 해 놓았더구먼. 나라에서 운영하는 탄광도 잘되어야지 당신 개인 탄광만 잘하면 되는가. 강원탄광 운영하듯이 석탄공사를 제대로 만들어 놓으시오. 지금 우리가 석탄을 열심히 캐지 않으면 어느 세월에 산에 나무가 우거지겠소.

내가 어떻게 하든 식량은 미국에서 끌어다 댈 테니 당신은 땔감 문제를 책임지시오. 우리 힘을 합쳐 나라를 살려 봅시다. 내 눈에 서울 시내에 장작 실은 마차가 다니는 모습이 안 보이게 해 주시오. 장작 실은 마차가 보이면 그건 당신들 책임이오."

자유당 정권의 3·15 부정선거와 4·19 혁명을 거치면서 이승만 대통령은 하와이로 망명해 생을 마감했다. 결국 이 대통령의 지시와 약속은 이행될 시간적 여유가 없었던 것이다. 하지만 산림녹화에 대한 지도자들의 생각은 다르지 않았음을 알 수 있는 대목이다.

치밀한 화전정리 작전

산에 불을 놓을 수밖에 없던 생존경쟁의 시대

임업전문가 사이에선 '제 1차 치산녹화 10개년 계획' 중에 이뤄낸 가장 값진 성과로 화전(火田)정리를 꼽는 경우가 많다. 나무를 심기 전에 해결해야 할 과제가 화전정리였기 때문이다. 요즘은 '화전'이란 낱말 자체도 들어보기 힘들지만 말이다.

사전적 의미를 살펴보면, 화전이란 산간 지대에서 풀과 나무를 불살라 버리고 그 자리를 일구어 농사지은 밭을 의미하며, 화전민은 화전을 일구어 농사짓는 사람을 뜻한다. 즉, 불에 탄 풀과 나무의 재를 비료로 이용하는 것이 바로 화전인데 한 곳에서 몇 년 동안 농사를 짓다 보면 비료 성분이 줄어들어 땅의 기운이 약해지기 때문에 농작물 수확도 줄어든다. 따라서 다른 곳으로 이동해 다시 화전을 일구면 또 몇 년은 버틸 수 있는 것이다.

이런 일이 되풀이되다 보니 자연히 산림이 훼손되고 경우에 따라서는 화재로 이어져 큰 피해가 나는 경우가 허다했다. 당연히 산림 황폐의 큰 원인 가운데 하나가 화전이었다. 그러나 무작정 단속만 한다고 될 일도 아니었다. 화전민 대부분은 농사지을 땅이 없어 산으로 들어와 화전을 일구어서 생계를 꾸려가는 사람들이었다. 말하자면 화전은 그들에게 생명줄과도 같은 존재였던 것이다.

그런데 이를 못하게 단속한다면 어떻겠는가? 목숨을 내놓으라고 하는데 순순히 응할 사람은 없을 것이다. 그래서 치산녹화의 역사는 화전정리에서부터 시작되었다고 보아야 마땅하다는 주장도 있다.

화전은 삼국시대, 고려시대, 조선시대에도 존재했으며 그 유래도 다양하다. 농토가 적어 산에서 농사지을 땅을 찾는 사람들이 화전민의 대부분이었지만 그 밖에도 전쟁을 피하여 입산한 사람, 죄를 짓고 피신한 사람, 사업에 실패하고 은둔하기 위해 입산한 사람, 종교적 이유로 입산한 사람 등 다양한 유형이 존재했다. 어쩌면 불을 발견한 이후 유사 이래 갖가지 형태의 화전민이 존재했던 게 아닌가 싶다. 조선시대에도 화전을 단속한 기록이 있고, 일제 강점기에도 조선총독부가 나서 강력하게 단속을 실시했던 사실이 문헌에 남아 있다.

국립산림과학원은 《1970년대 산림녹화정책》[39]에서 일제 강점기 화전정리사업에 대해 이렇게 분석했다.

조선총독부는 1911년부터 전국에 광대하게 분포된 화전의 심각성을 느끼고 이를 정리하고자 1916년까지 5개년에 걸쳐 화전정리 방안을 모색했다. 또 1926년과 1928년 두 차례에 걸쳐 화전정리를 시도했으나 큰 실적을 거두지는 못한 것으로 기록되어 있다. 1929년에는 화전조사위원회를 설치하였으며, 1932년에는 북선개척사업계획(北鮮開拓事業計劃: 북한 지역의 산림개척계획)을 수립하여 화전정리를 본격적으로 시행하였다.

그러나 조선총독부의 화전정리사업은 1931년 만주사변, 1937년 중일전쟁, 1941년 태평양전쟁이 발발하면서 충분한 법적·재정적·인적 지원을 받지 못해 거의 실행되지 못했다. 이에 따라 화전민이 줄어들기는커녕 계속 증가하여 1939년 57만 4천 정보, 34만 3천 2백 호, 187만 3백 명에 이르렀다. 이는 전체 농가 호수 304만 6,546호의 11.3%에 해당한다. 일제 강점기의 화전정리사업이 실패했음을 기록한 내용이다.

이러한 역사는 당시의 신문지상에도 잘 나타나 있다. 일제 강점기였던 1927년 (쇼와 2년) 〈동아일보〉 9월 4일자 기사에는 "전 조선의 화전민은 1백만 명에 이르고 그 면적은 50만 정보"라고 기록되어 있다. 그러나 1929년 화전조사위원회가 설립되기 이전인데다 몇 차례의 화전정리의 시도에도 계속되는 일본의 대륙 침략 책동으로 여기에 대한 관심을 가질 여유가 없었다. 따라서 이 기사는 어림잡은 수치로 공식기록과는 거리가 있는 것으로 보인다.

그러나 〈동아일보〉 1934년 11월 13일 화요일 조간 1면에 머리기사로 실린 사설을 보면 당시의 정확한 화전민 규모가 제시되었다. 사설 첫머리에 제시된 기록을 보면 "당국의 조사에 의하면 최근 조선의 화전민은 11만 6천 3백 가구(戶)로 그 총수는 실로 66만 4천 3백여 명에 달하였고, 그 화전 면적은 16만 5천 8백여 정

39 배재수·이기봉·오기노 지히로, 2007, 《1970년대 산림녹화정책》, 국립산림과학원, 29쪽.

| 일제 강점기 화전민의 모습(1941)
움막집 앞에 서 있는 화전민의 모습. 일제 강점기의 피폐한 삶을 대변하는 듯하다. 출처: 산림청.

보에 달하였다고 한다. 이것은 지금으로부터 18년 전에 비하면 가구 수로는 6만 7,139가구가 증가되고 사람 수로는 40만 8,687명이 증가되었으며 화전 면적으로는 8만 4천 1백여 정보가 늘어 중대 문제"라고 적었다. 18년 전이면 1916년인데 당시에 비해 화전 가구나 면적이 두 배로 늘어난 셈이다.

이 사설은 결론적으로 "화전민 문제는 단속만으로 될 일은 아니다"라고 전제하고 "화전민이 되려고 하는 저소득층의 생활 개선이 더 큰 문제이기 때문에 이에 대한 확실하고 효과적인 대책을 강구하는 것이 중대 과제"라고 주장했다. 그런데 같은 〈동아일보〉 1935년 3월 21일자를 보면 "전 조선에 산재한 화전민 총수는 151만 1,536명에 달한다"고 적었다. 이 기사는 화전을 밭으로 일구어 농사를 지을 수 있도록 기술지도를 하는 등의 정리를 하기 위한 것이라고 기록했다. 말하자면 꾸준히 화전정리를 시도했던 것이다.

앞서 산림과학원 자료에서 화전 규모를 1939년 57만 4천 정보, 34만 3천 2백 호, 187만 3백 명에 이르렀다고 제시한 것으로 보면 어찌됐든 1백만 명이 넘었을 것으로 보인다. 여기서 사회 변화에 주목할 대목은 당시 가구당 인원수가 평균 5.5~5.7명으로 6명에 가까웠다는 사실이다. 그러니 1인 또는 2인 가구가 갈수록 많아지는 지금의 현실과 비교하면 궁핍이 더했을 것임은 능히 짐작할 수 있는 일이다. 결국 화전민 문제는 빈곤의 문제였음이 당시 기사를 통해서도 드러난다.

그렇다고 일제 강점기가 끝나 해방이 되었다고 해서 크게 달라진 것도 없었다. 1945년의 광복은 일제 식민지배로부터의 해방을 의미했지만 한편으로는 같은 민족 내에서 남북의 분단과 좌우익의 대립이라는 정치·사회적 혼란을 야기했다. 때문에 산림 역사를 기록하는 학자들의 입장에서는 해방이라는 역사적 사실은 정치적·사회적 혼란과 국가 경제의 붕괴로 최소한의 생계에 대한 마지막 보루였던 화전의 확대를 일으킬 수 있는 좋은 조건을 제공했던 것으로 볼 수 있다.

「화전정리법」 제정과 화전민 지원대책 논의

광복 이후에도 화전민에 대한 대책은 꾸준히 수립되고 계속 실시되었다. 하지만 해방 후의 정치·사회적 혼란 등으로 화전민 대책보다 더 급한 것이 사방사업이었다. 엄청난 풍수해로 인해 이를 방지하기 위한 노력이 더 먼저였다. 물론 국정의 관심은 지역별로 다소 차이가 있을 수 있다.

삼남지방(三南地方)[40]에서는 풍수해가 많았으나 강원 지역은 산간지역인 관계로 화전 문제가 더욱 큰 현안이었다. 따라서 화전정리사업은 1964년 강원도에서 '화전정리 10개년 계획'[41]을 수립하고 1965년부터 화전민 이주 정착에 착수한 것이 처음이다. 1965년에는 전국적인 화전 조사가 이루어지면서 본격적인 관심의 대상이 되었다. 이후 1966년 4월에는 화전정리에 관한 법률이 제정되었으며, 이 법은 강원도의 건의에 따른 것으로 알려져 있다. 당시 「산림법」은 보다 구체적 계획과 기준을 제시했다.

---

40 충청남북도·전라남북도·경상남북도를 함께 지칭하는 명칭이다. 일명 하삼도(下三道)라고도 한다. 삼남지방은 지역적으로 호강(湖江: 지금의 금강) 이남의 호남지방, 제천 의림지(義林池) 서쪽의 호서지방, 조령(鳥嶺) 남쪽의 영남지방으로 세분화된다. 조선시대의 삼남지방은 농업·조운(漕運)·군사적 의미에서 중요한 지역이었기 때문에, 가뭄이나 홍수와 같은 자연재해가 일어날 때마다 조정에서 이에 대한 대책을 자주 논의하였던 기록이 많이 나온다.

41 1965~1968년을 계획기간으로 하는 4개년 계획이라는 자료도 있다.

| 강원도 홍천군 내면 자운리 화전지역 (1966. 2)
1960년대 강원도 산간지역에 광범위하게 분포한 화전의 모습. 출처 : 산림청.

「화전정리법」의 주요 내용을 간추려 보면, 우선 법 제정의 목적은 과거에 합법적 절차에 의하지 않고 산림에 불을 놓거나 기타의 방법으로 이를 개간하여 농경지로 사용 또는 사용하였던 토지(이를 화전이라 함)를 정리함으로써 국토의 황폐화를 방지하고 산림자원을 조성하여 산업 발전을 기함과 동시에 화전경작자의 생활을 안정시키는 것이라고 밝혔다.

화전정리의 대상지와 정리 방법에 대해서는 "보안림, 채종림 또는 경사 20° 이상의 산림 안에 있는 화전은 산림으로, 경사 20° 이하의 산림 안에 있는 화전은 농경지로 조성한다. 다만 경사 20° 이하의 산림 안에 있는 화전으로서 그 면적, 위치가 기타 대통령령이 정하는 조건에 해당하는 화전은 이를 산림으로 조성할 수 있다"고 규정했다. 말하자면 경사 20° 이상인 화전은 나무를 심어 산림으로 환원하고 20° 미만의 화전은 농경지로 만든다는 것이다.

「화전정리법」에 따라 1967년 1월 20일부터 7월 20일까지 6개월 동안 신고를 받은 결과, 총 신고건수가 12만 2천 건이었고 필지 수는 17만 7천 필지, 신고면적은 5만 1천 4백 ha에 달하였다. 이 같은 신고 결과를 근거로 1967년 7월 20일부터 1969년 1월 20일까지 1년 6개월에 걸쳐 전국 화전 실태조사를 실시하였는데, 화전가구는 13만 6천 호, 화전지는 19만 9천 필지, 그리고 4만 6천 ha로 최종 집계되었다.

이 같은 「화전정리법」의 마련과 함께 강원도는 1966년에 이어 1967년에 화전민 이주주택 건축비의 일부로서 자재대금(資財代金)을 국고로 보조하는 동시에 이주 화전민에게 지급할 '집 지을 땅'(垈土) 확보비의 일부도 국고에서 보조하도록 결정하고 화전민 이주사업 요령을 마련하여 1967년 2월에 시달·시행에 들어갔다. 본래는 1971년까지 2만 5천 호의 화전민을 이주시킬 계획을 잡았었다. 그러나 이듬해인 1968년 11월 '울진·삼척 무장공비 사건'을 계기로 1969년부터 1973년까지 취약지 대책사업의 일환으로 산간 독립가옥의 이주·정착 및 집단화 사업이 집중적으로 추진됨에 따라 본격적인 화전정리사업은 미뤄지고 말았다.

그런데 여기서 주목해 보아야 할 사실이 하나 있다. 1968년 10월 30일 박정희 대통령이 강원도 내 대관령지구를 시찰하던 중 다음과 같은 지시를 내린 것이다.

화전정리를 어려운 사업이라 생각 말고, 화전지에 목초종자를 파종하여 화전민들에게 한우를 사육하도록 하라. 대관령 지역에 대한 목야조성 가능지를 필지별·작물 재배별·소유별로 실태조사를 실시해 보고하라.

이 같은 대통령의 지시에 따라 후에 화전민에게 한우 사육을 위한 융자 지원을 했고, 1968년 11월 16일에는 대관령 지역에 대한 목야지 조성계획을 수립함에 따라 후일 이 지역이 목야지대가 되었다. 이 목야지 조성계획의 개요는 경사 30° 미만의 초지 조성이 가능한 지대로서 2천 5백 ha를 대상으로 이 지대의 토지를 매수하여 한우 1마리 대 면양 10마리의 비율로 함께 사육하도록 하고 연차적으로 3년간에 걸쳐 가축을 입식하는 것으로 되었다.

이는 나중에 화전정리계획이 강력히 추진되면서 경사 20° 이상의 경사지가 산림으로 환원되는 문제와 관련해 '경사 30° 미만의 땅에 초지를 조성하도록 유도할 때는 언제고, 경사 20° 이상을 산지로 다시 환원해야 한다는 것은 또 말이 안 된다'는 반발도 있었다. 그 밖의 소소한 것들을 포함해 상당한 문제가 제기되기도 했지만 아직도 대관령 목장이 존재하는 것은 당시의 조성 결과가 아닌가 싶다.

식량증산 위해 일보 후퇴한 화전정리사업

1960년대 말과 1970년대 초반까지만 해도 우리의 시책은 산림녹화보다 농지의 확대를 통한 식량증산을 훨씬 우선시했다. 이를 단적으로 뒷받침하는 것이 1962년 국가재건최고회의에서 「개간촉진법」이 입법화됐고, 낮은 경사지의 개간이 반강제적으로 시행된 사실이다.

1964년 여름에는 '식량증산 7개년 계획'을 세워 개간을 보다 확대하는 방안을 검토하기까지 했다. 한마디로 농지의 확대가 최우선 과제로 꼽혔던 것이다. 1960년대 후반에는 구호양곡으로 지급된 「PL 480」[42] 구호양곡을 개간사업비로 투입하기도 했다.

따라서 이러한 개간사업에 대한 우려도 없지 않았다. 마구잡이 개간이 이뤄지면 '논도 아니고, 밭도 아니고, 산도 아닌' 국토의 누더기 현상이 나타나지 않을까 하는 여론도 만만치 않았던 것이다. 신문 사설에서 우려할 정도였으니 개간 확대의 강도가 얼마나 강했는지는 미뤄 짐작할 수 있다. 당시에 개간 확대를 비판한 〈동아일보〉 1964년 3월 14일자 사설 내용을 간추려 보면 다음과 같다.

개간에 앞서 생각할 일

정부는 식량증산을 위하여 「식량권(食糧圈) 확대조성법」이나 「개간촉진법」 등 새로운 입법을 서두르는데 물론 그 자체에 대하여 이를 마다할 수는 없는 것이지만 식량권을 확대함에 있어서나 임야를 개간함에 있어서나 축산을 조장하는 것을 잊어서는 안 될 것이다.

본란은 식량권을 확대하기 위하여 25° 이하의 경사지까지 개간한다는 것이 홍수사태를 촉진하여 하천의 매몰과 국토의 황폐화를 초래할 위험이 있다고

---

42 「PL 480」은 미국의 「농업수출 진흥 및 원조법」(Agricultural Trade Development and Assistance Act)의 줄임말이다. 미국은 자국의 농산물 가격을 유지하고 농산물 수출을 진흥하는 한편 저개발국의 식량 부족을 완화하기 위한 법을 1954년에 법제화하여 그 규정에 따라 잉여농산물 원조를 각국에 제공했는데, 이것이 바로 「PL 480」이며, 「미공법 480호」라고도 한다. 한국은 해방 후 상당기간 동안 이 법에 의해 잉여농산물을 미국으로부터 원조받았다.

경고하는 동시에 목초의 재배로 축산의 증가를 꾀하라고 주장하였거니와 이
는 하천의 매몰을 막아서 국토를 보전하여 농업 이외의 산업이 설 수 있는 터
전을 만들자는 데 그 까닭을 두는 것이다. … 개간촉진 법안의 그러한 규정은
임야에 있어서 논뙈기나 밭뙈기를 마구 이루게 해서 산도 아니고 논도 아니고
밭도 아닌 것이 되게 한다면 국토의 황폐화는 더욱더 재촉될 공산만 더 크게
민드는 것이라고 내다볼 수밖에 없는 것이다.

　　그런데 더 이상한 것은 '제 1차 치산녹화 10개년 계획'을 세우면서 산림녹화를
위한 필수사업이라 할 수 있는 화전 문제를 다루지 않았다는 점이다.
　　이와 관련해 김연표는 이렇게 증언했다.[43]

　　사실 1970년대 초 우리나라는 식량증산을 위하여 「농지확대조성법」, 「토지
법」 등의 제정으로 농지, 토지, 상전 등의 조성에 행정력을 집중했을 때였으
므로 기존 경작지를 갈아엎고 산림으로 복원한다는 것이 주민 설득은 물론 예
산 면에서도 결코 용이한 문제가 아니었습니다. 그렇기 때문에 1973년 3월
'치산녹화 10개년 계획'을 수립할 때 화전 문제는 제외시켰습니다.

1973년 6월 어느 날의 불호령

그러나 화전정리사업이 산림정책의 현안으로 급격히 등장한 것은 '제 1차 치산
녹화 10개년 계획'이 수립되고 나서 얼마 지나지 않아서였다.
　　1973년 6월 1일 박정희 대통령이 헬기를 타고 새말-대관령 간 영동고속도로
예정지를 시찰하는 도중, 강원도 횡성과 평창 관내의 상공에서 화전 현장을 목
격한 것이다. 그동안 거의 잊혔거나 정책의 우선순위에서 뒤로 밀려 있었던 사
안인데 산림이 훼손된 화전을 직접 목격하고도 그대로 넘길 수는 없었던 모양이
다. 박 대통령은 귀경 후 즉시 지시를 내린다.

●
43 김연표, "산림청의 내무부 이관과 환원", 농촌경제연구원, 1999, 《한국농정 50년사》, 농림부, 428쪽.

화전에 대한 정리계획을 수립하여 단계적으로 정리토록 하되 특히 경사가 심한 곳은 우선순위를 앞당겨 하산시키도록 하라. 화전민의 생계대책에서는 산록(山麓)에서 공동양묘사업 등을 하게 하여 정부가 매입하거나 하천, 도로 등 복구사업에 취로해 생계유지에 만전을 기하도록 하라.

새말-대관령 간은 항공사진을 촬영하고 화전실태 대장을 비치 및 정기적으로 점검하여 사후관리에 철저를 기할 것, 화전정리 방침을 중앙에서 수립하여 각도에 시달할 것, 하진부-대관령 간의 신규 개간을 금하고 이용구분 계획을 수립하라.

이 같은 지시와 함께 강원도에 1억 원의 특별지원금을 교부하여 시범적으로 실시할 것을 당부했다. 1973년에 대통령의 지시로 산림청 주관하에 보사부, 내무부, 농수산부의 협조를 얻어 '화전정리 5개년 계획'(1974~1978년)을 수립·발표한다. 사업 대상 화전민은 1974년부터 1978년까지 화전가구 6만 9,215호와 화전지 2만 4,903ha를 정리한다는 내용이었다.[44]

그러나 보다 현실적이고 정확한 계획을 수립하기 위해 1973년 8월부터 10월까지 전국적인 화전 실태를 재조사한 결과, 화전정리 대상지가 4만 1,132ha로 나타났고 이 중에서 이주대상 가구가 6,597호, 현지 정착대상 가구가 12만 8,220호로 구분되었다. 이 결과를 토대로 화전정리 계획이 재수립되고 강력히 추진되었다.

그 내용을 살펴보면, 산림복구 대상지는 조림계획을 수립하여 연차적으로 정리하고, 국·공유림의 화전지는 농경지로 잔존할 수 있는 곳은 정리해 소유권을 이양하며, 화전민의 거주 형태와 분포에 따라 현지정착과 이주정착으로 구분하여 정리하도록 하였다. 즉, 이주정착 대상은 •경사 20° 이상의 급경사지 화전을 100% 소유한 화전민(제 1 유형)과 •경사 20° 이상 화전 80%, 경사 20° 미만 화전 20%를 소유한 화전민(제 2 유형)이었다.

특히, 이들 이주대상 화전민을 집단이전, 전업이주로 나눠 집단이전 대상자에게는 주택건립 지원 등으로 가구당 20만 원을 3회로 나눠 정착을 지원하고,

44 산림청, 2007, 《한국 임정 50년사》, 431쪽.

전업이주 대상자에게는 타지로 이주전업을 권장하고 가구당 40만 원의 이주비를 지원했다. 또, 현지정착 대상은 ●경사 20° 이하 화전을 100% 소유한 화전민(제3유형)과 ●자기소유 농경지와 일부 화전을 소유한 화전민(제4유형)으로한다는 내용이었다.

그런데 이러한 화전정리사업은 그렇게 만만한 사업은 아니었다. 지원대책이마련되었다 하더라도 화전민으로서는 생계수단을 잃는 것인데 쉽게 응해 줄 리없었기 때문이다. 치밀한 계획과 확고한 원칙이 없으면 자칫 낭패를 볼 수 있을만한 일이었다. 그만큼 일선 공무원들의 애로도 많았다.

삶의 터전 잃은 화전민 '한숨의 현장'

당시 화전민 정리 대책의 대상이 된 주민들의 반응을 보면 절실함이 묻어난다. 1973년 11월 30일자 〈동아일보〉에는 강원도 일대의 화전 실태가 현지발 기사로실렸다.

> 정부의 '치산녹화 10개년 계획'에 따른 산림보호 조림계획과 병행, 내무부와산림청 등 관계부처는 1974년부터 1976년까지 전국의 화전민을 모두 정리할계획이다. 화전정리 대상은 경사 20° 이상의 산림지역 주민과 이들이 경작한화전이다. 주민들은 현지 사정에 따라 현지정착 또는 이주를 시키고 화전지는 모두 폐경, 계획조림을 한다.
>
> 이미 일부 지역에서는 '화전정리지구'를 설정, 경작을 금하고 화전민에게이주 통고를 하는 한편 취업 알선 등 생계대책을 세워 주고 있다. 그러나 현지정리대상 주민들은 한때 정부의 농경지 확대 정책에 따라 당국의 승인 아래개간, 수년간 경작한 땅을 잃어 생활대책이 막연하다고 한숨들인가 하면 일률적인 화전정리로 수익 높은 농경지가 폐경되는 경우도 있어 집행 과정에서적정한 재조정이 있어야 한다는 목소리가 높다.

그렇기 때문에 집행부서인 산림청 역시 긴장하지 않을 수 없었다.

| 화전금지 깃발 및 표주(1977)
1973년 시작되어 1979년에 완료된 화전정리사업 기간 동안에
수많은 화전민들이 살던 곳을 떠나 새로운 곳으로 이주했다. 출처: 산림청.

　다음은 산림청이 밝힌 화전대책의 상세한 내용[45]이다. 산림청에서는 화전민 이주를 위한 치밀한 이주지원 대책을 마련하였다. 산림청 안상국[46] 주사가 실무를 담당해 만든 것이 '화전정리 실무지침'이다. 이 지침서의 골자만 살펴보더라도 무척 치밀한 계획과 실행을 담보로 했다는 것을 느낄 수 있다.

(1) 현재 거주하는 가옥을 자진철거하고 마을로 이주하면 이주비로 한 가구당 40만 원을 지급한다.
(2) 지급방법은 거주하던 산림 내 가옥을 철거하고 대지를 정리하여 집터가 있던 자리에 큰 나무 대묘를 식재하면 재입주 의사를 완전히 포기한 것으로 인정하여 현재 거주지의 시·군에서 선불로 13만 원을 지급하고, 잔액 27만 원은 이주할 대상지를 선정했을 때 이주할 시·군에 송금하여 지급을 완료한다.

●
45 산림청, 2007, 《대한민국 산, 세계는 기적이라 부른다》, 한국임업신문사, 305~306쪽.
46 안상국(安商國, 1938~): 산림청 기획관리실장, 임업정책국장을 역임하고 산림조합연합회 부회장을 지냈다. 2015년 현재 한국임산탄화물협회 회장이자 강원목초산업 대표이사이다.

⑶ 이주민들의 사후 생활 안정을 위해 이주지의 시장, 군수는 이주자 현황과 개인 기록카드를 비치하고 취업, 취로, 농특(農特) 사업을 지원한다.

⑷ 현지정착 대상 가구에는 양묘, 뽕나무밭, 한우 사육을 하면서 생계를 꾸려갈 수 있도록 융자금을 주고 소득사업과 지방공공사업 등에 우선 취로하도록 하는 생계 지원을 실시한다.

⑸ 시·도지사와 군수가 이주가구, 이전가구, 현지정착가구 등에 대한 소요예산, 정리착수 일자와 정리완료 일자 등을 명시한 '화전 없는 읍·면 관리 지도'를 작성한다.

⑹ 소정 기일 내에 화전정리를 완료하고 그 결과를 산림청과 시·도지사에게 각각 보고하고 그 기록은 영구히 보존한다.

⑺ 사후관리 대책으로 행정계통을 통하여 '화전 없는 읍·면 관리 지도'에 따라 책임관리를 철저히 한다.

⑻ 산림청에서는 1년에 한 번 확인을 실시하고, 도와 영림서에서는 연 1회 이상 감사를 실시한다는 것 등이다.

이러한 철저한 계획과 정책적 관심이 화전정리를 성공적으로 이끈 요인이었다. '화전정리 5개년 계획'이 마무리에 들어간 1978년에는 누락 화전지가 발생하지 않도록 관계 공무원에 대한 계열별 연대책임제를 실시하고, 화전민이 이주를 한 뒤에 다시 남의 산을 개간해 밭으로 만들어 농사를 짓는 재모경(再冒耕) 또는 재입주를 방지하기 위해 헬기에 의한 공중단속 및 의법조치를 강력하게 전개하여 화전정리사업을 마무리 짓고자 하였다.

이 사업은 1979년 잔존 화전지 819ha를 완전 정비함으로써 성공적으로 완료되었고, 이에 따라 국토 황폐화와 안보상의 우려가 일부 해소되었다. 정리 대상의 화전지는 모두 산림으로 복구되었다.

사업 결과를 요약하면 1973년 시작된 화전정리사업에서 화전민이 매년 추가로 발견되면서 1979년까지 초기 계획보다 두 배 이상 더 많은 화전민을 정리했다. 화전민 총 30만 796호 중에서 2만 5,857호는 도시로 '이주', 2,349호는 인근 마을로 '이전', 나머지 27만 2,590호는 '현지정착'시켰다. 즉, 화전민의 숫자[47]가 당시 총인구의 약 6%에 해당했으며 12만 4,643ha의 화전 중에서 8만 6,073ha를 산림으로 복구시키고 3만 8,570ha를 농경지로 전환시킨 것이다.

화전을 둘러싼 서민들의 수많은 애환은 화전정리와 함께 산속에 묻혔지만, 공식적으로는 1999년 「화전정리법」의 폐지와 함께 역사 속으로 사라졌다. 정부는 화전정리사업이 완전히 끝나고 새로운 화전이 조성되지 않았기 때문에 1966년 제정한 화전정리에 관한 법률의 폐기법을 1999년 1월 21일자로 공포했다. 화전을 둘러싼 수많은 애환과 화전민들의 수난사도 이로써 역사 속에 묻히게 되었다.

---

47 화전민의 숫자는 화전가구 30만 호에 가구당 평균 5.5~6명의 인원으로 계산하면 약 180만 명에 육박한다.

제 3 장

치산녹화, 산지자원화를 넘어
녹색국가로의 도약

'제 1차 치산녹화 10개년 계획'
조기 달성의 기적

착수 6년 만에 1백만 ha, 21억 그루 넘겨

'제 1차 치산녹화 10개년 계획'이 4년이나 앞당겨져 1978년에 목표를 초과 달성한 것은 정말 불가사의한 일이었다. '푸른 유신 운동'이란 캐치프레이즈를 내걸고 강력히 추진된 지 6년째 되는 1978년에 당초 목표연도인 1982년의 계획물량을 4년이나 앞당겨 넘겨 버린 것이다.

'제 1차 치산녹화 10개년 계획'의 골자는 1973년부터 10년 동안 1백만 ha의 땅에 21억 그루의 나무를 심겠다는 것이었다. 10년에 걸쳐 하겠다던 사업이 6년 만에 끝난 것이다. 1978년 봄 국민식수 기간이 끝나고 달성한 기록은 108만 ha의 조림이었고, 420만 ha의 육림을 실행했으며 4만 2천 ha의 사방사업을 마무리했다. 그리고 30억 그루의 양묘를 생산하여 조림을 실시했다. 전국 3만 4천 개 단위 마을이 참가했고 전 국민이 참여한 조림작전이었다. 한국의 산림녹화가 세계적인 기적이라는 말이 어색치 않은 이유다.

어떻게 이런 놀라운 결과를 얻을 수 있었을까? 굳이 여기서 별도의 설명이 필요하지는 않을 것 같다. 지금까지 이 책에서 다룬 기록이 그에 대한 답의 자초지종을 설명하는 까닭이다. 국정 최고책임자인 대통령에서부터 관련 부처의 장관과 실무집행기관인 산림청의 청장을 비롯한 산림 공무원들의 헌신적 노력은 물론이고 온 국민들의 치산녹화 의지가 한데 뭉쳐서 이룩한 결과임은 너무도 분명하다.

산림청이 '제 1차 치산녹화 10개년 계획'의 달성을 공식 발표한 것은 1978년 5월 8일이다. 당시 〈동아일보〉는 이를 다음과 같이 보도했다.

산림청은 8일 '제 1차 치산녹화 10개년 계획'을 마치고 내년부터는 '제 2차 치산녹화 10개년 계획'에 들어간다고 발표했다. 산림청은 당초 1973년부터 1982년까지 제 1차 기간 동안 모든 국토를 녹화한다는 목표로, 주로 헐벗은 국토 1백만 ha에 21억 3천 5백만 그루의 나무를 심을 계획을 세웠는데 8일 현재 107만 3천 ha에 21억 4천만그루의 실적을 올려 4년 앞당겨서 목표의 107%를 달성했다고 밝혔다.

손수익 산림청장은 지난 2월 11일 경남 진해를 시작으로 지난달 말 강원도 평창군 진부면까지 올해 식수 기간에 연 인원 1천만 명이 직접 식수에 참여하여 1차 10개년 계획을 마무리 지을 수 있었다고 밝히고, 산림사업에 대한 국민의 높은 관심을 보여 올해 처음으로 열린 국민식수전시관의 개관 34일간 동안 8만 6천명이나 관람했다고 밝혔다.

산림청이 개청 40주년 기념사업으로 2007년에 발간한 책인 《대한민국 산, 세계는 기적이라 부른다》의 제 6장 "산사람과 기록들"에서는 '손수익 청장 헬기 타고 500시간 전국 누벼'라는 제목 아래 이런 내용을 담았다.

손수익 산림청장은 1973년 1월 16일에 부임하여 1978년 9월 10일까지 5년 8개월 동안 역대 최장수 청장으로 재직한 기록을 남겼다. 청장 재직기간 중 헬기 탑승시간이 5백여 시간에 달할 만큼 전국의 치산녹화 현장을 수시로 점검하였고, 현장 관계자들을 철저하게 위로하며 격려하는 등 숱한 기록을 남겼다.

손 청장은 치산녹화 성공 역사를 기필코 완수하려는 열정이 남달랐고, 이 열정에 힘입어 '제 1차 치산녹화 10개년 계획'의 목표를 4년이나 앞당겨 6년 만에 완수한 주역으로 대기록을 만들어냈다. 그러나 이 기록이 빛을 보게 될 1978년 연말을 3개월가량 앞둔 시점에서 진두지휘하던 치산녹화사업과 아쉬운 이별을 해야 했다. '제 1차 치산녹화 10개년 계획' 목표를 조기 달성한 성과와 기쁨을 국민들과 함께 나누고자 '국민식수 전시 행사'를 준비하던 시점에서 청장직을 물러났다.

… 1978년 국민식수 기간인 2월 20일 손 청장은 김연표 조림국장을 대동하고 산림청 헬기를 타고 전국의 산림사업 현장 종합 점검을 나섰다. 4월 26일까지 사이에 무려 29일 동안이나 전국의 마을양묘 109곳과 조림지 87곳, 사방사업지 23곳을 연달아 점검했다. 모두 219곳을 직접 방문하여 현황을 점검한 결과 나름대로 후한 점수를 매겼다.

산림청장에서 물러날 것을 미리 알았던 것처럼 마지막 마무리를 직접 진두지휘한 것이다. 80여 일 남짓한 시간에 29일을 헬기로 현장 독려에 나섰다는 것은 사흘에 한 번 꼴로 현장점검에 나선 셈이다. 그해(1978년)로 '제 1차 치산녹화 10개년 계획'이 앞당겨 달성되기 때문에 역사적인 사업을 완벽하게 마무리하고 떠날 결심을 하고 그런 일제점검을 한 것 같다는 당시 산림청 실무자들의 회고도 그래서 나온 듯하다. 헬기가 없었더라면 치산녹화 10개년 계획의 4년 조기 달성도 어려웠을 것이라는 게 손수익의 회고다.

헬기에 얽힌 박정희 대통령과 손수익의 에피소드[1] 한 가지를 소개한다.

산림행정의 수행에는 헬기가 필수다. 내가 산림청으로 전임되어 갔을 당시에도 벌써 헬기가 3대나 있었고 이를 유효하게 썼다고 생각한다(지금은 여러 대의 헬기가 있어 현장지휘, 산림보호, 병해충 방제, 산불 진화 이외에도 묘목과 자재 및 조림인력의 높은 산까지의 수송 등 다목적으로 활용하는 것으로 안다).

그런데 산림청에 간 지 얼마 안 되어 각하께서 "산림청장, 헬기 한 대 사줄까?" 하시는 것이었다. "저희도 헬기를 가지고 있습니다"라고 보고드렸는데 그 후 얼마 있다가 다시 "헬기 한 대 사줄까?" 하시는 것이었다.

---

1 손수익, 2006. 4. 1, "국토사랑과 산림녹화", 〈박정희대통령기념사업회 회보〉, 7호.

한 번 보고 들으시면 거의 완벽하게 기억하시고 내용을 확인하시는 당신께서 왜 똑같은 물음을 두 번이나 하실까 의아했던 필자는 그때서야 "아, 당신 대신 내가 직접 헬기로 현장을 다니며 확인을 하라는 뜻의 분부"임을 깨달았다.

산림녹화의 '1등 공신' 헬기와 항공대장

손수익의 헬기를 활용한 조림사업 전략은 다목적이었다. 헬리포트를 산 정상(頂上)에 만들어 놓았으니 산림청장이 뜨면 시장이나 군수들이 찾아오지 않을 수 없었다. 더구나 대통령의 금일봉을 하사하는 관례가 있었던 데다 당시만 해도 대통령과 직통으로 통하는 실세 산림청장이었으니 그럴 만도 했을 것이다.

"산림청장 재직 6년 동안 5백여 시간 넘게 열심히 헬기를 타고 조국의 산야를 누비고 다녔다. 덕분에 일선 산림직 공무원은 물론이려니와 전국의 시장, 군수, 서장들에게 별로 예쁜 존재(?)가 못 되었던 것 같다"는 손수익의 고백은 그래서 나온 것이다.

그런데 손수익은 당시 산림청 헬기를 몰고 사선(死線)을 넘나들며 사방현장을 누빈 이승렬(李勝烈) 산림청 항공대장을 '잊을 수 없는 산림녹화의 숨은 공로자'라고 말한다. 그는 "제1차 치산녹화 10개년 계획의 현장지도에서 전국에 산재한 마을양묘 현장과 조림지는 물론 산불과 산림 훼손의 도벌·남벌 현장, 그리고 화전복구 지역 등 곳곳을 찾아다녔다. 북으로는 휴전선 턱밑에서 남으로는 한라산에 이르기까지 나를 태우고 헬기로 현장을 누볐다"고 술회했다.

앞서 영일지구 박 대통령 현장방문 시 비바람이 몰아쳤다는 기록은 거론한 바 있지만 그 위험천만한 날씨를 극복하며 함께 헬기로 현장에 도착할 수 있었던 것은 이승렬 대장의 희생적인 봉사정신과 불세출의 책임의식 때문이었다고 강조했다. 특히 그는 예비역 공군 대령으로 전투기 조종사 출신이라 그 같은 위기상황에도 적절히 대처하는 기량이 뛰어났다고 한다.

산림청 산하 '산림청 항공대'는 1971년 4월 헬기 3대를 가지고 김포공항 내에 격납고를 신설하고 창설하였다. 1979년 산림청 보호과장을 지낸 정태봉 전 임목

| 산림청 경비행기(1995)
산림청은 산불을 조기 발견하고 신속한 공중지휘로 초동진화체계를 구축하기 위해
산불 감시용 4인승 경비행기를 미국에서 1995년에 처음 도입했다. 출처 : 산림청.

육종연구소장은 "산불 공중진화 시대의 개막"[2]이란 글에서, "1980년 현재 7대의 헬기를 보유하고 이승렬 대장이 이끄는 조종사, 정비사 각 7명과 행정요원 1명 등 도합 15명의 요원으로 산림청 보호과에 소속되어 병해충 방제를 주 임무로 한다"고 적고, "1981년 3월 19일 경부고속도로 양재 톨게이트 인근에서 발생한 산불 진화에 처녀출격(박한준 기장 조종), 워터버킷 사용으로 역사적인 첫 진화 작전을 성공적으로 수행하였다"고 회고했다. 이승렬 항공대장의 지휘 아래 산불 공중진화 시대를 연 것이다.

이러한 산림청 항공대는 1991년 명칭이 산림항공관리소로 바뀌었다가 2006년 산림항공본부로 개편됐는데 현재 37대의 헬기와 9개소의 격납고, 그리고 325명의 인원이 활동 중이다. 금석지감(今昔之感)이란 말은 이럴 때 사용하라고 만들어진 것 같다. 손수익은 "이(李) 대장과 같이 겉으로 드러나지 않은 치산녹화 성공의 실질적인 공로자들이 매우 많다"고 말한다.

---

2 산림청, 2007, 《대한민국 산, 세계는 기적이라 부른다》, 한국임업신문사, 552쪽.

'36년, 그 행복한 시간' 나무에 몸 바친 조림국장

당시 김갑성(金甲成) 조림국장이 그 대표적 사례가 아닌가 싶다. 김갑성이 산림청 조림국장으로 부임한 것은 1968년 7월이다. 농림부 산림국에서 청(廳)으로 승격된 지 1년 반 정도 지나서였다. 산림청 임목육종연구소장으로 근무하다가 발탁되었는데 이 자리를 떠난 것은 1976년 11월로, 무려 8년을 넘게 조림국장을 맡아왔다. 나무 심는 일을 실무적으로 총괄하니 매년 식목일은 대목이 아닐 수 없었다. 재임 기간이 '제1차 치산녹화 10개년 계획'이 수립되고 거의 마무리되던 시기였으니 핵심 실무책임자로서의 그 공적(功績)은 일일이 거론하지 않더라도 능히 짐작할 수 있을 것이다.

그는 2014년 자서전 격인 《36년, 그 행복한 시간》[3]이란 책을 엮어냈는데, 이 책의 제6장 '제1차 치산녹화 10개년 계획' 편에서 "1차 10개년 계획은 6년 만에 끝났다. 잘 모르는 사람들은 믿지 않을 것이다. 혹, 통계에 밝은 분이라면 수치에 착오가 있었던 것 아니냐고 질문할 수도 있다. 그러나 사실은 그렇지 않다. 그것은 전투였다. 목숨을 건 전투와 다르지 않았다"고 술회했다. 1차 계획을 총괄, 기획하고 집행하는 실무책임자로서의 고충을 집약해 놓은 것이 아닌가 싶다.

1924년 평남 개천(价川) 출신으로, 지금의 서울대 농대 임학과를 졸업한 그는 산림청과 임업시험장에서 봉직하고 1983년 3월 산림청 중앙임업시험장장을 끝으로 공직생활을 마무리한 골수 임업인이다. 또한 우리나라 표고버섯 재배의 선구자로 1954년 경기도 임업시험장장으로 재직하면서 국내 최초로 표고 종균의 순수 배양에 성공하여 그 종균을 전국적으로 보급한 인물이기도 하다.

또한 앞서 짚어 본 영일지구 사방사업을 위시해 전 국토의 사방사업을 수립 · 집행하고, 감독 및 사후관리까지 도맡았던 실무자 이인호(李仁鎬) 산림청 치산과장은 앞서 소개한 경상북도의 박상현 산림국장과 함께 '제1차 치산녹화 10개년 계획'의 사방 분야 조기 달성, 특히 세계적 성공사례로 꼽히는 영일지구 사업의 공로자다.

---

3 김갑성, 2014, 《36년, 그 행복한 시간》, 이지컴.

악천후와 싸우는 치산과장

산림청 치산과장은 전국의 이러한 험악한 사방공사를 총괄하는 자리이다. 사방공사 현장은 모두가 지형이 험악하거나 취약한 지역이게 마련이다. 산사태를 복구해야 하고 홍수에 떠내려간 산림자원을 복구하고, 때로는 병충해 피해지역을 복원하는 일까지 모든 것이 비정상적 상황에서 일어나는 일이니 현장 여건이 열악하기 그지없음은 자세한 설명이 필요 없을 것이다.

이러한 환경을 극복하고 산림녹화의 일념으로 봉사한 산림 공무원들의 고생은 아무리 높이 평가해도 지나치지 않을 것이다. 그런 점에서 '치산녹화 10개년 계획'을 달성하는 동안 치산과장을 맡아 막중한 임무를 수행한 이인호 과장의 공적은 임정사의 한자리를 차지할 만하다.

그러나 치산녹화에 몸 바쳐 헌신한 공로자는 이들만은 아닐 것이다. 알게 모르게 숨어서 고생한 수많은 산림인들의 열정과 희생, 그리고 푸르러지는 산과 나무를 보면서 자긍과 보람을 느끼면서 일했던 수많은 산림직 공직자들의 헌신이 지금의 푸른 산을 일궈냈다고 본다.

송충이 퇴치 운동과 미니스커트 방제

심은 나무를 보호하고 지키는 일은 심는 것보다 더 중요한 과제이다. 잘 보살피고 비료도 주어서 튼튼하게 자랄 수 있는 여건을 만들어 줘야 한다. 여기에도 수많은 공직자와 국민들이 심혈을 기울이고 열정을 다했다. 특히 병충해를 방제하고 산불을 예방하는 노력은 전력을 기울여야 할 일이다. 사실 병충해나 산불 피해는 그야말로 온전한 손실이고 피해 또한 막심하기 그지없다. 애써 가꾼 나무가 병충해로 죽거나 산불로 황폐화될 경우 얼마나 속상하고 허망하겠는가? 그래서 이런 일들도 산림행정의 범주에 들어와 있었다.

우리나라에서 가장 큰 피해를 주는 산림해충은 솔나방(유충이 송충이)이었다. 1960년대까지는 피해 면적의 80%를 차지했다. 그러나 1970년대에 이르러

솔잎혹파리의 피해가 솔나방 피해를 앞지르기 시작하여 1970년대 말에는 해충 피해의 60%를 차지했다.

솔나방은 산림이 건조할 때 많이 발생하는데 1960년대에는 나무가 적어 산림 내의 습기가 낮았으므로 솔나방 발생이 많았다. 그러나 1970년대 후반으로 오면서 산림녹화가 이루어져 숲 속의 습도가 높아짐에 따라 솔나방 발생이 줄어드는 대신 솔잎혹파리가 극성을 부린 것이다.

이런 병해충을 잡기 위해 갖가지 방법이 동원되기도 했다. 무엇보다 원시적 방법인 해충박멸 작전이다. 학생들을 비롯한 국민들이 산에 가서 송충이를 잡는 행사를 벌인 것은 그다지 오래된 일이 아니다. 1971년 헬기 3대 도입을 통해 항공방제를 시작, 해충피해 지역에 BHC나 DDT와 같은 유기염소계 농약을 살포하기도 했다. 그러나 이들 살충제는 잔류 독성에 의해 사람과 동물에 피해를 주기 때문에 1981년부터 살포를 중단했다.

그런가 하면 1972년에는 솔잎혹파리 확산을 차단할 목적으로 경주 지방에 폭 4㎞, 길이 40㎞, 총면적 1만 ㏊에 달하는 지역의 소나무를 모두 베어 버리는 방충대(防蟲帶)를 설치하기도 했다. 단양・제천 지역(폭 4㎞, 길이 7㎞, 면적 2,051㏊)에도 같은 종류의 방충대를 만들었는데 이는 솔잎혹파리가 인근 숲으로 건너가지 못하게 하는 것이었다. 그러나 기대했던 효과는 거두지 못했다.

특히, 정부는 1975년을 '산림 병충해 방제의 결정적인 해'로 정하고 여러 사업을 전개했다. 우선 솔나방, 솔잎혹파리, 흰불나방, 오리나무잎벌레, 잣나무털록병 등 가장 많은 피해를 입히는 병해충을 '5대 산림병 해충'으로 지정하고 방제 시기와 방법, 책임자 등을 계획하여 전국적인 방제작업을 벌였다.

또한 전국 지역별로 방제대회를 개최하는가 하면 병충해 퇴치를 위한 연구개발과 새로운 아이디어 개진을 장려하여 결실을 얻기도 했다. 예컨대, 솔잎혹파리의 불임성 개체를 육종 개발하는가 하면 원자력을 이용해 솔잎혹파리를 방사능 처리해 번식을 저지하는 방안 등이 제시되었다.

1976년부터는 솔잎혹파리의 연구를 강화하여 임업연구원에 병해충연구부를 설치하고 농약 연구는 물론 기생벌, 백강균 등 천적에 의한 생물학적 방제 연구를 활발히 진행하였다. 1977년에는 솔잎혹파리의 천적인 먹좀벌과 싸리먹좀벌 등 기생벌을 인공 사육해 방생하는 방제사업을 시작하기도 했다.

병충해 방제를 둘러싼 일화들도 적지 않다. 1974년 당시 병충해 방제 책임을 맡았던 산림청 방제계장 이주성은 아산 현충사 방제 경험을 이렇게 증언했다.[4]

> 손수익 산림청장이 어느 날 대통령의 이순신 탄신 기념행사 참석에 앞서 현충사 주변의 산림훼손 실태와 병충해 피해 여부의 종합점검에 나섰는데 방제계장인 나를 불러 소나무 분포 면적에서부터 솔잎혹파리 감염 면적, 피해 정도 등에 대해 소상한 질문을 쏟아냈다. 때로는 기술적 문제까지 질문하는 바람에 혼쭐이 났는데 여기에 대비해 예상 문제와 답변을 철저히 준비했던 덕분에 무난한 점수를 받을 수 있었다.

그런가 하면 이런 에피소드도 있다. 오리나무는 병충해를 입으면 밑동부터 잎이 말라가는데 그럴 경우 마른 잎과 가지들을 잘라내는 것이 상책이었다. 특히 눈에 잘 뜨이는 고속도로변이나 사방지에 오리나무를 많이 심었다. 그런데 오리나무의 잎벌레는 나무의 아랫도리 잎사귀부터 먹어 올라온다. 이런 병충해 모습을 그대로 놔두면 윗사람들로부터 혼쭐이 날 것은 분명한 일. 그래서 실무자들은 벌레 먹은 가지를 모두 잘라낸다. 이렇게 되자 오리나무는 위쪽에는 가지와 잎이 많지만 아래쪽에는 큰 줄기만 남아 마치 여성의 다리가 많이 노출된 듯한 모습으로 바뀌었다. 이를 보고 손수익 청장은 '미니스커트처럼 보인다'고 언급했다. 그래서 그다음부터 일선 산림 공무원들은 그걸 두고 '미니스커트 방제'라고 불렀다.

---

4 산림청, 2007, 《대한민국 산, 세계는 기적이라 부른다》, 한국임업신문사, 396~405쪽.

산림보호에서 병충해 못지않게 신경을 곤두세워야 하는 것이 산불이다. 산불이 나면 일순간에 넓은 산야가 잿더미로 변한다. 산불에 대한 경계 강화는 1970년대 후반에 강화되었다. 1970년대 초반만 해도 대부분이 민둥산이라 산불이 나더라도 크게 번지지 못하거나 피해가 크지 않았지만, 조림사업이 본격적으로 이뤄진 뒤인 1970년대 후반으로 가면서 산불피해는 더욱 심각하고 피해 규모도 클 수밖에 없었기 때문이다. 나무가 빽빽이 들어서고 입산이 통제되면서 낙엽이 쌓여 산불의 인화 요인은 더욱 취약해지는 여건이 형성된 탓이다.

더구나 1970년대 초에 계획된 대단지 조림계획에서는 숲 속의 길을 만드는 임도(林道)와 방화시설 계획을 중요 추진사업으로 편성했지만 제대로 시행되지 못했다. 이러한 상태에서 조림에 초점을 맞춘 치산녹화 10개년 계획이 새로 수립되면서 산림녹화는 산불에 취약한 문제점을 안은 채 속도전으로 진행됐다. 때문에 녹화사업이 진전된 뒤에는 산불방지에 대한 행정력의 집중도 그만큼 강화됐다. 특히, 1977년 9월 박정희 대통령이 자연보호운동을 제창하면서 산불에 대한 경계 수위는 최고조에 달한다. 일정 규모 이상의 피해를 주는 산불이 날 경우에 시장·군수는 물론 경찰서장까지도 문책하는 등의 책임행정을 강화하고, 청와대에 직접 보고하고 조치하는 등 신속한 보고와 대응체계를 갖추는 데 총력을 기울였다.

급기야 박 대통령은 자연보호운동을 선포하고 난 뒤 첫 식목일 즈음인 1978년 4월 8일 특별히 '산불예방에 관한 대통령 특별담화'를 발표하기에 이른다. 그 무렵 대형 산불이 빈발했기 때문이다. 1977년 초에는 경북 칠곡군에서 대형 산불이 발생해 큰 피해가 난 데다 1978년에는 전남 승주군과 경북 성주군 등에서 큰 산불이 발생한 결과, 대통령의 특별담화가 이어진 것이다. 담화 내용은 특별한 것이라기보다는, 모든 국민들의 관심과 협력 그리고 각 관계기관의 노력을 주문한 것이었다.

"우리가 많은 시간과 노력과 경비를 들여서 나무를 심고 가꾸어 울창한 산림을 조성해 나가는 이때 순간의 부주의로 산불이 나면 애써 가꾼 산지를 잿더미로 만들고 마는 것입니다"라고 전제하고, "온 국민이 한마음으로 내 집 불조심

| 산불조심 캠페인(1990)
북한산 국립공원 입구에서 산림청 직원들이 산불조심 캠페인을 벌이고 있다.
'산불조심'은 시대를 초월한 화두이다. 출처: 산림청.

하듯 산불에 대한 감시와 경계를 빈틈없이 실천해 나간다면 재난은 얼마든지 막을 수 있고, 산지의 자원화는 가속화될 수 있다고 믿습니다"라고 강조했다.

당시 김치열 내무부 장관은 그 후속조치로 기자회견을 통해 "산불을 낸 사람은 규모의 대소를 불문하고 구속토록 하는 동시에 산불이 발생한 지역의 군수 등 각급 행정책임자를 엄중 문책하겠다"고 밝히기까지 했다.

그 결과, 산불피해는 1979년 이후 '제 2차 치산녹화 10개년 계획' 기간에는 1차 계획 때보다 절반 수준으로 줄어든 것으로 나타났다. 1차 계획 기간 중의 산불 발생 건수는 연평균 636건이었으나 2차 계획 기간 중에는 237건으로 줄었다. 발생 면적도 1차 때의 1,279ha에서 연 651ha로 줄었다. 그러나 피해 면적은 637m²에서 1,724m²로 늘어나 산불 대형화 경향이 나타났다.[5]

산불에 대한 경계와 예방조치는 예나 지금이나 소홀히 해선 안 될 과제다. 숲이 우거진 오늘날에는 더욱 중요한 과제가 아닌가 싶다.

●
5 산림청, 2007, 《한국 임정 50년사》, 567쪽.

성공의 뒤엔 '옥에 티'도 있었다

그동안 산림녹화 역사를 기록하고 연구한 수많은 학자들과 연구인들은 '제 1차 치산녹화 10개년 계획'의 성공을 박정희 대통령의 지휘 아래 김현옥 내무부 장관과 손수익 산림청장의 추진력과 지도력이 발휘된 결과라고 분석했다. '명장 밑에 약졸 없다'는 말이 실감나는 사례가 아닌가 싶다.

물론 이러한 목표 달성과 국토녹화의 성과가 완벽할 수만은 없다. '제 1차 치산녹화 10개년 계획'의 조기 달성에 대한 훗날 전문가들의 평가를 간추려 보면 식목 추진 내용 면에서 다소의 오류가 있었음을 지적한다.

1982년 6월 29일자 〈동아일보〉 사회면 기사를 보면 이런 대목이 나온다.

1차 기간에도 목표 달성은 했으나 토질, 환경, 조경 등을 염두에 두지 않은 채 목표 조기 달성을 서두른 끝에 전문가들은 숫자 채우기에만 급급해 임목축적 (林木蓄積: 나무의 전체 면적) 이나 국민 생활환경 개선에는 도움을 주지 못했다. 조림 과정에서 한강 이북 지역은 추위에 약한 개량 밤나무가 제대로 자랄 수 없는데도 이 밤나무를 마구 심었고, 현사시·오동나무·잣나무·낙엽송 등은 수분이 많고 비옥한 곳이어야 하는데 토질조사도 않고 메마른 땅에 마구 심었으며, 산림 조성이 오염된 대기의 정화에 큰 역할을 해야 하는 데도 대도시 주변 조림에 소홀한 것 등으로 알맞은 땅에 알맞은 나무를 심는 적지적수 (適地適樹) 조림이 되지 않아 산지의 자원화와 환경 조성에 별 도움을 주지 못했다는 것이 전문가들의 지적이다.

이러한 평가는 지금도 유효하다고 본다. 앞서의 분석을 통해 우리가 느낄 수 있는 것은 다소 과장된 표현을 빌린다면 '무작정 녹화'의 흠이라 할 것이다. 그럼에도 불구하고 민둥산이 푸른 산으로 변하고 화전민이 정리된 성과는 국민소득 향상과 국가발전의 밑거름으로 작용해 코리안 미러클의 한 가닥을 형성했음도 부인할 수 없는 사실이다.

수정 거듭한 '제2차 치산녹화 10개년 계획'

1차보다 더 큰 성과를 내야 한다!

'제2차 치산녹화 10개년 계획'은 어떠했는가? 당시의 상황으로 보면 1차 계획이 혁혁한 성과를 거두었으니 2차 계획은 더욱 빛나는 공적을 이뤄내야 마땅하다고 생각했을 것이다. 보통 사람들이 보기에도 너무도 자명한 일이 아닌가? 더구나 6년여를 산림청장으로 재직하면서 1차 계획을 수립하고 실천한 손수익 산림청장이 물러난 자리를 이어받은 산림행정 책임자는 그런 소망이 더욱 간절할 수밖에 없었을 것이다.

그러나 전임자의 성과가 너무 높으면 후임자는 웬만해서는 빛을 발하기 어려운 법. 게다가 우리의 경제·사회 여건이 천지개벽이라 할 만큼 엄청나게 빠르게 변해 산림행정의 애로를 가중시켰으니 2차 계획의 담당자들로서는 갑갑한 노릇이 아닐 수 없었다.

'제1차 치산녹화 10개년 계획'과 함께 출발했던 중화학공업 추진이 결실을 맺고, 특히 공업화 발전이 급속도로 진행되면서 농촌 인구가 급격히 감소했을 뿐만 아니라 도시의 구인난이 겹치고, 그에 뒤따르는 임금상승이 농림수산업의 발목을 잡았다. 특히 새마을사업의 진전으로 도시와 농촌의 소득 향상 등은 산지투자나 산림녹화에 대한 관심을 저조하게 만들기 충분했다.

경제개발계획의 추진과 함께 수출주도형 공업화 정책과 중화학공업 육성정책으로 농림어업 부문의 비중은 크게 감소했다. 1973년 우리나라 총 경제활동 인구 가운데 45%를 차지했던 농림업 인구가 1979년에 32%, 1987년에 20%로 급격한 감소 현상을 보였으니 그럴 만도 하다.

사실 치산녹화 1차 계획의 기적적인 성과를 뒷받침해온 든든한 버팀목도 어찌 보면 이러한 공업화와 새마을 운동이었음도 부인하기는 어렵다. 앞 장의 연료림 부문에서 살펴본 대로 산업화에 따른 농촌 소득의 향상과 그로 인한 연료의 연탄 대체, 그리고 새마을 운동으로 인한 농촌의 마을길 조성 등에 따른 연탄 보급의 확대 등이 연료림 수요를 급격히 줄인 효과를 가져왔던 것이다.

그런데 더 이상은 아니었다. 1970년대 말에서 1980년대로 접어드는 '제 2차 치산녹화 10개년 계획'의 시대적 배경은 '엎친 데 덮친 격'이라 표현해도 좋을 듯 싶다. 진퇴양난(進退兩難)이라 이름 붙여도 뜻이 통할 것 같다. 성과목표를 높이자니 달성할 자신이 없고, 그렇다고 대폭 줄이자니 자존심이 허락하지 않는 그런 상황이었다. 이 같은 어려움과 당시 분위기는 '제 2차 치산녹화 10개년 계획'을 수립할 당시의 내무부 장관실에서 있었던 장관과 산림청 실무자의 대화 내용[6]을 보면 실감할 수 있다.

1978년 11월 김치열(金致烈) 내무부 장관실에서 임종윤 산림청 조림과장이 장관에게 '제 2차 치산녹화 10개년 계획'에 의한 조림계획 보고가 이렇게 시작되었다. 임 과장은 장관에게 이렇게 보고했다.

"제 1차 치산녹화 조기완수로 108만 ha의 조림이 완료되었기 때문에 제 2차 치산녹화 조림계획을 150만 ha로 잡는 것은 무리입니다. 약 80만 ha 정도로 추진하는 것이 적당할 것 같습니다. 그리고 제 2차 치산녹화 계획에 의한 조림은 양적 조림보다는 우량 품종의 수종을 양묘하여 조림하는 질적 조림에 치중해야 할 것으로 사료됩니다. 2차 치산녹화 조림은 특히 형질이 우수한 수종을 심어야 하고 기술조림을 해야 합니다."

임 과장의 이 보고를 듣고 김치열 내무부 장관이 호통을 쳤다.

"150만 ha의 조림계획을 세우라고 했는데 지금 무슨 계획을 보고하는 거요? 1차 계획에서 1백만 ha를 심었으면 2차 때는 2백만, 3백만 ha 계획이 올라와야지 …, 80만 ha가 뭐예요. 그만두세요!"

서슬이 퍼런 내무부 장관의 호통이었으니 당시 보고하던 산림청 과장의 심정은 어떠했을지는 물어보나 마나다. 당황한 임 과장은 그러나 150만 ha를 심을 산이 없다는 계산에서 80만 ha로 계획을 세웠기 때문에 '150만 ha를 심을 곳이 없다'는 설명을 하지 않을 수 없는 상황에 처하게 됐다. 하는 수 없이 보충설명을 하기로 각오를 다진 다음 다시 보고를 시작했다.

6 산림청, 2007, 《대한민국 산, 세계는 기적이라 부른다》, 한국임업신문사, 690쪽.

"장관님의 말씀은 맞습니다. 그러나 150만 ha는 심을 땅이 없습니다."

그러자 장관은 말을 잘랐다. "집안도 번창하려면 나팔바지가 되어야지 송곳바지가 되어서는 안 됩니다. 송곳바지 같은 계획을 세워 가지고 …" 하며 몹시 못마땅해 했다. 임 과장은 그대로 물러설 수가 없었다. 아무래도 150만 ha는 심을 곳이 없다는 것을 계산적으로 알았기 때문이었다. 더 이상 보충설명을 할 수 있는 분위기가 아니었다. 하지만 어쩔 수 없이 조림방법을 전환해야 한다는 보충설명을 함으로써 이해를 시켜 보겠다는 생각이 들어 한바탕 호통을 더 얻어들을 각오를 하고 "장관님, 죄송합니다. 모든 상황을 종합한 결과 제 2차 치산녹화 조림은 양보다 질 위주로 가야 하고 무엇보다 형질이 우수한 수종을 개량하여 조림을 해야 할 것으로 사료됩니다. 그리고 …"

이때 또 장관이 말을 막았다. "저놈의 친구 고집이 세 가지고 말이야 …. 수정해서 다시 보고토록 하시오!" 하고 자리에서 일어나 버렸다. 임 과장은 하는 수 없이 보고서를 싸들고 장관실을 나왔다.

장관은 그럴 만한 이유가 있었다. '제 1차 치산녹화 10개년 계획'을 4년이나 앞당겨 조기완수하고 이 여세를 몰아 가속도를 붙여 나갈 계획이었다. 따라서 내무부 장관은 제 2차 치산녹화 조림 물량을 150만 ha로 정하여 여기에 맞는 조림계획을 세울 것을 이미 하달한 상태였던 것이다. 이런 사안을 실무청에서 뒤집으려 했으니 당시로서는 '겁도 없었다'고 해야 하나? 어찌됐든 더욱 어려운 상황이 되고 말았다.

임 과장은 사표를 내기 전에는 150만 ha의 조림계획을 세워야 하는 상황에 몰리고, 더 이상 설득할 만한 보충설명의 논리나 필요한 계획을 세울 자신이 없었다. 그래서 꾀를 냈다. 150만 ha의 조림 숫자를 맞추되 천연림 보육을 시작하여 갱신조림을 추진하는 것이었다. 1백만 ha는 신규 조림을 하고 50만 ha는 수종갱신 조림을 하기로 하여 '제 2차 치산녹화 조림계획'을 수립했다. 이 계획은 무난히 통과되었다.

이렇게 하여 추진 단계에서 예기치 않았던 수종갱신 조림이라는 새로운 사업을 시작하는 토대를 마련했다. 그러나 수종갱신사업을 추진하는 과정에서도 지형과 형질에 맞지 않는 수종으로 갱신하는 사례가 다소 발생하여 난항을 겪기도 했다.

그러나 2차 계획은 정작 장관의 지시대로 수립되어 공표된 것으로 기록에 나타나 있다. '제 2차 치산녹화 10개년 계획'은 처음에는 1차 계획과 마찬가지로 국토녹화를 위한 조림사업이 강조되어 1979년 계획 수립 당시 총 조림면적 150만 ha, 심을 나무 26억 7천만 그루로 정했다.

하지만 추진 과정에서 농촌 인력난과 노임 상승, 그리고 조림 대상지의 감소 및 기타 조림 여건의 변동 등으로 당초 조림계획의 추진이 불가능해짐에 따라 조림계획을 1981년과 1983년 두 차례에 걸쳐 수정하기에 이른다. 말하자면, 당초 임 과장이 제기했던 문제점이 한두 해를 넘기지 못하고 나타나기 시작한 것이다. 이는 전형적인 탁상공론으로 훗날 '시대착오적 계획'이었다는 평가를 받았을 뿐만 아니라 수정에 수정을 거듭한 계획마저 실질적 성과를 거두기보다 실적 부풀리기식 사업 추진으로 일관하여 산림자원화(山林資源化)라는 미래를 준비하는 정책으로서는 대부분 의미를 잃었다는 게 오늘날 산림전문가들의 평가이다.

'제 2차 치산녹화 10개년 계획'의 기본 목표와 편성 기조는 나무랄 데가 없었다. 1차 계획에서 이룬 치산녹화 성공의 기반을 토대로 2차 계획에서는 산림자원화를 지향한 항속림(恒續林) 사상[7]에 입각한 산지 장기이용 계획, 산림축적 강화 계획, 장기 목재수급 계획 등 장기적인 경제림 조성에 목표를 두고 선진적·합리적 산림경영 기반 구축에 역점을 둔다는 것이 정부의 설명이었다. 한마디로 '산지자원화 계획'의 추진이 핵심이었던 것이다.

---

7 항속림 사상은 숲이 지속적으로 유지되는 것을 원칙으로 하며, 이용을 위해 벌채를 하는 경우에도 나무가 없는 빈 땅이 발생하지 않도록 숲을 관리하기 위해 수확 시에 이용할 새로운 갱신방법을 발전시켰다. 이러한 항속림 사상은 그 이전의 산림보속 사상에서 발전된 것이다. 처음의 산림보속 사상은 숲에서 일정량의 목재가 지속적으로 생산되는 것을 바탕으로 했으나 시대가 변함에 따라 목재 이외에 금전 수입, 고용 효과의 지속성이 추가되었다. 20세기 들어서는 복지기능과 환경보호기능까지 보속성 원칙에 포함되었다. 이러한 보속사상에 따라 숲 가꾸기 기술과 관리 기술이 발달하여 현재 독일의 숲이 만들어졌다.

'산지자원화'와 '새로운 국민경제권'이 정책용어로 등장

'산지자원화'(山地資源化)란 용어는 1차 계획이 끝나갈 무렵인 1978년 초부터 공식적으로 등장하기 시작한다. 1978년 2월 14일 서울 국립극장에서 열린 산림인들의 다짐대회인 '치산녹화전진대회'에서 김치열 내무부 장관은 치사를 통해 "산지를 자원화해 새로운 경제권을 형성함으로써 …"라고 화두를 던졌다. 치산녹화전진대회는 산림 관계자들이 모여 산림녹화의 결의를 다지는 연례행사였다.

이즈음 박정희 대통령도 지방순시 등에서 '산지자원화'를 강조하기 시작했고, 특히 1차 계획이 마무리되는 해인 1978년 4월 5일 제 33회 식목일 즈음의 담화에서는 '새로운 국민경제권(國民經濟圈)'을 형성해야 한다고 강조했다.

지난 1973년 '제 1차 치산녹화 10개년 계획'을 착수할 때 일부에서는 농촌의 연료 문제 등과 관련해 이 계획이 무모하고 실현성이 없다고 시비와 논란도 없지 않았지만 우리는 불과 6년 동안에 국토녹화의 기틀을 완전히 다지고 내년부터는 명실공히 '치산부국'(治山富國)을 향한 본격적 계획을 추진할 수 있게 됐다. 산에 나무를 심고 가꾸는 것은 국토와 자연을 아름답게 보전하는 첫 길이며 울창한 산림은 부국의 상징이며 더욱이 이렇다 할 부존자원이 없는 우리로서는 하루빨리 전 국토를 효율적으로 개발, 생산성이 높은 경제권으로 조성하는 일이 무엇보다도 중요한 과제가 아닐 수 없으며 그중에서도 산지의 자원화가 바로 국토 개발의 핵심적 과제이다.

따라서 2차 계획의 편성기조는 1차 계획의 녹화 위주에서 벗어나 경제림 조성으로, 정신철학 위주에서 기술보급 위주로, 타율적 참여에서 국민총력 참여로, 규제 위주에서 개발지원 위주로 변화했다. 또 산림 선진국의 산림자원을 조사·분석하여 참고로 삼고 여기에 국내 사정을 감안해 실현 가능한 정책을 수립하도록 한다는 것이 정부의 설명이었다. '제 2차 치산녹화 10개년 계획'이 공식적으로 발표된 것은 1979년 2월 15일이다. 이때는 김치열 내무부 장관이 물러나고 구자춘[8]이 취임한 뒤였다.

구자춘 내무부 장관은 기자회견을 통해 그 내용을 발표했고 다음날 아침 대다수의 일간신문에 1면 광고로 '제 2차 치산녹화 10개년 계획 발표에 즈음한 담화문'을 내무부 장관 명의로 실었다. 내용은 계획의 골격과 함께 그동안 치산녹화를 이룬 모범적 산림 경영자인 독림가(篤林家)와 국민들께 감사한다는 것과 함께 더욱 노력해 줄 것을 당부하는 것이었다.

구 내무부 장관은 이날 기자회견에서 '제 2차 치산녹화 10개년 계획' 기간 동안 모두 1조 4, 829억 원의 사업비를 들여 150만 ha에 26억 7천만 그루의 나무를 심고, 이와 별도로 40만 ha에 80개 대단위 경제림 단지를 조성하는 등 산지를 자원화하여 산지에 새로운 국민경제권을 만드는 것을 기본 목표로 삼겠다고 밝혔다.

구 장관은 지난해 4년 앞당겨 마무리 지은 '제 1차 치산녹화 10개년 계획' 기간에는 우선녹화라는 대명제 때문에 무조건 나무를 심는 데만 치중했으나 올해부터 1988년까지 실시될 2차 계획 기간에는 나무 한 그루를 심어 가꾸는 데도 경제성을 따져 국토 이용을 효율화할 방침이라고 밝혔다. 그리고 중점 시책은 ●산지 이용 장기계획 수립 ●대단위 경제림 단지 80개소 조성 ●과감한 수종갱신으로 우리 땅에 맞는 나무의 개발·보급 ●미립목지(未立木地: 나무가 없는 땅) 및 사방 대상지 일소 ●해외 산림자원 개발 확대 ●산림관계법 정비 등이라고 설명했다. 이러한 정부 발표에 대해 언론들도 대부분 좋은 반응을 보였다.

〈경향신문〉 1979년 2월 17일자 사설은 이번 발표된 '제 2차 치산녹화 10개년 계획'에 있어 산지녹화 위주에서 자원화를 위한 개발지원 위주로 가겠다는 것은 일단 올바른 방향의 제시로 평가된다고 논평했다. 이 사설은 "무엇보다 산지를 계획성 있게 자원화하여 산지에 새로운 국민경제권을 조성하겠다는 것은 근본 구상에서 대단히 발전적인 것이라 아니할 수 없으며 우리의 치산녹화 정책이 적어도 산지자원화를 내다보았다는 것은 그동안 다져온 착실한 녹화정책이 웬만한 단계에 이르렀음을 뜻하는 것이 아닌가 한다"는 매우 긍정적인 평가를 내렸다.

그러나 이러한 우호적인 평가는 오래가지 못했다.

앞서도 잠시 언급했지만 탁상에서 마련된 무리한 추진 계획이 그대로 순항할

---

8 구자춘(具滋春, 1932~1996): 경북 달성 출생이다. 1950년 대구사범을 졸업하고 5·16 군사정변 이후 충남도 및 전남도 경찰국장을 역임하고 1963년 육군 대령으로 예편했다. 1964년 서울시경 국장, 1968년 제주도지사, 1969년 수산청장, 1971년 경북도지사, 1974년 서울시장, 1979년 내무부 장관을 지냈다.

리 없었다. 첫해부터 계획 달성에 차질이 빚어지고 실현 가능성이 낮아짐에 따라 1981년과 1983년 두 차례에 걸쳐 추진 계획을 대수술했다. 계획의 목표는 그럴듯했지만 실행이 문제였다.

실행계획을 추진하는 과정에서 실적 올리기에 급급했고, 여기에 임기응변식 계획 수정이 이뤄지다 보니 내실을 기하지 못하고 우왕좌왕하기에 이른다. 당초의 우려가 현실로 너무 빨리 나타난 것이다. 말하자면 나무 심을 땅이 줄어드는 데다 모든 여건이 바뀌어 처음부터 무리하게 잡은 목표에 대한 성과를 거둘 수 없었던 것이다.

따라서 1981년과 1983년에 수정한 주요 내용의 골자는 처음부터 문제가 되었던 인공조림 면적을 줄이는 대신 천연림을 가꿔 좋은 숲으로 만드는 사업으로 대체하는 것이었다. 즉, 새로 묘목을 심는 것보다 기존 숲을 잘 관리하여 경제림으로 변모시키는 대상을 확대한 것이다. 아울러 장기수와 속성수의 조림 비율도 조정해 속성수의 조림을 대폭 줄이고 경제수종인 장기수를 많이 심는 것으로 변경했다.

이러한 2차 10개년 계획은 1987년 완료 당시 조림 실적을 보면 조정 계획량 114만 ha 가운데 94%인 107만 ha를 조림함으로써 국토녹화를 일단락시키는 성과를 거두었다는 게 정책 당국의 평가이다. 그러나 이 또한 얼마나 믿을 만한 숫자인지는 좀더 연구할 일이다.

과욕이 빚은 탁상공론, 고치고 또 고치고 …

당시의 어수선한 정책 분위기는 신문 기사에 잘 나타난다. 1982년 6월 29일자 〈동아일보〉 기사는 제목만 보아도 무척 강한 비판론임을 알 수 있다. "춤추는 치산녹화, 2차 10개년 계획 2년 만에 대(大)수정. 조림 사방면적 줄여. 실적 급급, 탁상 입안 결론"이 기사 제목이다.

기사 내용을 보면 "치산녹화 2차 10개년 계획이 2년 만에 또 크게 수정됐다. 산림행정의 기간계획(基幹計劃)인 치산녹화 계획은 기초조사도 제대로 하지 않은 채 탁상에서 마련, 실제와 동떨어져 설정 목표와 달성에 필요한 기간 산정 등을 놓고 궤도 수정을 거듭했다"고 지적했다. 그러면서 "우리의 정책 결정은 지나치게 목표에 얽매여 상황 분석과 방법의 선택에 소홀한 경우가 많다. 그 결과는 현실에 걸맞지 않은 탁상공론의 정책 결정을 낳고, 이는 돌이키기 어려운 시행착오를 빚기도 한다. 이번에 대폭 수정된 산림청의 '제2차 치산녹화 10개년 계획'은 그 대표적인 본보기에 다름 아니다"라고 결론을 내렸다.

과욕이 빚은 혼란이라고나 할까. 의욕이 넘친 결과로만 보기에는 아쉬운 구석이 있다. 정치·사회적 변혁의 소용돌이가 그 밑바탕에 깔린 것 아닌가 하는 생각이 든다. 이른바 10·26 사태로 일컬어지는 박정희 대통령 시해 사건과 그 이후의 국정기조 변화 등은 산림녹화라는 정책의 우선순위를 끝자락으로 밀어내는 결과를 가져왔다.

우선 산림정책만을 놓고 평가한다면 박정희라는 선봉장(先鋒將)을 잃었으니 추진력이 약화될 것은 불 보듯 뻔한 노릇 아닌가. 물론 그간의 밀어붙이기식 산림녹화 정책이 숫자 목표에 집착한 비정상적인 방법으로 추진된 것이었다고 보면 10·26 이후의 정책은 '비정상의 정상화'라 할 수도 있을 것이다. 또 그동안 정부주도의 경제정책 추진에 따른 부작용도 만만치 않았던 점에 비춰 보면 국가정책 우선순위의 재조정은 불가피했을 것이다.

10·26 이후의 격변기는 군사정부의 지속과 함께 경제정책 면에서는 '물가안정과 자율, 그리고 대외개방'을 추진하는 기조로 바뀌었다. 정부가 행정력을 앞세워 밀어붙이는 정책은 더 이상 통하지 않았다. 대표적 관치행정이었던 산림녹화는 그렇게 국민들의 관심에서 멀어지기 시작했다. 물론 산림 전문가들의 입장에서 보면 산림녹화가 어느 정도 이뤄진 결과 정책의 우선순위가 뒤로 밀린 것이라는 해석도 가능하다.

어쨌든 의욕에 찬 '제2차 치산녹화 10개년 계획'은 그렇게 마무리되었다. 한마디로 경제·사회의 변화에 부응하는 정책 개발의 실패와 함께 국민소득 수준의 향상에 따른 산림에 대한 국민들의 기대와 욕구를 충족시키지 못한 것으로 평가된다. 특히 휴양림, 수렵, 조경, 산림관광 등 새로운 산림정책이 제시되거나 추진되지 못하는 아쉬움을 남겼다.

미래를 위한 지속가능한 숲 가꾸기

명칭에 목표를 담은 '제3차 산지자원화 10개년 계획'

산림녹화의 기적적인 역사는 1차 계획으로 마무리된 것이나 다름없지만 그래도 임업정책이 국민생활에서 차지하는 비중을 과소평가할 일은 아니라는 점에서 그 이후의 계획들도 좀더 짚어 보기로 하자.

앞서 살펴보았지만 2차 계획은 1차 계획의 마무리와 향후 산림정책을 연결시키는 전환기적 상황에 처해 있었다고 볼 수 있다. 1차 계획의 밀어붙이기식 산림녹화 추진이 비정상적이고 과격한 방법이었다고 보면 오히려 2차 계획 이후에는 산림정책이 정상으로 되돌아온 것이 아닌지 연구할 과제다. 다만 세계 각국이 '기적'이라 부른 1970년대의 우리나라 산림녹화 정책은 국토녹화의 기틀을 최단 기간에 달성했다는 점에 방점을 두는 것이다. 그러나 언제까지나 그런 식의 정책 추진이 이어지기는 힘든 법. 2차 계획 이후 정책 기조의 정상 복귀이든, 합리적 추진이든 과거보다는 내용과 실행력 면에서 뒤질 뿐만 아니라 정책의 우선순위가 한참 뒤로 밀리는 형국이었다.

그러나 이 또한 다시 반성할 과제로 삼아야 한다는 생각이다. 1차와 2차 계획에서 황폐된 산림의 복구가 어느 정도 이루어졌기 때문에 이를 바탕으로 한 3차 계획은 그 내용부터 달라져야 마땅하다.

사실 3차 계획기간(1988~1997년)은 산림역사에서 '산지자원화 추진기'로 명명(命名)되었다. 그러나 앞서 살펴보았듯이 산지자원화는 이미 2차 계획의 중심 목표였고 핵심 가치였다. 그런데도 2차 계획의 성과가 거기에는 미치지 못했다. 따라서 3차 계획은 산림의 자원화를 목표로, 계획의 명칭 자체를 '제3차 산지자원화 10개년 계획'이라 정하고 산지의 소득을 개발하고 산림의 공익을 증대하는, 이른바 경제개발과 환경보전의 조화를 도모하기 위한 산지의 합리적 이용, 자원 조성과 경영 기반의 확충, 임산물의 안전한 공급과 유통체계의 정비, 소득원의 개발, 생활환경 조성과 산림문화 창달을 기본 목표로 삼았다.

제 3차 계획은 목표에서도 알 수 있듯이, 이전 시기의 범국민 식수운동에 대한 강조가 상당히 줄어들었다. 그도 그럴 것이 시대적 배경이 엄청나게 달라졌기 때문이다.

1987년 산림청의 농림수산부 복귀

우선 행정적으로 가장 큰 변화를 가져온 것은 산림청의 소관 부처가 내무부에서 농림수산부로 복귀한 것이다. 1973년 3월 농림부 소관이던 산림청이 새마을 운동과 연계, 지방조직을 활용하기 위해 내무부로 이관된 지 만 15년 만에 원래의 소속으로 복귀한 것이다. 1차 산업을 담당하는 부서인 농림수산부로 복귀했기 때문에 자연스럽게 정책 기조나 목표, 그리고 우선순위가 기존의 내무부 산하 시절과는 달라질 수밖에 없었다.

임업 내부 여건을 들여다보더라도 종래와는 엄청나게 환경이 달라졌다. 산림 녹화가 추진되었다고는 하지만 숲 자체가 어린 나무들로 이뤄져 자원으로서의 가치를 부여하기에는 태부족인 상태였다. 게다가 공업화와 국민소득의 향상으로 이를 관리할 인력 부족과 노임 상승으로 임업 기계화가 불가피했지만 산속의 도로(임도)를 개설하기 전에는 기계를 사용할 수가 없는 상황이었다. 그럼에도 이를 방치할 경우 그동안 피땀으로 이룬 산림녹화가 황폐화될 수 있는 위험도 없지 않았다.

여기에 국내외 경제·사회 환경의 변화도 산림정책의 변화를 불가피하게 했다. 국내적으로는 산업사회의 발달과 도시화로 숲을 필요로 하는 욕구가 늘어났고, 국제적으로는 리우 환경정상회의와 그 후속조치들로 인해 국제적으로 환경중시 조류가 거세게 일었다. 산림정책의 변화가 강요되는 국제정세의 흐름에 휩쓸린 것이다. 그런 정책 수요를 감안해 나온 3차 계획의 정책 흐름을 《한국 임정 50년사》에서는 5가지로 요약했다. [9]

9 산림청, 2007, 《한국 임정 50년사》, 670쪽.

178

| 소나무숲 속의 임도 (1998)
임도는 화재의 예방이나 산림 가꾸기 등에도 효과적이지만 아름다운 숲을 즐길 수 있는 산책로의 기능도 한다. 출처: 산림청.

첫째, 정책기조의 전환이다. 정부주도하의 녹화·규제 위주의 산림정책에서 자율과 조장 위주로 전환된 것이다. 예컨대 임업진흥지역의 지정으로 권역별 집약적 경영 개념이 도입됐으며 임도 건설 등 경영기반의 확충과 유통구조 개선, 임산물 주산단지 조성, 자연휴양림 조성 등 대국민 보건휴양 기능 활성화 정책 등이 개발됐다. 이러한 변화의 대표적인 사건으로 1992년 국립수목원에 건립한 '국토녹화기념탑'[10]을 들 수 있다. 기념탑은 산림녹화를 위해 온 국민들이 애쓴 보람과 정성에 보답하는 의미를 담는 동시에 과거 조림녹화 시대의 마감을 의미한다. 그런 뜻에서 산림녹화 역사의 한 페이지를 장식한다.

둘째, 문민정부 출범 후 산지자원화 정책의 복합화를 들 수 있다. 산림기본계획인 산지자원화 계획만으로 10년을 추진하는 것이 아니라 수시로 새로운 보

10 1992년 4월 5일 식목일을 기해 당시 노태우 대통령의 친필을 새겨 경기도 포천시의 광릉 국립수목원에 제막한 기념탑이다. 이 탑은 국토녹화를 위해 애쓴 온 국민의 정성에 보답하고 그 업적을 기리기 위한 목적으로 만들었다.

완계획을 만들고, 동시에 '산림제도개혁심의회'를 발족시켜 불합리한 제도를 바꿔나가는 작업을 병행했다. 예컨대 산촌 종합개발계획의 수립, 산지이용 체계 재정립 등이 이에 속한다. 다만, 문민정부는 강력한 규제 개혁을 추진하면서 '국유임야관리특별회계'를 폐지하는 이른바 개혁정책을 추진했는데 결과적으로 국유림 관리를 소홀히 하는 결과를 가져온 잘못된 정책이었다는 게 전문가들의 분석이다.

셋째, 국내 산림정책이 환경정책의 차원에서 중요시되고 그에 맞는 정책의 개발이 이뤄졌다는 점이다. 대표적으로 1996년 4월 국무회의에 보고된 '녹색환경의 나라' 건설을 위한 산림 분야 과제들이다. '녹색환경의 나라건설 계획'은 당시의 김영삼 대통령이 환경 공동체 5원칙을 제시하고 '환경복지국가'를 건설하겠다는 구상을 밝힌 것이다. 예컨대 산림생물 다양성의 보전·관리를 위한 연구와 제도 변경 등을 수립하고 5대강 유역의 수원함양림 조성을 확대하는 것 등이 구체적 사례들이다. 당시 산림청에 환경과가 신설된 것도 그 일환이다.

넷째, 산림의 문화 가치가 새롭게 부각되기 시작했다. 산림의 문화가치를 인식시키는 프로그램의 등장 등으로 '녹색수업'(綠色授業) 등이 추진됐다.

다섯째, 제도적 틀의 개혁이 활발히 추진됐다. 영림서(營林署)를 지방산림관리청(地方山林管理廳)으로 명칭을 바꾸어 증설하고 조직 개편과 강화 등을 추진한 시기로 볼 수 있다. 그야말로 산림녹화의 내실을 다지는 정책내용이었다.

그러나 국가 정책에서 차지하는 산림자원 관리 정책은 국민 삶의 질 향상 등 그 중요성에 비해 정부 정책의 우선순위는 낮은 편이었다. 이러한 영향인지 몰라도 제3차 계획이 한참 실시되던 1990년 무렵에 식목일을 공휴일에서 제외하자는 의견이 활발히 개진된 바 있다. 그러나 산림을 심고 가꾸고 보호한 지 30년 밖에 안된 한국은 임업 선진국이나 산림 자원국에 비해 여전히 산림이 빈약하다는 점, 또 해마다 산불 등에 의해 유실되는 산림의 면적이 엄청나다는 사실 등을 감안한다면 식목일의 유지와 조림에 대한 강조는 여전히 유지되어야 한다는 게 당시 여론이었다.

물론 2006년에 공휴일에서 제외되는 비운(?)을 맞았지만 푸른 산의 보존과 산림 개발의 중요성은 지금도 아무리 강조해도 지나치지 않을 것이다.

사람과 숲이 어우러진 녹색국가를 꿈꾸며

'제 3차 산지자원화 10개년 계획'이 1997년에 끝나고 1998년부터 2007년까지 10년 간은 '제 4차 산림기본계획'이 수립·시행되었다. 제 4차 산림기본계획은 '지속가능한 산림경영 기반 구축'을 정책 목표로 그동안 이룩한 국토녹화의 성과를 토대로 경쟁력 있는 산림산업을 육성하는 한편 건강하고 쾌적한 산림환경 증진 등을 세부 목표로 삼았다.

그러나 '제 4차 산림기본계획'은 임정사상 처음으로 계획 기간 중인 2002년에 계획을 다시 짜는 일이 벌어진다. 계획 기간의 첫해인 1998년에 외환위기를 맞아 여러 가지 애로사항이 발생한 데다 2002년에는 '세계 산의 해'를 맞아 이를 산림정책에 반영할 필요성이 제기됐기 때문이다.

변경된 4차 계획에서는 산림정책의 목표가 당초의 '지속가능한 산림경영 기반구축'에서 '사람과 숲이 어우러진 풍요로운 녹색국가 구현'으로 바뀌었으며 정책기조도 대폭 수정됐다.

예컨대, '경제적 효율성'은 '생태 환경적 건전성 중시'로 바뀌고 산지 산림 자원화는 생활권 녹지 공간 확보로, 물량보다는 품질 위주의 산림정책과 정부주도를 벗어나 국민 참여와 지방 분권화를 구현하는 등의 내용이 포함됐다. 특히 국내 산림정책을 벗어나 북한을 포함한 국제협력사업까지 사업 대상으로 삼았다. 삶의 질 향상을 위한 보다 능동적인 대응이라 해야 할 것이다.

특히, '세계 산의 해'인 2002년 식목일에는 산림헌장(山林憲章)을 제정·선포했다. 산림헌장은 산림청이 1997년부터 각계 전문가들에 의뢰해 작성한 것으로 2002년 3월에 '세계 산의 해 추진위원회'와 국립국어원의 감수를 거쳐 최종 확정한 것이다. 2002년은 '세계 산의 해'일 뿐만 아니라 세계환경선언이라 할 수 있는 리우 선언 10주년을 맞는 해였다. 산림헌장은 이런 내용이다.

숲은 생명이 숨 쉬는 삶의 터전이다. 맑은 공기와 깨끗한 물과 기름진 흙은 숲에서 얻어지고, 온 생명의 활력도 건강하고 아름다운 숲에서 비롯된다. 꿈과 미래가 있는 민족만이 숲을 지키고 가꾼다. 이에 우리는 풍요로운 삶과 자랑스러운 문화를 길이 이어가고자 다음과 같이 다짐한다.

- 숲을 아끼고 사랑하는 일에 다 같이 참여한다.
- 숲의 다양한 가치를 높이도록 더욱 노력한다.
- 숲을 울창하게 보전하고 지속가능하게 관리한다.

제 4 장

산림녹화 역사를 되돌아보며

이경준 서울대 명예교수 인터뷰

임정사(林政史)를 새로 쓴
1970년대 산림정책의 성공요인

쏟아진 유엔의 찬사 '지구 살리기의 모범 사례'

개발연대의 산림녹화는 하나의 기적으로 평가받는다. 해방 후의 시뻘건 민둥산이 '푸른 숲'으로 옷을 갈아입기까지 정부는 물론이고 수많은 사람들의 노력과 열정이 녹아 있음은 지금까지의 자료를 통해 충분히 입증되었다고 생각한다. 해방 직후 한국을 원조했던 유엔 산하기관은 물론이고 최근의 유명한 환경론자들까지 한국의 치산녹화사업을 '지구 살리기의 모범 사례'로 꼽을 정도면 그 객관성도 어느 정도 입증된 셈이다.

미국 워싱턴 D. C. 에 본부를 둔 비영리기구인 지구정책연구소 소장인 레스터 브라운(Lester Brown)이 그의 유명한 '플랜 B 시리즈'의 두 번째 저서인 《플랜 B 2.0》(Plan B 2. 0, 2006)에서 평가한 내용이다.

한국의 산림녹화는 세계적 성공작이며 한국이 성공한 것처럼 우리도 지구를 다시 푸르게 만들 수 있다.

183

국제연합식량농업기구(FAO : Food and Agriculture Organization of the United Nations)는 2005년에 한국을 "나무가 없는 국토를 단 40년 만에 녹화시킨 치산녹화 성공국"이라고 묘사했다. 그뿐 아니다. 다음은 2005년 10월 중국의 후진타오(胡錦濤) 주석이 참여한 사회주의 정책 토론에서 나온 발언 내용 가운데 일부이다.

새마을 운동을 벤치마킹하는 것과 마찬가지로 황사를 방지하기 위한 '치산녹화사업'을 중국에 도입해야 한다. 한국은 벌거숭이나 다름없던 산들을 1973~1987년 대대적인 치산녹화사업을 통해 푸르게 만들었다.

이렇듯 우리의 치산녹화 역사는 대역사(大役事)였고 세계 임정사상 일대 사건이었다고 할 수 있다. 그러나 논란도 없을 수 없다. 우선 국토녹화를 밀어붙이던 뜨거운 열기 속에서도 '녹화 이후의 단계'를 구상하면서 추진했어야 했다는 비판이 있는가 하면 국토는 녹화되었으나 '쓸모 있는 나무가 없다'는 주장도 나온다.

우선 김연표가 《한국 농정 50년사》에 기고한 "내무부 주도의 국토녹화 성취의 임정사적 음미"[1]라는 글을 더듬어 보면 이런 내용이 나온다.

우선 국토녹화를 밀어붙이던 뜨거운 열기 속에서도 '녹화 이후의 단계'를 구상하면서 추진했어야 했다는 사관적(史觀的) 비판이 있을 수 있다. 먼저 국토는 녹화되었으나 '쓸모 있는 나무는 없다'는 지적이 있다. 현실적으로 그런 면이 있는 것은 사실이다.

그러나 생태학적으로 녹화 단계는 메마른 황폐 임지에 고급 경제수종을 심어 봤자 살아남지 못할 터이므로 아카시아, 오리나무 등 비료목(肥料木)을 심어 산림토양을 비옥하게 한 다음에 제 2 단계로 잣나무, 편백나무 등 경제수종으로 바꿔나가는 것이 당시의 산림 실상에 비추어 올바른 시책이었을 것이다.

1 김연표, "내무부 주도의 국토녹화 성취의 임정사적 음미", 한국농촌경제연구원, 1999, 《한국농정 50년사》, 농림부, 429쪽.

다음에 아무리 녹화가 시급하고 산림 황폐가 조국 근대화에 걸림돌이 되었다 할지라도 임업의 장기적 비전을 가지고 녹화사업을 추진했어야 한다는 지적이 있을 수 있다. 이러한 지적은 우리나라 산림의 70%가 사유림이라는 점을 고려할 때 '치산녹화 10개년 계획'을 추진함에 있어서 목표 연도를 4년 앞당기는 기간 단축에 우선하여 산림 소유자의 관심을 일깨우고 참여의식을 높이는 시책이 병행했어야 했다는 지적이 있다. 그랬더라면 결과는 금상첨화가 되었을 거라는 아쉬움이 남는다.

이러한 지적은 산림청이 농림수산부로 환원된 지 10여 년이 지나고 21세기에 들어온 현시점까지도 임업정책의 큰 틀이 내무부 녹화 시절에서 크게 탈피하지 못한 채 경제 임업에 진입하지 못하는 현실에서 비롯된다.

… 5·16 군사정변 이후 군사정부 주도의 고도성장시대가 계속되면서 국민은 법에 앞서 통치권자의 의지에 보다 민감하였고, 법치(法治) 아닌 인치(人治)에 더 익숙한 정치체제하에서 특히 박정희 대통령의 산림에 대한 강한 집념이 오늘의 산림 소유자나 국민 일반의 의식구조에 강한 역기능으로 작용했다는 분석이다. 즉, 국토녹화가 달성된 이후 10여 년이 지난 오늘날까지도 산림사업은 국가 몫이고 공공사업이라는 관념, 내 산에 나무를 심어도 내가 마음대로 수확할 수 없다는 생각, 이러한 산림 소유자나 국민 일반의 현실적 잠재의식이 지속되는 한 이에 대한 논란은 당분간 계속될 전망이다.

그렇다면 객관적이고 종합적인 평가를 알아보기 위해 임학을 전공하고 산림녹화의 성공사례를 집중 연구한 서울대 이경준 명예교수의 의견을 들어보기로 한다. 다음은 2014년 10월 15일 서울대 식물병원에서 인터뷰한 내용이다.

이경준, 그는 누구?

이경준(李景俊, 1945~)은 서울대 농과대학 임학과를 졸업하고 미국 위스콘신대와 플로리다대에서 수목생리학 분야로 각각 석사와 박사학위를 받았다. 귀국 후 산림청 임목육종연구소 전문직연구원을 거쳐 1985년부터 서울대 농생대 산림과학부 교수로 재직했다. 26년 근속 후 2010년 8월 정년퇴임하였으며, 지금은 명예교수다.

수목생리학 분야에서 권위자로서 인정받는 그는 재임 시 균근 (菌根: 송이버섯처럼 소나무 뿌리와 공생하는 곰팡이) 을 척박지 조림에 응용하는 연구를 수행하였다. 이 연구를 바탕으로 브레인트리 생명공학연구소(Braintree Biotechnology Institute)를 창설하여 현재 소장으로 재직하며 신기술을 개발 중에 있다. 또한 서울대 식물병원의 외래 임상의로서 20여 년간 수목의 건강관리에 관한 연구를 수행해오고 있다. 서울대 식물병원을 창설하여 초대 병원장을 맡았으며, 문화재청 문화재위원회 위원, 서울시 건설심의위원, 한국임학회장 등을 역임하였다.

한국 임학의 선구자로서 박정희 대통령을 도와 산림녹화에 크게 공헌한 현신규 박사의 전기인《산에 미래를 심다》를 집필했으며,《수목생리학》,《조경수 식재관리기술》,《조경수병해충도감》(공저),《한국의 천연기념물 노거수편》,《임학개론》(공저),《산림생태학》(공저) 등의 저서가 있다.

박정희 · 김현옥 · 손수익 트리오의 걸작

이계민   1970년대의 산림정책에 대한 성공요인과 평가 등에 대해 알아보고 싶습니다. 결과론적이기는 하지만 1970년대에 이뤄진 밀어붙이기식 조림에 대해 '기적에 가까운 성공'이라는 긍정적 시각이 있는가 하면 너무 성급하게 서둘러 '쓸모없는 숲을 만들었다'는 비판적 시각도 존재하는 것이 사실입니다 . 그래서 그에 따른 여러 가지 성과와 문제점, 그리고 오늘에 주는 교훈이라든가 또 교수님께서 간여하고 계신 북한 산림녹화운동 등에 대해 이야기를 나눴으면 합니다 . 고건 전 총리께서 기록하신 회고록을 보면 지금 평양 순안공항 쪽에 나무를 심으시고 생장과정을 지켜보시는 것으로 나와 있습니다.

    1970년대 산림녹화에 대해 모든 자료들이 '기적'이라는 표현으로 성공작이었음을 알립니다. 무엇이 그 원동력이고 지금 어떤 결과를 가져왔다고 생각하십니까?

이경준   산림녹화가 성공한 가장 큰 이유로는 시대적 배경을 꼽을 수 있습니다. 만일 해방 직후 이승만 정권 초기나 최근에 그 같은 산림녹화를 시도했다면 결코 성공할 수 없었을 것입니다. 박정희 대통령이 18년 동안 집권하면서 어떻게 보면 강압적인 분위기에서 정치를 한 것은 틀림없지만, 그래도 한 통치자가 18년 동안 꾸준하게 한두 가지 프로젝트를 지속적으로 추진한 것은 대단한 일입니다. 그게 가장 중요한 성공요인 중 하나였다고 봅니다. 산림녹화는 매우 장기적인 프로젝트인데 흔들림 없이 열심히 정책을 폈다는 게 중요합니다.

    또 하나는 김현옥 내무부 장관의 공헌도 분명히 짚어야 되는데 사실 이분은 1971년 10월부터 1973년 12월까지 2년 2개월밖에 내무부 장관을 안 했습니다. 그러나 '치산녹화 10개년 계획'이 시작될 때 주무장관으로서 아주 각별한 관심과 열정을 가지고 효율적인 행정의 대표적 사례를 손수익 산림청장과 함께 만든 겁니다. 예를 들면, 김현옥 장관은 1973년 봄 한 달, 식수기간 동안에 매일 산림청으로 출근했습니다. 이것은 역사에 없는 일이에요.

    그 당시 자동전화가 경찰청밖에 없었어요. 모든 전화가 수동이고 교환을 통하

| 이계민 전 한국경제신문 주필(왼쪽)이 이경준 서울대 명예교수와 인터뷰를 진행하였다.

려면 보통 결재를 받아야 해서 1~2시간 내에 지방에 있는 사람과 통화하기 어려 웠습니다. 그런데 김 장관이 경찰 자동전화를 산림청에 달아 줬어요. 전국의 수 백 개 지역을 산림청과 직접 연결시켜 지시하도록 했고요. 그다음에 경찰청 총경 을 산림청에 배치해서 산림사범만 책임지도록 했습니다. 김 장관의 이런 세심한 배려 덕분에 산림청이 정말 사기가 높아져 열심히 일할 수 있는 분위기가 만들어 졌습니다.

다음은 손수익 산림청장의 공로입니다. 손 청장은 아시다시피 서울대 법대 출신으로서 내무 공무원이었는데 경기도지사를 하다가 산림청장으로 왔어요. 산림청은 외청(外廳)이기 때문에 경기도지사에서 산림청장으로 자리를 옮긴 것은 일종의 '좌천'이라고 볼 수도 있었습니다. 그런데 아무런 불평 없이 만 5년 8개월 동안 산림청장직을 그것도 완벽하게 수행한 겁니다. 그때까지 산림청장 직을 2년 이상 한 사람이 거의 없는 걸로 알아요. 그런데 이분은 '제 1차 치산녹 화 10개년 계획'을 6년 만에 끝내고서야 자리에서 물러났습니다. 대통령은 아 마 10년간 붙잡아 둘 생각을 하셨는지 모르죠. 어쨌든 열심히 하셨고 목표를 초 과 달성을 해서 자연스럽게 "그만두겠습니다" 했을 때 그냥 나갈 수 있었고 그다음에 교통부 장관을 하셨잖아요.

손수익 청장은 법대 출신으로서 새마을사업을 초기에 입안했고, 경기도지사를 하고, 또 청와대 비서실에 근무하면서 여러 가지 효율적 행정, 치밀한 기획과 집행력 등을 길러서 내가 보기엔 월등했다고 봅니다.

그리고 산림 공무원들의 공로를 빼놓을 수 없지요. 사실 처음에 산림청이 농림부 산하기관일 때는 산림 공무원이 하위직 중에서도 하위 공무원이었습니다. 그러던 것이 내무부로 오면서 자동전화도 달아 주고 총경이 와서 산림사범을 잡고 대통령이 현장에 올 때마다 금일봉을 내놓고 하니까 엄청나게 사기가 높아지게 된 거죠. 그러니까 산림 공무원들이 정말 신나게 피곤한 줄 모르고 일했다는 이야기를 들었어요.

또, 마을 주민의 자발적이고 적극적인 동참도 성공을 이끈 힘이었는데 이것은 새마을 운동의 효과였던 것 같아요. 그 이전에도 물론 '밀가루 사방'이라 해서 가난한 사람들에게 미국의 원조자금이나 UNKRA 자금, USAID 자금으로 나무를 심게 했지만 나중에는 새마을 운동의 일환으로 했거든요. 거기에 국민식수라는 말을 붙였는데 새마을 운동의 기조가 아시다시피 근면, 자조, 협동 아닙니까?

새마을 운동과 주민들의 자발적 참여

이경준　이 새마을 정신이 싹튼 것이 사실은 산림계(山林契)입니다. 이 산림계라는 것은 조선시대 송계(松契)[2]에서 유래했다고 봅니다. 당시 소나무만은 꼭 보존해야 되겠다고 해서 '소나무만은 베면 안 된다'는 것이 국가의 정책이었거든요. 그 송계가 나중에 정부 수립 이후에는 산림계가 되었고 새마을 운동을 할 때 기저(基底)를 이뤘다고 봅니다.

경제·사회적 여건도 좋았다고 보는데 당시에는 잉여노동력이 많았지요. 즉, 일자리가 귀한 시절이었는데 연중 진행되는 사방사업은 그 마을에서 연간소득을 가장 많이 올릴 수 있는 일거리였습니다. 젊은 사람들 중에서 똑똑하고 부지

| 국민식수운동 (1976)

온 국민이 힘을 합하여 나무를 심고 가꾸어 하루빨리 헐벗은 산지를 자원의 보고로 만들자는
국민식수운동은 '제1차 치산녹화 10개년 계획'의 2차년도인 1974년부터 본격적으로 전개되었다.
사진은 국민식수운동에 참여하여 식수 방법 안내를 듣고 있는 주민들의 모습이다. 출처 : 산림청.

런하고 튼튼한, 건강한 사람들이 전부 사방사업에 동참하면서 연중 일거리를 갖게 된 거예요. 그런 상황이었기 때문에 가난한 농민과 충분한 유휴 노동력이 있는 농촌에서 봄가을, 특히 봄에 그런 엄청난 나무를 심을 수 있는 여건이 되었지요. 그러니까 타이밍으로 봤을 때 그때 아니면 성공할 수 없었던 일이지요.

결국 정치·경제·사회·문화적으로 모든 것이 맞아떨어져 일궈낸 성과입니다. 정치적으로 통치자가 오랫동안 통치를 한 것, 경제적으로 좀 어려웠던 것,

2 마을이나 친족의 공유산림을 보호하거나 선산(先山)을 지키기 위하여 조직된 계를 말한다. 금송계(禁松 契)·산계(山契)·산리계(山里契)라고도 하는데 삼림은 촌락민의 가장 기본적인 생계수단인 농업 생산 과 직결될 뿐만 아니라 건물·교량의 재목과 땔감의 공급원이었으며 조상들의 무덤이 있는 곳이었다. 따라서 마을 주위의 산림은 공동 이용의 대상이었고, 공동 이용자들의 산림 훼손을 막고 스스로를 상호 규제하기 위한 송계가 필요했던 것이다. 송계의 책임자에게는 어느 정도의 형벌권도 허용되었다. 소나무를 몰래 베거나 훼손한 사람에 대해서는 태형(笞刑)이나 벌금형까지 가하였고, 심한 경우에는 관청에 고발 해 징계조치를 내리도록 했다. 따라서 송계는 자치적인 조직이면서도 관청의 영향력하에 있는 조직의 성 격도 가졌다.

사회적으로 인구에 비례해 농민이 많았다는 것, 문화적으로 새마을 운동과 계몽운동을 통한 농민의 자발적 참여 때문이라고 정리할 수 있겠네요.

이계민　산림녹화사업이 성공했다는 평가를 받습니다만 현재의 관점에서 보면 다소 아쉬운 점이 없지 않고, 당시에도 추진 방법 등에 대해서는 상당한 반대가 있었던 것으로 알고 있습니다. 그런 부분에 대해서는 어떻게 생각하시는지요? 그리고 특히 세계적인 임학자이신 현신규 박사라든가 전문 산림녹화 전문가들은 마구잡이식으로 식목을 하면 안 된다고 많이 반대했다는 기록들이 있습니다. 밀어붙이기식으로 하다 보니까 1년도 안 되어 심기에 부적절한 어린 묘목을 공급하는가 하면 제대로 심지 않아서 나중에 많이 죽어 버리는 결과를 가져왔다고 합니다. 현 박사 같은 분들도 식목은 수시로 제대로 해야 된다고 건의했는데 이를 그냥 무시하고 밀어붙였다고 들었습니다. 그런 측면에서 보면 당시에 조금 더 전문가들의 건의를 받아들였다면 어땠을까, 그렇지 못했기 때문에 결과적으로 지금 우리나라의 숲은 경제성이 떨어지는 게 아니냐는 생각이 듭니다.

이경준　그건 맞습니다. 그러나 통치자의 의견은 이러했던 것 같아요. 정권을 잡고 난 뒤 12년, 13년차가 되었는데 급한 사방사업은 조금 했지만 아직도 전국의 산에 나무가 없는 걸 보고 이래서는 안 되겠다는 생각이 강했던 것 같습니다. 그래서 10년 계획을 세우고 산림청을 내무부로 이관시켜 강력한 추진력을 동원했습니다. 그런데 현신규 박사 같은 분은 세계적인 임업학자니까 산에 나무를 한번 심으면 보통 50년, 100년이 지나야 나무를 수확하니 그 안에 수종갱신을 할 수 없다는 전문적인 지식에 근거해 조언하신 것 같습니다.

"한번 심을 때 제대로 심어야지, 쓸모없거나 혹은 비뚤어지거나 개량되지 않은 불량한 나무를 심으면 50년 동안 대체할 수 없다. 그러니까 차근차근 증명된 개량된 품종으로 심자", 이것이 그분의 철학이었습니다. 특히 용재수(用材樹), 즉 재목으로 쓸 수 있는 나무들은 최소한 우리가 백 년을 내다보고 심어야 하므로 벼락치기로 심어서는 안 된다고 생각하시고 박 대통령께 기회가 있을 때마다 말씀하셨다고 합니다.

이경준 　반면에 박 대통령은 "지금 당장 민둥산에서 매일 흙이 씻겨 내려가는 형편인데 차근차근 10년, 20년, 30년, 50년 지나서 연차적으로 심는 것보다는 우선 산사태를 막을 수 있는 사방사업과 연료를 해결할 수 있는 속성수를 먼저 심어야 한다. 그래야 치산녹화도 하고, 산사태도 막고, 토사유출도 막고, 연료도 해결하고 할 수 있는 것 아니냐"며 말씀하셨습니다. 그래서 나온 답이 바로 아카시아나무였습니다.

나는 아카시아나무를 두둔하는 사람입니다. 그렇게 멋지고 쓸모 있는 나무는 대한민국에 아카시아나무밖에 없습니다. 일단 아카시아나무는 콩과식물이에요. 자기가 필요한 질소비료를 스스로 만듭니다. 우리가 농사지을 때 콩이나 자운영이나 알파파를 심으면 토양이 비옥해지죠. 아카시아나무를 20~30년 길러 놓으면 토양이 비옥해져요.

아카시아나무는 매우 생장이 빨라서 1년에 3m의 줄기가 올라가면 뿌리가 5m 씩 쫙쫙 뻗습니다. 비탈면에 나무를 심었을 때 제일 중요한 게 흙이 쓸려 내려가지 않도록 잡는 겁니다. 즉, 토사유출을 콘크리트가 아니라 나무뿌리로 막는 겁니다. 그런데 아카시아나무처럼 빨리 뿌리를 뻗는 나무가 없기 때문에 토사유출을 막는 데 최고입니다. 이런 특성으로 인해서 농촌 연료 생산에는 아카시아나무를 따라올 나무가 없습니다. 1960년대와 1970년대에 농촌 연료 문제를 해결한 것이 바로 아카시아나무입니다.

그다음에 꿀을 생산하지 않습니까? 우리나라 양봉농가 소득의 70%가 꿀에서 나옵니다. 아카시아를 다 베어 버리면 양봉농가가 망하죠. 우리나라 과수농원이 다 망해요. 그리고 과수원의 모든 수정을 벌이 만들어 주잖아요. 벌이 없으면 비닐하우스 농사까지 다 망합니다. 딸기 하나도 못 먹어요. 또 아카시아 잎은 염소와 토끼가 잘 먹어요. 녹사료로 최고입니다. 그뿐만이 아니지요. 아카시아는 세계 최고의 향료를 생산해요. 불가리나 샤넬에서 만드는 최고급 향수가 아카시아 향이에요.

마지막으로 목재로도 이걸 따라올 나무가 없습니다. 옛날에 우리 조상들이 우마차 상판, 바퀴, 그다음에 농기구, 기둥 등을 100% 아카시아로 만들었어요. 요즘에 등산로 가 보세요. 쭉 잘라 놓은 평상이 있죠? 숲 가꾸기 사업을 하면 버드나무, 포플러, 밤나무, 소나무, 아카시아 등 여러 가지 목재가 나오는데 나머지는 다 버리고 아카시아 목재만 가지고 평상을 만듭니다. 그것은 방부처리 안 해도 30년을 가요. 그게 바로 아카시아 목재예요.

그런데 아카시아를 폄하하는 건 왜 그러냐? 산에 심어 놓은 아카시아가 아버지 산소를 침범하고, 가시가 있어 찌르고, 농사지으려고 땅을 개간하면 쳐들어와서 농사를 못 짓게 하기 때문이죠. 순전히 그런 개인적인 감정에서 비롯된 것이라고 봅니다.

이계민　그런데 아카시아나무로는 용재림을 조성할 수 없지 않습니까? 쭉쭉 뻗은 아카시아도 없고요.

이경준　아닙니다. 헝가리를 가 보세요. 산림 면적의 20%가 아카시아입니다. 또 쉽마스트라는 품종이 있는데 이것은 직립성 품종입니다. 헝가리의 특수 품종으로, 심은 후 35년 만에 자르는데 평균 직경이 27㎝ 나와요. 그러면 맨 마지막 수확이 1ha에 자그마치 375㎥예요. 지금 우리나라 산에 있는 나무의 3배입니다. 우리나라는 그렇게 안 가꿔서 그래요. 우리는 쓸모없는 나무라고 여겨 아카시아나무 개량을 안 했지요. 그냥 마구 심기만 하고 잘라 버렸습니다.

헝가리는 2백 년 동안 육종을 해서 40개의 품종을 만들었어요. 그중에서 꿀이 많이 나는 거, 꽃이 오래 피는 거, 그다음에 직립성 품종을 개발해 전국에 심었어요. 그래서 전국에 산림 면적의 20%가 아카시아나무인데 거기서 1년에 1백만 ㎥의 목재가 나옵니다. 지금 우리나라 전국에서 1년간 나오는 목재를 헝가리에선 산림 면적의 20%에서 아카시아로부터만 생산해요. 우리는 가꾸지 않아서 그래요.

또 1960~1970년대에는 국가적으로 우선 연료를 사용할 수 있는 나무가 필요하니까 아카시아, 오리나무, 리기다소나무, 싸리 등을 주로 심었어요. 리기다를 제일 많이 심었죠.

아까시나무와 아카시아나무,
이렇게 다르다

세계적으로 아카시아는 아카시아(Acacia) 속에 속하는 열대산 식물들을 일컫는다. 우리가 아카시아로 알고 있는 북아메리카가 원산지인 로비니아속(Robinia 屬)의 식물과는 다르다. 그렇다면 아카시아는 무엇이라고 불러야 할까? 전문가들은 아까시나무라는 이름을 권장한다.

봄이 되면 어디서든 쉽게 맡을 수 있는 꽃향기 중에 하나가 아카시아 향기다. 매혹적인 향기 뒤에 위험한 가시를 숨긴 장미처럼 아카시아도 줄기에 가시가 잔뜩 돋아 있다. '아카시아'(Acacia)라는 명칭은 화살촉이나 뾰쪽한 모양의 물건을 가리키는 고대 그리스어 '아키스'(akis)에서 유래했는데 아마도 아카시아 줄기에 돋은 가시들 때문에 붙은 이름으로 생각된다.

그런데 대부분의 사람들이 아카시아로 알고 있는 나무는 아카시아나무가 아니다. 일반적으로 아카시아는 아카시아속에 속하는 오스트레일리아 원산 열대 식물들을 일컫는 말이다. 따라서 우리나라처럼 온대성 기후인 지역에서는 볼 수 없고 우리가 아는 아카시아는 북아메리카가 원산인 로비니아속의 식물이다.

1890년대 일본인들을 통해서 처음 우리나라에 소개된 이 나무는 아가시나무, 아가시아나무, 아카시나무, 아카시아나무, 아까시나무, 아까시아나무 등으로 불리면서 표준적인 우리말 표기법을 찾지 못했다. 정확한 외래어표기법이 마련되지 못한 탓도 있지만 열대산 진짜 아카시아와 헷갈렸기 때문이다.

전문가들은 진짜 아카시아와 구별하기 위해 아까시나무라는 이름을 사용하기를 권장하고 있다. 그럼에도 불구하고 많은 사람들이 아카시아라고 부르기 때문에 국어사전에는 아까시나무와 아카시아가 모두 사용 가능한 말로 올라와 있다. 재미있는 것은 북한에서는 표준어를 문화어라고 하는데 아카시아를 문화어로 지정하고 있다는 점이다. 진짜 아카시아를 참아카시아로 가짜 아카시아를 개아카시아로 부르자는 의견도 있다.

또 한 가지 우리가 생각해야 할 것이 우리나라의 경사지는 토심이 얇습니다. 예전에 우면산 산사태 있었죠? 여기는 토심이 50㎝ 이상 되는 곳이 없어요. 이런 비탈면에는 절대 아름드리나무가 자랄 수가 없어요. 그래서 속성수를 50년 동안 심어서 토양이 비옥해지면 그때 가서 참나무나 용재수를 심을 수 있습니다. 이게 우리 임학자들의 생각이었는데 현 박사는 처음부터 꼿꼿한 나무를 심자고 했습니다. 그러나 지금도 그럴 만큼 토양이 개량되지 않았으니 50년 동안 아카시아나 오리나무를 심어 땔감으로 쓰고 산사태를 막고 토양도 비옥해지도록 한 후에 용재수를 심은 것은 잘한 일이라고 생각합니다.

다만, 산림녹화 정책에서 실패했다고 말할 수 있는 것이 한 가지 있습니다. 연료림 조성사업은 목표 달성에는 성공했지만 현실적으로는 실패한 거나 마찬가지에요. 왜냐하면 연료림 조성사업은 1978년에 완공하여 필요한 만큼 68만 ㏊를 다 만들었어요. 68만 ㏊면 농촌에서 필요한 모든 연료를 자급자족할 수 있는 양(量)이에요. 그런데 그때는 이미 연탄 등의 대체연료의 보급이 늘고 농촌 인구도 줄어서 나무 연료의 수요는 급격히 줄어들었지요. 20년 동안 힘들게 68만 ㏊의 연료림을 만들어 놨는데 경제 발전으로 연료가 구공탄으로 대체되면서 나무 연료 채취가 필요 없어졌으니 사실은 실패한 작전이라고 봅니다.

이계민 구공탄 보급이 산림녹화의 성공요인 가운데 하나 아닌가요?

이경준 1970년대 치산녹화를 폄훼하는 사람들은 구공탄이 산림녹화를 해결했다고 말하지만 그것은 사실이 아니에요. 왜냐하면 사방공사가 필요한 민둥산을 그대로 내버려 두면 백 년을 가도 절대 회복이 안 됩니다. 영일지구 같은 지역, 외동지구의 사방사업은 일제 강점기부터 백 년 동안 헐벗은 산이었거든요. 매년 흙이 씻겨 내려가니까요. 이것을 5년 동안에 완공했잖아요. 구공탄이 일정 부분 기여는 했지만 구공탄 때문에 산림녹화가 된 건 절대 아니라는 것이 제 생각입니다.

성공에서 배워야 할 것들

현장에 답이 있다

산림녹화를 둘러싼 일화들은 한없이 많다. 그러나 그런 일화 하나하나가 결코 웃어넘길 일만은 아니다. 당시의 시대 상황과 그리고 열악한 환경 조건에서 우리가 살아남기 위한 몸부림이었고, 나라를 일으키기 위한 희생과 애국심의 발로(發露)였기 때문이다. 1992년 광릉 국립수목원에 세워진 '국토녹화기념탑'은 그러한 국민들의 노력과 희생을 기리기 위한 것이기는 하지만 그것으로 그칠 일은 아니다. 역사 속에는 항상 우리의 내일이 있다. 그것을 잘 활용하느냐, 못하느냐가 민족의 운명을 가른다.

치산녹화 정책의 성공에서 배워야 할 것은 너무도 많다. 예컨대 효율적 행정, 철저한 현장 확인 등도 그런 사례 가운데 하나이다.

이계민 치산녹화 정책에서 배워야 할 것들은 무엇이라고 생각하십니까?

이경준 요즘에 효율적 행정이라는 말을 많이 하는데 행정혁신 가운데 가장 좋은 모델케이스를 산림녹화 부분에서 많이 발견할 수 있습니다. 그 예를 제가 몇 가지 말씀드릴게요. 제일 먼저 '교차검목제도'라고 없던 단어가 새로 생긴 경우입니다.

김현옥 내무부 장관이 1973년에 제1차 치산녹화 10개년 계획을 시작하면서 산림녹화가 잘 안 되는 이유로 산에 나무를 심어 놓으면 끝까지 관리해야 하는데 그게 안 됐기 때문이라 생각하고 '검목'이라는 말을 만들었습니다. 그리고 "봄에 심은 나무를 가을에 검사해라. 그것도 한 번만 하지 말고 3번 해라. 또, 같은 공무원이 하지 말고 바꿔서 남이 심은 걸 제3자가 가서 검목을 하라"는 지침을 내렸습니다.

이계민　'3번 하라'는 것은 어떤 내용인가요?

이경준　그것이 이른바 3차 검목제도인데 1차는 산에 나무를 심고 나면 군(郡) 내에서 군 단위로 산림 공무원이 자기가 심은 나무를 직접 조사를 하는 거예요. 4월에서 6월 말까지 현장을 다시 확인해서 내가 1만 본을 10ha에 심었으면, 심은 나무 명단을 만들고 현장에 가서 확인 후 도장을 찍습니다. 1차 검목은 자기 물건 가지고 하는 겁니다.

그것이 끝나면 2차 검목을 하는데 도지사 감독하에 도내에서 군(郡)을 바꿔서 다른 군의 산림 공무원들이 1차로 확인된 것을 다시 확인하고 도장을 찍어요. 그게 2차 검목이에요. 이것이 8월 말쯤 끝나요.

그러면 마지막으로 3차 검목을 하는데 3차는 산림청이 전국에서 450명의 산림 공무원을 차출해 2인 1조로 편성, 검목에 들어가는 겁니다. 당시 모든 시·군이 약 230개였지요. 전 군에 2인 1조를 투입해 검사하는데, 그것도 출신 지역을 바꿔서 검사합니다. 경기도 공무원들은 전라도, 전라도는 강원도, 강원도는 경상도, 경상도는 충청도, 이렇게 바꿔 보내서 검목을 또 했어요. 그 기록이 지금도 100% 남아 있습니다.

물론 워낙 심은 나무가 많으니까 전수 검목은 불가능해 전체의 10%만 임의로 추출해 검목을 했어요. 거짓 식목이나 관리 실패 등이 있을 수 없지요. 규모는 좀 축소되었습니다만 1987년까지 지속되었어요. 이것이 가장 효율적인 행정의 대표적인 예라고 봅니다.

두 번째는 화전정리사업입니다. 이것도 세계에 자랑할 만한 성공사례입니다. 화전은 고려시대 또는 훨씬 그 이전부터 있었죠. 그래서 일제 강점기, 이승만 정권, 박정희 시대를 거치면서 열심히 화전을 정리했는데 문제는 화전민이 없어지질 않아요. 그러다 1966년도에 「화전정리법」을 만들었습니다. 실태조사를 하고 매년 몇천 가구씩 산에서 끄집어냈는데 잘 안됐어요.

박정희 대통령이 1973년에 앞으로 5년 내에 화전을 다 없애라고 특별지시를 내립니다. 이런 것들은 기록에 모두 나와 있기 때문에 자세히 이야기하지는 않겠습니다. 다만, 그냥 화전을 못하게 하고 화전민들을 내쫓은 것이 아니라, 갈

| 양묘사업 현장(1969)
농촌의 아낙네들이 양묘밭에 비료를 주고 있다. 출처: 산림청.

곳을 정해 주고 정착을 위한 기반시설을 제공하면서 정착할 때까지 끝까지 관리하는 행정관리가 대단한 것이었다는 평가를 하고 싶습니다. 심지어 산림 공무원과 경찰이 6개월마다 화전민이 도시에 내려와 사는 집을 방문해 확인하기까지 했습니다. 3년 동안 후속 확인을 한 겁니다. 그리고 항공사진을 계속 찍어 가지고 화전민이 있나 없나 사후관리를 한 겁니다. 그 과정이 행정의 효율 면에서 으뜸이라는 것이지요.

엄청난 예산과 그런 치밀한 계획은 당시 손수익 산림청장의 작품이에요. 손청장은 법대 출신이면서 기획력이 정말 특출한 분이에요. '현장에 답이 있다'는 진리를 실천하고 성공으로 이끈 대표적 사례라고 봅니다.

이계민   또 다른 사례는 어떤 것이 있나요?

이경준   새마을양묘사업이라는 것도 연구대상입니다. 말하자면 교육을 통해 농민들의 소득원을 개발해 주고, 또 성공할 수 있도록 금융지원을 포함한 여러 가지 지원시책을 입체적으로 추진한 사업입니다. 치산녹화를 위해 많은 묘목이 필요했는데 이를 새마을양묘라고 부르고 마을마다 목표량을 정해 주고 생산토록 한 후에 구매해 주었는데 그 과정에서 기술지도를 많이 했어요. 또 잘하는 마을은 많은 양을 배정하기도 했습니다.

그런 과정을 거쳐 소득이 늘어나는데 그 소득의 50%는 참가한 새마을양묘 계원에게 나눠 주고 나머지 50%는 마을기금으로 적립했어요. 이것이 새마을금고의 시작입니다. 그걸로 새마을회관도 짓고 우물도 새로 파고 개량을 한 거죠. 이것도 효율적인 행정의 결과라고 봅니다. 내가 개발도상국 공무원들을 교육할 때는 3가지를 반드시 이야기하는데 화전민 정리, 교차검목제도, 새마을양묘 등이 그것입니다.

이계민　그동안 자료를 챙겨 보면서 대통령이라는 사람이 모든 현장을 직접 가서 확인하고 지시하고 감독하는 일이 많았음을 알게 됐습니다. 이러한 현장 행정이 활발히 이루어졌기에 큰 성과를 거둔 것이 아니냐 하는 이야기들도 가능할 것 같습니다

이경준　실제로 대통령이 챙기는 것이 식목일 나무 심기입니다. 식목일에는 모든 공무원이 나무를 심지 않으면 안 됩니다. 산림청에서 감독관 수백 명을 각 기관마다 다 보냅니다. 산림청 말단 직원이라도 현장에 가서 확인하는 첫째 항목은 '기관장이 참석했는가?'이고, 두 번째 항목은 '몇 명이 왔는가?', 그다음은 '계획물량을 다 심었는가?' 입니다.

그리고 확인으로만 그치는 것이 아니라 보고서를 만들어 도장을 찍고 청와대에 올립니다. 대통령이 그걸 다 들여다보지는 않았겠지만 그렇게까지 확인행정을 한 것은 의미가 크지요. 저도 잠시 공직 경험을 했는데 그런 보고서를 작성한 적이 있습니다.

새마을 운동과 산림녹화의 결합이 만든 시너지

DNA가 동일한 한 핏줄

산림녹화는 새마을사업과 어우러지면서 더욱 긴박하고 속도감 있게 추진되었다. 예컨대, 농가소득 증대 방안의 하나로 새마을양묘사업이나 유실수를 통한 농가소득증대사업, 새마을조림 등이 그런 것들이다.

새마을 운동은 1970년 4월 22일 박정희 대통령이 전국지방장관회의를 통해 '새마을 가꾸기'를 처음으로 언급하면서 농촌 부흥을 위한 국가정책으로 시작되었다. 1970~1971년 정부는 새마을가꾸기사업을 시행하여 전국 3만 3,267개 마을에 시멘트를 공급하고 마을 앞길 확장, 공동빨래터, 공동우물 설치 등 마을공동사업을 중점적으로 실시하였다.

농촌마을의 적극적 참여와 기대하지 않은 성과로 인해 1972년 새마을가꾸기사업은 농촌환경 개선을 위한 하나의 '사업'에서 전 국민적 참여를 요구하는 '농촌 새마을 운동'으로 확장되어 시행되었다. 1974년부터는 산업현장의 생산성을 높이고 안정적 노사관계를 만들기 위해 '공장 새마을 운동'이 시작되었고, 1976년에는 '도시 새마을 운동'이 대대적으로 전개되는 양상으로 발전되었다.

물론 박정희 대통령 사후에는 민간주도 운동으로 전환되면서 시련과 침체가 찾아왔지만 새마을 운동이 한국 발전사에서 정치·경제·사회 모든 분야에 끼친 영향은 가히 절대적이라 할 만하다.

학자들은 1970년대의 새마을 운동을 크게 3단계로 분류한다.

제 1단계(1970~1973년)는 기반조성 단계로 마을길 개선 등 농촌환경 개선이 주를 이뤘다.

제 2단계(1974~1976년)는 사업확장 단계로 농외소득 발굴과 국민의식 개혁 운동이 중추를 이뤘다. 이른바 유신 이후 공동체 의식의 함양이라 하겠다.

제 3단계(1977~1979년)는 사업심화 단계로 경제 발전과 도시화 등에 따른 부작용을 치유하는 공장 및 도시 새마을 운동이 일어났고, 다소 생활에 여유가 생김에 따라 국토가꾸기사업 등이 이뤄졌다.

1970년대 후반부터 일기 시작한 국토가꾸기운동 등이 치산녹화사업과는 직접적인 연결고리를 갖는데 치산녹화의 본격 추진이 1973년부터이고 보면 새마을사업이 기반조성을 거쳐 사업확장 단계에 들어갈 무렵부터 각자 시너지 효과를 내는 작용과 반작용의 관계를 맺었다고 볼 수 있다.

물론 앞서 살펴본 바와 같이 박정희 대통령이 '치산녹화 10개년 계획'을 만들도록 지시하면서 "새마을 부서에서 하도록 해봐!"라고 지시한 것에서부터 산림녹화는 새마을사업과의 연결고리를 갖고 태어났음이 분명하다.

대표적인 사업 가운데 하나가 새마을가꾸기사업으로 마을과 국토 노변, 그리고 절개지 등 산지 황폐지를 정비하는 일이었다. 박 대통령이 수시로 지방순시 중에 고속도로 주변에 대한 조경 지시를 내린 것도 따지고 보면 그 같은 국토 노변 종합정비사업의 일환이었던 셈이다.

박 대통령은 1975년 4월 14일 다음과 같은 지시를 내린다.

철도, 고속도로, 국도변의 절개지(切開地: 깎아 잘라낸 언덕), 포락지(浦落地: 논이나 밭이 강물이나 냇물에 씻겨서 무너져 침식되어 수면 밑으로 잠긴 토지), 나지(裸地: 나무가 없는 민둥산) 등을 조사하여 그 위치를 명시해 유형별로 개념을 정립하고 유형별 정비공법을 작성하여 국토변의 계획적인 정비에 임하도록 할 것.

이에 따라 대통령 비서실은 그해 7월 관계 부처와 협조하여 국토 노변의 절개지와 나지의 개념을 정립하고 최신 정비공법을 비롯해 종합적 정비방침을 마련해 시행에 들어갔다.

산림녹화와 새마을 운동의 상관관계에 대해 다음과 같은 의견도 있다. 물론 일부이기는 하지만 산림인 또는 임업인으로서의 자긍심의 발로라고 이해할 수 있을 것 같다.

새마을 운동은 산림계에서 시작되었다

이계민 여담 같습니다만 임업인들 중에는 새마을 운동이 있어서 산림녹화가 잘된 게 아니고, 사실은 산림녹화를 통해 새마을 운동이 보급됐다고 말하는 분들이 있습니다. 이미 그런 운동을 하는데 나중에 새마을 운동이란 이름을 붙여서 쓴 거다 이렇게 말합니다. 동의하시나요?

이경준 산림조합에 계셨던 분들이 그런 주장을 하지요. 그런데 산림계는 나무만 심었지 농촌개량운동이나 환경개선운동은 안 했죠. 그건 분명히 다른 겁니다. 새마을 운동은 아시다시피 100여 개 이상의 프로젝트가 있었잖아요. 그 가운데에 치산녹화와 관련되는 소득증대사업이 포함되어 있었죠. 이 중에서 치산녹화에만 들어간 예산이 1971년부터 1978년까지 6.9%, 그다음에 1979년부터 1987년까지 3.9%입니다. 그걸 제가 계산했어요. 아직까지 아무도 계산한 사람이 없습니다.

그렇다면 이것이 100개 이상 되는 프로젝트 중에서 치산녹화라는 한 항목에 17년 동안 대략 평균 5% 되죠? 달러로 치면 1971년부터 1978년까지 40억 달러에 달합니다. 그리고 1979년부터 1987년까지 120억 달러가 투자되었어요. 이것은 엄청난 예산입니다.

이와 관련한 김연표의 증언을 들어보자.

1972년부터 추진한 '제3차 경제개발 5개년 계획'이 지향하는 목표는 균형적 지역 개발에 밀접한 관련을 맺는 것이고, 산림녹화운동과 지역개발사업은 불가분의 관계에 있다고 할 것입니다. 산림녹화사업은 처음부터 국민의 애림사상이 없으면 정부의 의지만으로 달성하기 어려운 사업입니다.

따라서 새마을 운동과 연계하여 추진할 정책적 당위성이 있었다고 봅니다. 또한 새마을 운동의 중점 방향이 마을의 환경 개선과 소득 증대에 있었으므로 이와 연계한 녹화사업은 새마을사업도 동시에 활성화시킬 수 있는 계기가 될 수 있었다는 점에서 굳이 구분해 말하자면 상호 보완적 사업이었다고 볼 수 있습니다. 예를 들어 새마을양묘에 필요한 자재대금을 보조하고, 그곳에서 생산된 묘목을 정부가 다시 매상하는 이른바 복차소득(複次所得) 사업을 권장함으로써 새마을정신을 배양하고 마을의 기금도 조성하는 정책적 효과를 기대할 수 있는 계기도 될 수 있었다고 봅니다.

이처럼 치산녹화와 새마을사업의 시너지 효과를 노리는 배경과 당위성이 산림청을 내무부 산하로 옮기고 내무부의 지방조직과 경찰 등의 조직을 최대한 활용한 강력한 조림사업을 추진할 수 있게 했던 것이다. 임업을 연구하는 학자들도 새마을 운동의 3가지 기본 정신 중 자조와 협동은 1960년대 연료림 조성사업이 그 시발점이라고 지적한다. 마을 단위의 산림계에서 그 정신이 길러져 계승된 까닭이다.

이 같은 정신은 정부의 정책집행 과정에서도 잘 나타난다. 산림청 출범 2년차였던 1968년은 '다목적 산림개발의 해'였다. '다목적'이란 산을 푸르게 옷을 입히는 것 말고도 소득증대의 개념도 함축한 단어로 풀이할 수 있다.

당시 정부가 내걸었던 표어만 보더라도 그 의미는 충분히 전달된다.

"산지 개발을 이룩하여 농촌 부흥 이룩하자", "정성껏 심은 묘목 산림자원 조성되고, 내가 심은 한 그루로 나라살림 부강해진다"라는 표어가 곳곳에 나붙어 산림녹화에 대한 새로운 개념을 부여했다.

대통령의 유실수 사랑

박정희 대통령의 유실수 사랑은 아주 잘 알려진 이야기이다. 박 대통령이 유실수에 관심을 갖기 시작한 것은 1960년대 후반부터라고 볼 수 있다. 1968년에는 대통령 하사목(下賜木)으로 여러 마을에 밤나무를 보냈으며, 1971년 경기도 광주군 금곡리 식목 행사에서 밤나무 20그루를 직접 심고 밤나무의 식량 대체효과를 강조했다. 관계관들에게 적극적이고도 강력하게 재배 지시를 내리기 시작한 것은 1972년이다. 공식 석상에서 유실수 재배를 적극적으로 지시한 것은 1972년 연두순시 때였다. 이때 박 대통령은 밤나무를 심을 것을 강조했다.

앞으로 약 10년 계획으로 가령 1만 정보에다 밤나무를 심었을 경우 5년 만에 밤을 따는데 그 수익성은 대단히 크다고 본다. 1ha에서 밤 20섬이 나온다고 하는데 같은 면적에서 생산되는 쌀의 소출과 맞먹는 양이다. … 그것도 지금까지 그냥 놀고 있는 산에서 나온다. 그러면 마을 사람들이 전부 산을 잘 관리하고 감시를 게을리하시 않으면 산림은 자연히 녹화될 것이다.

뿐만 아니라 1972년 3월 24일에는 서울시 방배동 새마을 현장을 시찰하는 자리에서 "전국 임야에 유실수를 심어 식량화하는 방안을 강구하라"고 관계관에게 지시했다는 기록도 있다. 그런가 하면 1972년 10월 월례 경제동향보고 회의에서는 새마을사업의 성공사례 발표를 산림청이 주관하라는 지시를 내린다.

당시 강봉수 산림청장은 '산지의 효율적 이용 성공사례와 유실수 조림대책'을 보고했다. 강 청장은 전국적으로 여러 사례를 조사하여 보고했고, 특히 충주의 산지(山地)에 조성한 사과 과수원에 대해서는 30여 장의 슬라이드를 활용하여 자세히 설명했다.

1976년 7월 12일 월례 경제동향보고 회의에서는 밤의 가공 처리에 대한 토론이 있었다는 기록은 유실수 문제가 산림 개발의 차원이 아니라 식량 확보라는 국가적 과제로 다루어진 방증이 아닐까?

박정희 대통령의 산림녹화에 대한 집념

남달랐던 나무와 조경에 대한 식견

화제를 바꿔 박정희 대통령의 치산치수에 대한 관(觀)을 들어보자. 여기서 그동 안 자료 수집을 하면서 가장 궁금했던 한 가지 의문점은 "왜 박정희 대통령은 그 토록 산림녹화에 집착했는가?" 이다. 물론 역대 대통령이나 외국 지도자들 역시 치산녹화를 치국의 근본으로 삼은 것은 잘 알려진 사실이다. 그러나 박 대통령 은 산림녹화를 단순히 국가정책의 최우선 순위에 올려놓은 것만이 아니었다. 구 체적인 지식과 식견으로 정책을 지시하고 독려하는 정도가 다른 지도자들과는 전혀 다른 느낌을 주었다. 심지어 조경수의 나무까지 추천하고 새로운 사방공법 을 제시한 것은 일상적 국가통치 행위로만 볼 수 없을 정도로 전문적이다.

모든 산림시책들이 박 대통령의 머리에서 시작되고 결단을 거쳐 열매를 맺는 과정으로 기록되었다. 물론 당시에는 대통령의 지시사항을 통해 새로운 정책과 제가 제기되고, 정부는 그에 대한 해답을 만들어 집행하고 추진하는 것이 행정 적 관행이었다. 그러니 많은 정책성과가 대통령의 명령으로 해결되었다고 기록 되기 십상이다.

그러나 산림녹화의 경우는 그런 것만도 아니다. 진정 산림녹화를 정책 우선 순위에 확고히 올렸고, 본인 스스로 나무를 심어 가꾸고, 과실을 수확하고, 조 경에도 일가견을 가졌던 정황은 공식 문서나 대통령 기록물을 통해서도 충분히 읽을 수 있다. 그런데 군인 출신인 그가 왜 그런 생각을 가졌을까? 의문이 아닐 수 없다.

이경준 교수의 의견을 들어보았다.

이계민　한 가지 원초적으로 궁금한 게 있습니다. 그간의 자료를 정리하다 보니 박정희 대통령이 이상하다 싶을 정도로 산림녹화를 중요시한 기록들이 많이 나 오는데, 교수님의 연구결과로 판단할 때 왜 그토록 집착했다고 생각하십니까?

| 절대녹화 포스터 (1971)
산림녹화 정책의 대중화를 위해 제작된 포스터.
'絕代綠化'(절대녹화)라는 문구에서 박정희 정부의
강력한 산림녹화 의지를 느낄 수 있다. 출처 : 산림청.

이경준   그건 나도 미스터리인데 다만 짐작하는 게 하나 있습니다. 첫째는 그
분이 군생활을 할 때 산림녹화에 관련된 일을 몇 가지 했습니다. 그중 가장 중요
한 것을 말씀드리겠습니다. 1957년인가, 1958년에 제1군 사령관 참모장이 됐
을 때 송요찬 중장이 사령관이었어요. 제1군 사령관이면 군부대 휴전선을 다
총괄하고 후방에 제2군이 있잖아요. 그래서 송요찬 중장일 때 이분(박정희 대
통령)이 소장으로 진급하면서 제1군 사령관 참모장이 되었는데 곧바로 송요찬
중장에게 건의한 게 있습니다. "후생사업을 중단하자"는 겁니다. 후생사업이 뭔
지 아시죠?

이계민   나무 베어 팔고, 장작 팔아 부대의 비용을 조달하는 것 등이 아닌가요?

제1군 참모장 시절, "후생사업 중단합시다"

이경준   장작을 팔기도 했지만 더 중요한 것은 후생사업이 생겨난 1950년대부터 도벌이 암암리에 진행되었습니다. 군장교들이 결혼을 하잖아요. 그런데 그 당시에 봉급이 워낙 적어서 도저히 식구들을 먹여 살릴 수가 없었어요. 그러니까 부대가 보유한 군트럭, GMC를 민간에게 빌려줍니다. 그럼 민간업자들이 페인트칠을 해요. 그리고 그것을 산판에 투입합니다. 군부대 차량이 민간번호를 달고 산에 올라가서 도벌꾼들이 도벌한 것을 끌어내는 겁니다. 도벌을 방조한 셈이죠.

사단장이 암암리에 뒤로 트럭 몇 대를 빼돌려 빌려주고 매달 임대료를 받는 거예요. 그것을 군장교들끼리 나누었어요. 그리고 가끔 겨울, 월동기 때 장작을 좀 납품하라면 장작을 공짜로 받아서 그걸 땠던 거죠. 즉, 후생사업을 중단하면 도벌꾼들이 도벌할 수가 없어요.

그래서 송요찬 중장에게 후생사업을 중단자고 제안했는데 사령관(송요찬 중장)도 "어, 좋아. 전쟁에 쓰여야 될 GMC가 민간업자들이 쓰다 폐차가 되어서 들어오면 되겠나? 회수시켜라"라고 했답니다. 그래서 30일 이내로 회수하라는 명령이 떨어졌습니다. 물론 도벌을 막고 산림녹화를 위해 그랬는지는 확인되지 않습니다. 어쨌든 도벌이 1958년부터 줄어들 수밖에 없었죠. 그게 하나의 추측이고.

그보다 먼저 뭘 했느냐 하면 어느 지역의 사단장을 할 때, 그러니까 1957년인 것으로 아는데 군대에서 나무를 연료로 쓰는 걸 중단시켰어요. 그걸 박정희 소장이 한 겁니다. 옛날에 조개탄이라는 게 있었어요. 옛날에 군대 가면 연탄을 물에 개어서 떼지 않았습니까? 사단장으로 부임해 자기 사단에는 장작 대신 조개탄으로 바꿨다는 이야기도 있습니다. 물론 산림보호를 하려고 장작 사용을 금지했고 후생사업을 중단했다는 기록은 어디에도 없습니다. 또 본인이 이야기한 적도 없기 때문에 확실히 말하기는 어렵습니다.

이계민   그렇게 한 사실은 인정이 되는가요?

이경준 일부 기록이 있기도 한데 뭐 사실이 아닐 수도 있죠. 어쨌든 그 두 가지 사건 이외에 또 하나는 1965년에 있었는데, 이것은 김성재 당시 동양통신 기자가 쓴 글에 있는 내용이에요. 그 글에 의하면 1965년에 존슨 미국 대통령을 만나서 베트남 파병을 합의하고, 육사(웨스트포인트)를 방문한 다음에 플로리다로 내려가 케네디 스페이스센터에서 스페이스십 쏘는 것을 직접 참관했다고 해요.

그러고 나서 수행원과 기자들이 다 바닷가에 수영하러 갔는데 통신사 기자인 김성재 씨는 숙소에서 기사를 썼답니다. 그런데 박 대통령이 별안간 탁 나타나더니 "너 뭐해?" 그러면서 "우리 산보나 갈까?" 해서 대통령 전용 지프차의 깃발을 가리고 운전병과 함께 대통령과 단 둘이서 약 한 시간 드라이브를 했답니다.

그때 김성재 씨가 물어봤대요. "미국에 오셨는데 가장 인상적인 게 뭡니까?" 그랬더니 "두 가지가 있어. 육사생도들의 기백이 최고야. 모자를 하늘로 집어던질 때 정말 보기 좋더라. 그들의 기백이 정말 최고로 부러운 거야. 둘째는 이 미국에 있는 푸른 숲을 내가 그대로 가져가고 싶어"라며 두 마디를 하셨답니다. 그걸 김성재 씨가 기록에 남겼습니다.

그러면서 박 대통령의 두 가지 지적 중에 군인 출신이니까 육사를 꼽은 것은 이해되는데, 또 하나로 미국의 민주주의나 아니면 뭐 잘사는 거, 아니면 무슨 행정이나 이런 이야기를 안 하고 왜 숲이 부럽다고 이야기했을까 궁금해서 '?' 마크를 붙여 놨어요.

이러한 이야기들을 종합해 볼 때 이분이 평소에 산림녹화에 대한 숨은 애착심이 있었던 것 같아요. 구체적으로 '사단장 시절에 조개탄을 때게 했어, 후생사업을 중단시켰어'라는 이야기를 안 하지만 식목일에 관료와 군인들 앞에서 "옛날 군인들 나쁜 짓 많이 했지. 사죄하는 뜻에서 나무 좀 심어라"라고 했답니다. 그러니까 면죄, 사죄하는 뜻에서 나무를 심으라는 이야기이죠. 이건 기록에 있어요. 그런 정황으로 봤을 때 이분이 분명히 산림녹화에 남다른 관심이 있었다고 봅니다.

그걸 증명하는 게 하나 더 있습니다. 쿠데타를 일으키자마자 5대 사회악을 발표한 거 아시죠? 그 5가지가 뭔지 아세요? 밀수, 마약, 도벌, 깡패, 사이비기자입니다. 3번째가 도벌이에요. 그걸 봐서 분명히 나무와 숲에 대한 애착심이 있었던 분이에요. 그게 숨은 이야기들입니다.

이경준의 지적 말고도 박 대통령의 산림녹화
에 관한 의지는 여러 가지 자료에서 확인된다.
김연표는 "1976년 2월 경상북도 순시를 위해 대
통령이 이동할 때 수원에서 대구 인터체인지에
이르는 차 중에서 고속도로변의 산림에 대한
지시사항이 48건에 달한 적이 있다. 그 지시사
항을 받고 현지 확인을 하면서 분석한 결과에
의하면 시간적으로는 매 3분마다 한 건의 지시
가 있었고, 거리상으로는 매 4㎞마다 한 건씩
의 지적 사항이 있었던 것으로 기록되었다"고

| 이경준 서울대 명예교수

증언한다. 오죽했으면 실무자들이 대통령 지시사항이 몇 분 만에 한 건, 몇 ㎞
마다 한 건씩이었는지 계산해 보았겠는가?

손수익은 이런 에피소드도 전한다.[3]

대통령께서는 "해마다 기념 조림지가 바뀌고 그것이 한낱 기념행사로 끝나는
경향이 있으니 임지를 정해 나무를 심고 가꾸는 것이 어떻겠느냐"고 하셔서
1974년부터는 시흥군 의왕면에 산지를 정해 오동나무, 잣나무 등을 심어 나
갔다. 이후 "나하고 산 하나 사서 나무를 심고 가꾸지 않겠느냐"는 말씀에 구
체적으로 임지를 물색하기도 했으나 실행하지는 못하고 산림청을 떠났다.

한 나라의 대통령이 어찌 이만큼 산, 나무에 깊은 애착과 열정을 가질 수 있
으랴. 세계 임정사에 그 유례를 찾을 수 없을 만큼 단기간에 산림이 복구되고
녹화된 기적은 바로 박 대통령의 더할 나위 없는 국토 사랑의 결과였다고 생
각한다.

청와대 정문 양쪽으로 줄지어 선 반송(盤松)들이 지금도 예쁘게 자라는 줄
알았지만, 언젠가 "왼쪽 두 번째 반송의 좌측 가지가 이상하니 기술자를 보내
그 내력을 파악해 보고하라"는 대통령의 지시가 떨어졌다. 임업시험장의 나
무 할아버지를 보내 진단케 한 결과, 일부가 고사 상태였음을 확인하고 소생

3 손수익, 2006. 4. 1, "국토사랑과 산림녹화", 〈박정희대통령기념사업회 회보〉, 7호.

대책도 같이 보고드린 후 이상 원인을 규명해 보니, '누군가 상습적으로 나무에 대고 소변을 봤다'는 웃지 못할 결과가 나왔다. 이실직고를 할 수밖에 없었던 바, 저녁에 이곳에서 근무한 젊은 친구들이 혼이 났다는 말을 듣고 대통령의 예리하고 정확함에 새삼 놀라고 감탄했던 기억이 생생하다.

1972년 여름, 필자가 경기도지사로 재직할 때다. 용인군 남사면의 경부고속도로변 마을 앞에 물버들 7그루가 있었는데 풍수해를 만나 그중 두 그루가 바람에 쓰러져 할 수 없이 한 그루는 베어 버리고 한 그루는 살려 보려고 지주를 세워 두었다. 그런데 도청 현관에서 내리신 대통령께서 하신 첫 말씀이 "그 마을 앞에 나무 한 그루가 없어졌던데 어떻게 된 것이냐"고 하문하시는 것이었다.

사실대로 보고드려 꾸중을 들었지만 이렇게 국토를 손바닥 보시듯 보고 계실 뿐 아니라, 일목일초도 소홀히 하지 않으시는 평소 성품의 편린을 보여주시는 것 같아 겁도 나고 외경스러움을 느낀 일도 있었다.

또 한 번은 "플라타너스는 삽목을 해도 잘 살지?" 하고 물으셔서 "네" 하고 대답 드리면서 "각하께서 어떻게 그것까지 알고 계시느냐?"고 아부성(?) 말씀을 드렸더니 "임자가 날 칭찬하네" 하시면서 "일선에서 사단장을 할 때 부대친구들이 조경을 한다고 산에서 잣나무를 캐다 심고 플라타너스 가지를 베어다가 지주를 세웠는데 얼마 후 보니까 잣나무는 죽고 지주로 옆에 꽂아 놓았던 플라타너스에서 새순이 나오는 것을 보고 플라타너스가 맹아력(萌芽力)이 강하다는 것을 느꼈다"는 이야기를 들려주셨다.

박정희 대통령은 1972년 5월 경제 제1 수석비서관실 소속으로 조경비서관을 신설했다. 첫 비서관은 오휘영(吳輝泳)이라는 사람으로 한양대 건축학과를 졸업하고 미국 일리노이주립대에 유학하여 조경학을 전공한 당시 시카고 지역 녹지관리처 조경담당비서관이었다. 그런가 하면 이듬해인 1973년 3월에는 서울대에 환경대학원을 신설했고, 서울대와 영남대에 조경학과를 신설하기도 했다. 참으로 의외의 행보라 하지 않을 수 없다.

박 대통령의 산림녹화 의지를 보여주는 뒷이야기는 끝이 없다. 1975년 영동고속도로가 준공되면서 박 대통령의 특별한 녹화 지시가 손수익 청장에게 내려졌다. 나무가 자랄 수 없는 대관령 정상에 조림을 실시하라는 지시였다. 산림청

| 대관령 특수조림 지역(1981)
방풍책과 방풍막을 설치한 대관령 특수조림 지역 전경. 출처: 산림청.

은 연구와 회의를 거듭해 '특수경관 조림'을 하기로 했다.

이에 대한 손수익의 증언도 있다.[4]

지금은 서울-강릉 간 영동고속도로의 터널이 뚫려 대관령 정상을 지나지 않아도 되나, 당시에는 나무 하나 없는 목초지와 비음림 몇 그루 그리고 잡초지 및 나지로 이루어진 대관령 정상을 지나야만 겨우 강릉을 갈 수 있었다. 더구나 이 정상지대는 나무가 자라지 못하는 풍충지(風衝地)로 인식되었다.

그런데 "옛날에는 여기에도 나무가 있었을 것 아니겠느냐, 더욱이 여기는 국토의 척추에 해당되는 백두대간의 주간이고 많은 사람들이 쉬고 보고 가는 곳이니 여기에 나무를 심고 가꾸어 보면 어떻겠느냐"는 대통령의 말씀에 따라 휴게소 주변에 글자 그대로 특수조림(造林)을 했다. 묘목 하나하나에 방풍책(防風柵: 바람막이 울타리)을 둘러치고 주수종(主樹種) 못지않게 비료목(肥料木)을 같이 심고 4~5m 간격으로 제주도의 밀감밭처럼 방풍망을 설치했는가 하면, 미국의 서부 개척기에 있었던 것 같은 목책을 둘러치고 묘목이

4 손수익, 2006. 4. 1, "국토사랑과 산림녹화", 〈박정희대통령기념사업회 회보〉, 7호.

착근을 할 때까지 담당 공무원이 초속 20~30m의 바람 속에서 나무와 같이 지내기도 했다.

　오늘의 조림지는 이렇게 이루어진 것이다. '하면 된다'는 가르침과 '뜻이 있는 곳에 길이 있다'는 산 교훈의 장인 그곳. 지금도 당시 같이 고생했던 사람들은 자주 그곳을 찾아본다.

　이러한 대관령은 자연의 한계를 극복하고 아름다운 숲을 조성한 시범단지로 알려져 지금도 널리 홍보되고 있다. 2010년 8월 서울에서 열린 제 23차 세계산림과학대회(IUFRO 세계총회)는 1,813명의 외국인과 921명의 내국인 과학자들이 참석한 사상 최대 규모의 임학 관련 국제학회인데 여기서 서울대 이경준 교수가 대관령을 방문한 외국 과학자들에게 당시의 특수조림과 철저한 화전민 이주 대책 등을 설명하자 감탄을 금치 못했다고 한다.

　다시 손수익의 증언을 한 가지를 더 들어보자.[5]

산림청장으로 재직하는 동안 봄, 가을에는 수시로 "조국의 산야(山野)가 해마다 푸르러지는 것을 볼 때마다 …"라는 격려의 친필서한과 함께 판공비로 쓰라시며 적지 않은 돈을 주시곤 하셨다.

　언젠가는 친서와 더불어 의외로 큰돈을 주셔서 "각하께서도 용처가 많으실 텐데 … 저도 판공비가 있습니다"라고 사양했더니 옛날에 문경에서 교편을 잡으며 영림서장의 아들 담임을 맡았는데 그 서장이 가끔 약주를 사 주어서 대접을 받았다는 이야기를 들려주시면서 "일선의 산림직들이 목재업자한테 절대로 술 얻어먹지 않도록 자네가 술도 좀 사 주고 격려도 해 주라"는 말씀이 계셨다. 이에 각하의 하사금이 전국의 산림직에 닿을 수 있도록 노력했으며 덕분에 소주도 많이 마신 것 같다.

김연표와 이주성, 안승환의 좌담에서는 이런 이야기도 나왔다.

5 손수익, 2006. 4. 1, "국토사랑과 산림녹화", 〈박정희대통령기념사업회 회보〉, 7호.

안승환 매년 봄철이 되면 박 대통령이 손수익 청장을 부르셔서 하사금을 내리셨습니다. 지금 돈으로 따지면 3억 원쯤 되는 것 같아요. 그러면 실무자들은 잠을 안 자고 5만 원 봉투를 만들었어요. 그리고 그다음 날부터 헬기에 싣고 지방 순시를 할 때마다 격려금으로 사용했습니다. 시장, 군수를 산꼭대기까지 끌어올리는 수단이기도 했어요. 시장, 군수가 언제 산에 올라옵니까? 그런데 헬기를 끌고 가서 헬리포트를 산꼭대기에다 만들어 놓았으니 산림청장을 만나려면 올라와야지 별수 있습니까? 그게 대통령 하사금이라는 것을 모르고 받는 사람도 있었지만 시장, 군수들은 다 알았겠죠. 우리 심부름하는 사람들 입장에서도 이 정책이 최고라고 생각했습니다.

김연표 당시에 조림국장을 맡았을 때인데 청장님이 안 계시면 대신 청와대에 불려가 받아오기도 했습니다.

이주성 그게 대단한 일이었어요. 지방 공직자 특히 시장, 군수 등은 안 받은 사람들이 거의 없을 정도였으니까요.

치산녹화의 숨은 주역, 현신규 박사

외국에서 더 잘 알려진 육종학자

치산녹화와 관련해 빼놓을 수 없는 인물이 현신규 박사이다. 그는 세계적인 육종학자로 국내보다 외국에서 더 알려져 있다. 식목일이면 박 대통령이 참석하는 자리에 꼭 초청되었고, 박 대통령조차 산림녹화에 관한 것은 "현 박사한테 가서 자문을 구하라"고 조언할 정도였다고 전해진다. 산림청을 내무부 산하로 옮길 때도 현 박사의 자문이 있었음은 앞에서 살펴본 바 있다.

손수익 산림청장은 1973년 1월 청장 발령을 받고 서울대 농대 연구실로 현 박사를 찾아가 자문을 구했다고 한다.[6] 현 박사는 산림청장 직무수행의 두 가지 지침으로 첫째는 조급하게 하지 말고 천천히, 그리고 끈질기게 하라 했고, 둘째는 산림녹화는 기술을 수반하는 것이니 나무의 특성에 맞게 순리대로 해나가라 했다고 술회했다.

그런데 정작 현 박사는 정책 수립에서 뚜렷한 행적이 잡히지 않는다. 물론 학자로서의 직무에 충실하려 했을 것으로 생각하지만 그래도 너무 의외라는 느낌을 지울 수 없다. 더구나 어느 정도는 정책을 수립하고 집행하는 공직을 맡기도 했었기에 더욱 그런 의구심을 갖게 된다. 그는 1963년 7월부터 1965년 8월까지 농촌진흥청장을 지냈다.

현 박사는 1911년 서울에서 태어나 휘문고등보통학교와 수원고등농림학교(서울대 농대) 임학과를 거쳐 1936년 3월 일본 규슈제국대학(九州帝國大學) 임학과를 졸업했다. 1936년 4월 조선총독부 임업시험장 기수로 근무하다 광복 후 1945년 10월 미군정청 임업시험장장에 임명되었다. 1946년 1월 수원농림전문학교 교수로 발령받아 교직생활을 하였으며, 1949년 7월 일본 규슈제국대학에서 농학박사 학위를 취득했다.

---

6 손수익, 2012, 《향산 현신규 박사 탄신 100주년 기념논문집: 겨레의 스승 향산 선생님》, 7쪽.

| 임목육종연구소 (1975)
임목의 신품종 육성과 품종 개발을 연구하는 임목육종연구소(산림청 산하)에서
현신규 박사(가운데)와 손수익 산림청장(왼쪽)이 순시하고 있다. 출처 : 산림청.

　　1951~1952년에는 미 국무성 초청으로 미국 산림유전연구소에서 임목육종에
관한 연구를 하고 귀국해 서울대 농대에서 교수로 봉직했다. 미국에서 임목육
종을 연구하고 귀국한 뒤, 서울대 농과대학 내에 임목육종연구동을 만들어 교
잡육종 및 돌연변이 육종에 힘쓰고 당시 리기테다소나무의 잡종 소나무 종자를
대량생산하는 데 전력하였다.

　　현신규의 대표적인 연구 결과는 미국 원산지인 리기다소나무와 테다소나무
의 교잡을 통해 리기테다소나무를 국내에 보급한 것이다. 그리고 포플러 교잡
연구를 통해 은수원사지(은백양 + 수원사시나무)를 개발하였고, 도입육종 연구
를 통해 이태리포플러를 널리 보급하는 등 한국 육종학계에 큰 업적을 남겼다.
현신규 박사의 제자인 이경준 박사의 이야기를 더 들어보자.

이계민 　세계적 학자인 현 박사가 산림녹화 정책에 직·간접적으로 큰 영향을 미쳤으면서도 '뭘 했다'거나 '어떤 도움을 줬다'는 업적이 전혀 나오지 않습니다. 그러면서도 산림녹화 관련 자료의 군데군데에서 박 대통령이 산림정책 관계자들에게 "현 박사한테 가서 상의하라"고 조언하는 대목들이 나옵니다.

　또, 5·16 이후 군사정부가 연료림 조성을 강제로 시행하려 하자 현 박사를 동원해 설득했다는 기록도 있습니다. 박 대통령과 친밀했다는 이야기도 있고요. 그런데 실제로 그런 것에 대한 직접적인 기록은 전혀 안 나옵니다. 치산녹화 과정에서 현 박사의 영향도 컸을 것 같은데요.

이경준 　1962년 7월 18일에 미 상원에 한국에 대한 원조자금을 삭감하자는 안이 올라왔습니다. 왜냐하면 4·19가 일어나고 그다음에 5·16이 일어나니까 '한국이 불안하다. 더 이상 원조할 가치가 없다'는 판단하에 어느 의원들이 원조를 삭감하자는 안을 상정한 겁니다. 한마디로 군사 쿠데타를 인정하지 못하겠다는 그런 취지였겠지요. 이때 위스콘신 출신 상원의원인 알렉산더 와일리라는 분이 "무슨 소리냐? 우리가 한국에 원조한 게 헛된 것이 아니다"라면서 리기테다소나무 자료를 가지고 나왔어요.

　이것이 뭐냐 하면 미국의 리기다소나무와 테다소나무를 결합한 것입니다. 리기다소나무는 우리나라에 옛날부터 심어졌는데 생장이 느리고 구불구불하고 송진이 많아 쓸모가 없어요. 대신 척박한 땅에 잘 자라고 건조, 추위에 잘 견디는 장점이 있어요. 그런데 테다소나무는 반대로 꼿꼿이 자라고 생장이 좋은 대신 추위에 약하고 척박한 땅에서 자라지 못합니다. 그래서 이 두 소나무를 교배시켜 잡종을 만들어 보니까 환상적인 잡종이 나왔는데 엄마, 아빠의 장점만 땄어요. 즉, 꼿꼿이 서고 빨리 자라고 척박한 땅에 잘 자라고 건조와 추위에 견디는 게 나온 겁니다. 환상적 콤비네이션이죠. 그리하여 이 나무는 미국으로 역수출이 됐습니다.

　그런데 이게 미국 원조자금으로 1954년부터 1961년까지 7년 동안 연구해서 나온 신품종이에요. 현신규 박사가 굉장히 많은 돈을 썼어요. 연구결과와 함께 미국에 종자를 보내 1961년에 이미 일리노이의 탄광, 나무가 못 자라는 지역에

| 현신규 박사 동판 초상화 (2001. 4. 5)
포천 국립수목원의 '숲의 명예전당'에 있는
향산 현신규 박사의 동판 초상화. 그가 생전에
임학 교육과 육종 연구에 쏟은 열정은 우리나라
산림녹화사업에 큰 기여를 했다. 출처 : 산림청.

심어 놓았는데 생장이 좋은 거예요.

그래서 와일리 상원의원이 "무슨 소리냐? 한국의 원조자금 중에서 이렇게 세계적인 작품이 나왔다. 그러니까 리기테다가 우리나라(미국)의 헐벗은 산을 녹화한다"고 그랬어요. 결국 그 안이 부결되었습니다. 그게 1962년 7월 18일이에요. 이것은 분명히 최고회의 의장인 박정희 소장한테 보고가 되었겠지요.

현 박사는 1963년에 농촌진흥청장이 됐어요. 농촌진흥청이 1962년에 생겼는데 초대 청장은 그냥 관료 출신을 시켰습니다. 제 2대 청장은 현 박사가 되었는데 어떻게 박 소장이 현신규를 알았을까? 무척 궁금했지요. 물론 1962년도에 이태리포플러를 많이 심었어요. 이태리포플러는 현 박사가 개발한 거니까 아마 박 소장이 그걸 들었을 것 같기는 했지만 앞서 이야기한 그런 일이 직접적인 계기가 아니었나 추측해 봅니다.

사실 박정희 대통령과 현신규 박사는 각별한 사이였습니다. 그래서 식목일마다 만났어요. 그래도 현 박사는 청와대를 한 번도 찾아간 적이 없습니다.

낙엽채취는 죽어가는 환자의 피를 뽑는 것이란 가르침

이경준　이건 사담(私談)이지만 저는 김현옥 내무부 장관하고 특별한 관계가 있습니다. 김 장관이 서울시장 재임 시절 1년 정도 제가 그 집 자제분의 가정교사를 했습니다. 이분이 서울시장 하실 때니까 1969년 3월인데 매일 밤 9시, 10시에 들어오세요. 제가 공부가 끝날 때쯤 들어오십니다. 그러면 어떤 때는 "어, 이 군. 이리 좀 오지" 하시면서 부르십니다.

"자네 뭐 전공해?"

"임학(林學)을 합니다."

"어, 그래. 그런데 우리나라는 왜 산에 나무가 이렇게 없어?"

그때 제가 무슨 이야기를 했느냐면 낙엽채취 금지에 관한 것이었어요. 마침 그 학기, 1969년 3월 학기에 현 박사께서 '산림보호학'이란 과목을 강의하셨습니다. 당시 현 박사님이 "우리나라가 산림녹화를 하려면 나무도 열심히 심어야 하지만 낙엽채취를 금지해야 된다"고 말씀하신 거예요. 낙엽은 썩으면 비료가 되는 거 아니에요? 그런데 산에는 비료를 못 줍니다. 돈이 너무 많이 드니까. 그럼 낙엽이 썩어서 비료가 되어야 하는데 가지랑 낙엽을 100% 팍팍 긁어가는 게 몇십 년 지속되면 모래만 남고 유기물이 하나도 없어 나무가 못 자라요. 우리가 산에서 나무를 베고 가지를 가져오더라도 낙엽만은 남겨 놔야 돼요. 그래야 나무가 자랍니다.

현 박사 말씀이 산에서 낙엽을 긁어가는 것은 마치 죽어가는 환자로부터 피를 뽑아가는 것과 같다고 말씀하셨습니다. 그 말을 김현옥 시장께 서너 번 이야기했어요. "나무도 열심히 심어야 하고 도벌꾼도 잡아야 되지만, 산림보호가 중요한데 낙엽채취만은 안 됩니다. 그러니까 연료 때문에 솔가지 가져가는 것은 할 수 없지만 낙엽만은 긁어가면 안 됩니다"라는 이야기를 제가 여러 번 했습니다.

그러니까 그분이 1년 동안 저에게 세뇌되도록 그 교육을 받으신 거죠. 1973년 '치산녹화 10개년 계획'이 발표되면서 '낙엽채취 금지'라는 말이 최초로 나왔어요. 지금도 저는 정부가 캐치프레이즈로 내세울 정도의 복안을 만드는 데 큰 공헌을 했다고 스스로 자부합니다.

식목일 이야기

조선 순종의 친경제에서 유래, 해마다 치산녹화 기조 다져

산림녹화를 뒤돌아보면서 식목일 이야기를 빼놓을 수는 없을 것 같다. 식목일은 언제부터 정해지고 온 국민들이 함께 나무를 심는 날로 실행되었는가? 우선 '왜 4월 5일인가?'에 대해서는 여러 가지 자료에서 잘 소명이 되어 있다. 국립민속박물관에서 2007년에 펴낸 《한국세시풍속사전》을 보면 식목일에 대한 설명이 이렇게 나와 있다.

> 식목일을 4월 5일로 정한 것은 24절기의 하나인 청명(淸明) 무렵이 나무 심기에 적합하기 때문에 정해졌지만 그보다 역사적인 의미가 크다.

우선 신라가 당나라의 세력을 한반도에서 몰아내고 삼국통일의 위업을 달성한 날이 서기 677년 음력 2월 25일인데 이를 양력으로 환산하면 4월 5일이라는 것이다. 즉, 신라의 삼국통일 기념일이라는 이야기다. 또 다른 설은 조선 성종이 세자와 문무백관들과 함께 동대문 밖 선농단에서 직접 밭을 일군 날이 1343년 음력 3월 10일인데 이를 양력으로 환산하면 4월 5일이라는 것이다.

그러나 보다 직접적인 계기는 1910년 4월 5일 순종이 친경제(親耕祭: 왕이 직접 친히 밭에 나가 곡식이나 나무를 심는 행사)를 거행할 때, 손수 밭을 갈았을 뿐만 아니라 직접 나무를 심었던 데에 연유했다는 것이 정설이다.

일제 강점기에는 조선총독부가 날짜를 4월 3일로 옮겨 식목일 행사를 거행하였는데, 그 이유는 히로히토 일왕(昭和 日王)의 생일이 4월 5일이었으므로 이와 겹치지 않게 하기 위해서였다고 한다. 현재 일본에서는 4월 5일을 '녹색의 날'이라 하여 공휴일로 지낸다.

해방 이후 1946년에는 미군정청에 의해 식목일이 다시 4월 5일로 환원·제정되었으며, 1949년 '관공서의 공휴일에 관한 규정'에 의해 공휴일로 지정되었다.

자유당 시절인 1959년 11월에는 매년 3월 15일을 '사방의 날'로 지정하면서 식목일을 국가기념일 및 공휴일에서 제외했었다. 그러나 1960년 3월 21일 한 번으로 끝나고 폐지되었다.

그러다가 5·16 직후 이듬해인 1961년에 식목의 중요성이 다시 대두되어 4월 5일 식목일이 공휴일로 부활하였고 1982년에 국가기념일로 지정되었다. 1990년에는 일부에서 식목일을 공휴일에서 제외하자는 주장을 강력히 제기하기도 했지만 청명과 한식이 겹치는 날이라 하여 그대로 두기로 하였다. 하지만 최근에 다시 식목일을 공휴일에서 제외하자는 의견이 대두되었고 정부가 이를 받아들여 2006년부터 식목일은 국가기념일이라는 위상은 그대로 유지하지만 공휴일에서는 제외되었다.

이와 관련해 김연표의 증언을 들어보자.

해방되던 1945년 10월에 임업시험장장으로 현신규 박사가 임명되었어요. 그는 1936년 3월 일본 규수제국대학 임학과를 졸업하고 박사논문을 준비하는 과정에서 귀국했는데 미군정 장관이 임업시험장장으로 그 양반을 시켰습니다. 일제 강점기 때 임업시험장장은 일왕의 명의로 임명하기 때문에 칙임관(勅任官)이라고 합니다. 요새로 말하자면 대통령이 직접 임명하는 고급공무원과 같지요. 그때는 미군정 시절로 아놀드 육군 소장이 군정장관인데 해방 직후인 1945년 10월에 한국경제재건회의를 설치해 한국 경제를 부흥시키기 위한 방안을 논의했습니다.

그때 임업시험장장인 현신규 박사가 참석해서 이런 건의를 합니다.

"물론 경제 건설이 필요하다. 그러나 경제부흥 이전에 우리나라 국민과 국가의 존망을 가르는 것으로 산림 황폐가 더욱 문제다. 산림 황폐가 이대로 존속되어서는 우리나라가 사막화되어 국가와 민족이 다 전멸할 지경이다. 이를 먼저 해결해야 한다."

이렇게 강조하면서 "미국의 네브래스카 주에 식목일인 아버데이(Arbor Day)를 너희도 만들었다. 아버데이를 계기로 미국의 네브래스카 주에 산림 녹화를 해서 성공한 사례가 있지 않느냐? 그렇게 우리나라도 식목일을 만들어서 국민들이 나무를 사랑하고 나무를 아끼고 그러한 사명의식에 대해서 국토를 녹화하는 그러한 체계를 만들어 놓는 것이 다른 경제 부흥에 앞서서 시급하다"고 이야기했다고 합니다.

그런데 처음에는 아놀드 장관이 "곧 한국에 과도정부가 들어설 테니까 그때 가서 그 이야기를 하라"고 반응하더랍니다. 그런데도 현 박사는 "그때 가면 늦다. 이것은 과도정부가 아니라 지금 이 시점에서 해결해야 한다"고 고집을 부리니까 아놀드 장관도 한참 듣더니 "그 이야기도 일리가 있다"고 해서 1945년 10월에 대한민국의 미군정기인 1946년도부터 식목일을 설정했다고 알고 있습니다.

이에 대한 구체적인 기록은 찾지 못했다. 여기서 잠시 현신규 박사의 임업시험장장 임명에 대한 본인의 회고를 기록을 통해 들여다보자. 다음은 1981년 5월 26일자 〈한국일보〉에 실린 "나의 이력서" 42회의 글 내용이다.

감격시대를 맞아 새로운 모습의 학교(수원고등농림학교, 水原高農)로 재건하기 위해 교수진을 짜느라 조(조백현, 趙佰顯) 교장, 지(지영호, 池泳鎬) 교수를 모시고 동분서주할 무렵인 1945년 10월 1일 내게는 또 다른 임무가 주어졌다.

전에 임업시험장에 근무한 적이 있었다는 이유로 그 시험장을 인수하는 책임자로 가라는 지시가 떨어졌던 것이다. 조 교장에게 사유를 설명하고 일단 가서 재정비를 끝내고 돌아오겠으니 몇 달 휴가 가는 기분으로 다녀오겠다고 했다.

그러면서 속으로는 될수록 빨리 시험장은 김동섭(金東燮) 선배에게 맡길 속셈이었던 것이다. 김 씨는 일제 강점기에 임업시험장에 선착했던 선배로서 한동안 함께 일한 적이 있으며 그 후 기사(技師)로 승진하여 황해도청으로 옮겨 재직 중이었다. 임업시험장에 도착하는 즉시 김 씨에게 급사(急使)를 보내 시험장으로 돌아오도록 권유하는 한편 직원으로 남아 있던 분들을 유임시키고 젊은 분들을 새 직원으로 초빙, 대충 진용을 정비했다. … 그러는 동안 김 씨가 돌아왔다. 나는 곧 김 씨에게 임업시험장과 내가 묵었던 서대문의 관사를 넘겨주고 다시 수원농림전문학교로 복귀, 1946년 1월 1일자로 교수 발령을 받아 정착했다.

그러니까 해방 직후 3개월간 임업시험장장 직을 맡았는데 사실상 패망한 일본으로부터 조직의 인수작업을 맡은 셈이었다. 당시는 미군정기였기 때문에 고위직에 속하는 임업시험장장을 맡았으니 국정에 이런저런 이유로 가담할 수밖에 없었을 것이다.

어쨌든 식목일이 현신규 박사의 건의에 의해 이뤄진 것이라는 명확한 문헌은 찾을 수 없었지만 당시의 글 등으로 추정하면 충분히 가능한 일이라 여겨진다. 1947년 4월 5일과 4월 6일 〈경향신문〉 1면에 연재된 현신규 박사의 기고문인 "植樹(식수)로 본 세계의 애국심"이란 글을 보면 식목일의 지정에 대한 의의(意義)를 강조하는 대목을 볼 수 있다.

… 세계 각국은 애림의 온갖 방책을 쓰고 있다. 미국에서는 벌써 80년 전부터 아-보 데이(樹의 日)라 칭하여 매년 각 주(州)에서 제정한 일자에 전국 소학교 아동을 비롯하여 온 국민이 식수를 하는 행사를 법률로까지 제정하여 실행하며 독일에서는 옛날부터 이른바 결혼식수라 칭해 신랑은 6주(株)의 과수(果樹)와 6주의 참나무 묘목을 식재하였다는 지방장관의 증명이 없이는 결혼식의 거행을 법률적으로 금(禁)하여 왔고, 그 습관이 금일에 이른바 '그류네·복해'[7](綠의 週間)라 칭하여 일정한 주간을 정하여 연중행사로 식목을 행케되었으며 이태리도 법률로 '樹의 祭'(나무의 행사)를 규정하여 일정한 날에 반드시 국민이 식수를 하도록 하며, 중국은 3월 11일부터 18일까지 1주간을 '조림운동 實傳週(실전주)'라 칭하여 손일선 씨[8]의 서거를 기념하는 동시에 조림을 시행한다. 우리나라도 선진 제국의 例(예)에 따라 이날 4월 5일을 식목일로 정하니 금일 우리의 손으로 각기 한 주의 나무를 심으면 3천만 본(本)의 나무가 이 강산에 심어질 것이며 10주의 나무를 심는다면 3억의 수목이 이 강산에서 새로 자라서 붕괴하는 산의 흙을 뿌리로 끌어 잡으며 ….

---

7 필자 추정으로 Grüne Woche.

8 중국 혁명의 아버지라 불리는 쑨원(孫文, 1866. 11. 12~1925. 3. 12)을 뜻하며 일선은 그의 자(字)이고, 호는 중산(中山)이다. 그의 정치는 삼민주의(三民主義)로 대표된다. 대한민국 임시정부를 지원한 공으로 건국훈장 대한민국장이 추서되었다. 공화제의 창시자로 중국 국민정부 시대에는 '국부'(國父)로서 최고의 존경을 받았다.

이러한 현 박사의 글을 보면 식목일에 대한 열망이 숨어 있음은 능히 짐작할 만하다. 식목일이 미군정기에 새롭게 제정된 것도 분명하다. 또 식목일을 공휴일로 정하는 문제는 계속 논란이 되었다. 해방 직후의 신문에 실린 기사를 보면 식목일(植木日) 또는 식수절(植樹節)이란 표현을 구분 없이 쓰는 것도 눈여겨볼 대목이다.

1948년 4월 1일자 〈경향신문〉 2면에 실린 기사를 보면 이런 내용이 있다. 사설이라고 명시되어 있지는 않지만 사설 형식의 계몽 글인데 "보고 싶다: 靑山 朝鮮의 옛 모습"이란 제목 아래 '삼천만 한 그루식(씩)'을 부제로 단 글은 앞부분에 우리의 산림 황폐화에 대한 우려를 지적하고 나서 다음과 같이 적는다.

> 우리는 이러한 국가 백정(百政)의 기초가 되는 산림녹화를 위하여 금년 4월 5일 식수절을 당하여 거국적으로 국토녹화운동을 일으키지 않으면 안 된다. 그리하여 과도정부 산림당국에서는 4월 1일부터 4월 7일까지를 전국적인 애림주간으로 제정, 국토녹화운동을 전개하기로 했다. … 전국을 통하여 거국적으로 조림과 애림운동을 실시하는 4월 5일의 식목일을 공휴일로 제정, 공포하기 위하여 민정장관으로부터 군정장관[9]에게 건의한 바 있었는데 3월 31일 군정장관의 승인을 얻었으므로 금후 매년 4월 5일은 공휴일로 제정하고 전국 각 기관이 전부 일을 쉬고 식목에만 힘쓰기로 되었다고 한다.[10]

이 글은 1948년 4월 1일에 실렸는데 그해는 공휴일 지정이 못 되고 이듬해인 1949년에 공휴일에 관한 규정이 제정되어 식목일이 공휴일이 되었다. 식목일의 의미는 공휴일 여부보다는 예로부터 나라를 다스리는 데 치산녹화가 얼마나 중요한가를 반증하는 역사적 사실(史實)로서 그 의미가 크다고 하겠다.

●
9 1945년 8월 15일 일본이 항복함에 따라 미군이 1948년 8월 15일 대한민국 정부 수립 때까지 3년간 남한 지역에 군사통치를 실시했다. 역대 미군정 장관으로는 •아치볼드 아놀드(Archibald V. Arnold, 1945. 9. 11~1945. 12. 17) 미 육군 소장, •아서 러치(Archer L. Lerch, 1945. 12. 18~1947. 9. 11) 미 육군 소장(재직 중 사망), •찰스 헬믹(Charles G. Helmick, 1947. 9. 12~1947. 10. 30) 미 육군 준장·직무대리, •윌리엄 딘(William F. Dean, 1947. 10. 30~1948. 8. 15) 미 육군 소장 등이었다.
10 참고로 당시 글은 띄어쓰기가 없어 교정을 보되 맞춤법은 원문에 있는 그대로를 옮겼다. 지금과는 많이 다른 맞춤법이다.

| 제29회 식목일 기념식수 (1974. 4. 5)
식목일 행사에서 박정희 전 대통령이 직접 삽을 들고 나무를 심고 있다. 출처: 산림청.

식목일과 관련된 박정희 전 대통령의 에피소드는 수없이 많다. 그만큼 식목일에는 철저하게 나무 심는 행사를 치렀고, 특히 청와대에서 가족들과 나무 심는 것을 매년 거르지 않았던 것이다. 1976년 식목일에 있었던 얘기 한 토막을 싣는다.[11]

박 대통령은 비서실, 경호실 직원들과 함께 수원 못 미쳐 지지대 고개 근처에서 나무를 심었다. 도시락으로 점심을 들면서 독림가들과 담소를 나누었다. 독림가협회장이 애로사항을 이야기하다가 "산림청 직원과 도청 산림과 직원들이 자주 바뀌는 바람에 전문지식을 갖지 못한 사람이 그 자리에 앉아 지장이 많습니다. 산림 업무를 잘 아는 사람을 한자리에 오래 두었으면 좋겠습니다"라고 건의했다.

그러자 박 대통령이 "산림청장에게 말하시오" 하고 빙그레 웃었다. 손수익 산림청장은 "저는 벌써 이 자리에 3년 반이나 있었습니다. 더 오래 하란 말씀입니까?"라면서 울상을 지었다. 그러자 옆에 있던 내무부 장관도 "저도 오래 하라는 쪽에 낍니까?" 하고 덩달아 물었다. 독림가협회장이 난처해하자 박 대통령은 "그럴 것이 아니라 이제부터 오래 하고 안 하고는 나무에게 물어봅시다"라고 말해 모두 파안대소했다.

11 김인만, 2008, 《박정희 일화에서 신화까지》, 서림문화사, 334쪽.

그린 코리아 운동

북한 산림녹화를 위한 민·관·학 협의체의 프로젝트

한국의 치산녹화 성공의 경험을 북한에 전수해 북한의 민둥산을 녹화시켜 보자는 운동은 오래전에 시작된 일이다. 고건 전 총리를 필두로 산림청에 재직했거나 산림녹화에 관심을 갖는 시민단체들이 힘을 모은 것이다. 그러나 결코 쉬운 일만은 아닌 것 같다. 우선은 남북 교류협력사업이 활발히 추진되어야 가능한 일인데 지금은 '올 스톱' 상태다. 게다가 북한은 장기성과를 기대할 수밖에 없는 산림녹화보다는 당장의 실용적 지원, 예컨대 비료나 농산물 등을 위해 나무 심는 작업을 함께 하기가 쉽지가 않다는 게 그동안 이 운동에 간여한 전문가들의 진단이다.

그래도 준비는 해야 할 일이어서 북한은 물론이고 동남아시아의 사막화를 막고, 환경 보존을 위해 갖가지 행사와 사업계획을 준비 중이다. 북한에 대해서도 현지 실사는 하지 못할망정 인터넷 등을 통해 북한의 산림 실태를 파악하고 치산녹화사업 시행에 따른 우선순위 등을 치밀하게 준비하고 있다.

2014년 12월 25일자 〈동아일보〉 기사를 보면 대강의 방향을 살펴볼 수 있다.

북한 산림녹화를 위한 민·관·학 협의체가 출범했다. 아시아녹화기구(운영위원장 고건 전 국무총리)와 산림청 산하 녹색사업단(이사장 허경태)은 (2014년 12월) 24일 서울 여의도 산림비전센터에서 '한반도녹화전문가포럼' 발족식을 가졌다. 산림, 환경, 농업, 통일 분야 전문가 38명이 참가하는 이 포럼은 그동안 산발적으로 벌여오던 북한 산림복구운동을 통합한 것이다. 포럼에는 기상청, 국립산림과학원, 농어촌공사 등 공공기관과 수출입은행, 정책금융공사 등 금융기관, 아시아산림협력기구(국제기구)와 월드비전(비정부기구) 등 다양한 기관이 참여한다. SK임업, 포스코, 현대아산 등 민간기업도 함께했다.

포럼은 내년부터 분기마다 북한 임농복합(林農複合) 경영을 주제로 논의한 뒤 이를 자료집으로 발간해 정책에 반영하기로 했다. 임농복합 경영은 땔감

| 아시아녹화기구 창립식 (2014. 3. 19)
서울 중구 대한상공회의소 국제회의장에서 열린 아시아녹화기구 창립기념 국제심포지엄에서 참석자들이 '푸른 한반도', '맑은 동북아'란 손팻말을 들고 있다. 앞줄 왼쪽부터 유종하 전 외무부 장관, 유영숙 전 환경부 장관, 권병현 미래숲 대표, 이장무 기후변화센터 이사장, 고건 아시아녹화기구 발기인 대표, 류길재 통일부 장관, 김진경 평양과학기술대 총장, 홍사덕 민족화해협력범국민협의회 상임의장, 이세중 평화의 숲 이사장, 유중근 대한적십자사 총재.

과 식량 부족, 환경 훼손 등 산림 황폐화의 원인에 종합적으로 대처하기 위한 접근법이다. 김동근 아시아녹화기구 상임대표는 "식량, 연료, 산사태 방지, 경제, 산업 등 마스터플랜이 필요한 상황에서 각계 전문가의 지혜와 경험을 공유할 수 있다는 의미가 있다"고 말했다.

아시아녹화기구가 창립된 것은 2014년 3월 19일이다. '푸른 한반도, 맑은 동북아 건설'을 내걸고, 남북 녹색경제협력을 선도하고 한반도 기후 변화에 대응할 민간주도형 국제협력기구로 출범한 것이다. '아시아'를 표방하지만 실제로는 북한의 산림녹화를 염두에 둔 '그린 코리아' 운동의 일환이다.

특히 고건 기후변화센터 명예이사장은 2009년 기후변화센터에 '북한산림녹화정책연구위원회'를 구성한 것을 시작으로 2013년 11월 고려대, 평양과학기술대학, 미래숲, 겨레의 숲, 평화의 숲 등과 '아시아녹화기구 설립추진을 위한 협력 MOU'를 체결하면서 아시아녹화기구의 창립이 실현되었다. 그 후 북한의 산림녹화를 위한 계획을 본인이 성안한 것은 물론 산림전문가들이 참석하는 세미나와 포럼을 여러 차례 열고 그 계획을 가다듬고 발전시키는 중이다.

한반도녹화사업은 북한이 추진 중인 '산림복원계획'(2014~2023년)에 한국의 치산녹화 경험을 접목해 양묘·조림·연료·식량을 체계적으로 연결시킨 임농 복합 패키지 계획으로 추진하는 것이 그의 생각이다.

고건 전 국무총리는 〈신동아〉 2014년 4월호 인터뷰(132~141쪽)에서 "북한의 민둥산을 푸르게 하는 것이 공인으로서 나의 마지막 소명"이라고 밝힌 바 있다. 한국의 치산녹화 경험을 살려 한반도 북쪽의 황폐산지를 녹화시켜 백두대간의 생태계를 복원하고 '그린 코리아'를 이뤄내겠다는 것이다.

이 기사에서 고 전 총리는 북한 산림녹화를 처음 공론화한 것이 대통령 직속 사회통합위원장으로 일하던 2010년 1월이라고 밝혔다. 사회통합위원회가 '보수와 진보가 함께하는 북한 산림녹화'를 핵심 과제로 내놓았던 것이다. "이념대립 해결을 위해 보수와 진보를 망라해 전 국민이 참여할 사업이 필요하다. 국민 한 사람이 한 그루의 나무를 심는 과정에서 이념대립이 해소되고 사회통합이 이뤄질 것이다. 양묘, 조림, 연료확보, 방재, 소득 창출 등 시너지 효과가 나도록 진행하고 나무 심기 노임을 양곡으로 지원하면 된다"는 그의 설명이 언젠가는 튼실한 열매를 맺으리라 확신한다.

그린 코리아 운동에 대해 자문교수를 맡은 이경준 서울대 교수의 설명을 좀더 들어보자.

이계민　그린 코리아 운동, 즉 북한의 산림녹화 이야기 좀 들려주시지요. 고건 전 총리의 회고록에 보면 이 교수께서 "아카시아나무 5개 수종을 평양 순안공항 주변에 심은 뒤에 생육경과를 지금껏 지켜본다"고 하시면서 앞으로 그린 코리아 북한 녹화도 우리 모두의 과제 아니냐고 말씀하신 이야기가 나옵니다.

이경준　고건 전 총리께서 북한 산림녹화에 각별한 관심을 갖고 계신데 그 동기는 제가 보기에는 옛날 새마을국장을 하실 때 새마을사업의 일부로 산림녹화에 관여하신 데서 비롯된 것 같습니다. '치산녹화 10개년 계획'을 세울 때 새마을국장이 대통령에게 보고를 했어요. 물론 산림청과 같이 만들었지만 고건 국장께서는 국민조림, 속성조림, 그다음에 경제조림 3가지를 주장하셨잖아요. 그런 아이디어를 본인과 산림청장의 아이디어가 융합되었다고 말씀하세요. 그런 면에선 꾸준히 산림녹화에 관심을 많이 가지고 계시고 지금 기후변화센터의 명예이사장이신데 거기에 북한산림녹화분과가 있어요. 그것을 지금 주도합니다. 나는 몇 년째 자문위원으로 활동하지요.

북한 산림녹화 역시 아카시아가 해답입니다

이경준　　한번은 북한 측 강원도 고성군 산림 공무원인 묘목관리장을 만났는데 아카시아 이야기를 했더니 "어, 그거 쓸모없는 나무라는데 왜 아카시아를 주려고 하느냐"면서 자기는 싫대요. 밤나무 달래요. 결국 밤나무를 줬지요. 그래서 "왜 그러냐?" 그랬더니 이야기를 안 해요.

그런데 임업을 전공한 사람들은 아카시아 아니면 산림녹화 안 되는 걸 다 압니다. 그게 정답이에요. 북한도 마찬가지예요. 그 헐벗은 산에서, 흙도 다 씻겨 내려가고 모래땅에서 건조하고 양분이 없는 땅에서 목재 수종, 뭐 피나무, 단풍나무, 낙엽송, 잣나무 등을 심으면 절대 안 자랍니다. 양분과 수분이 없잖아요. 말라죽어요. 그럼 아카시아 심어서 토사유출 막고 비료 성분으로 토양 개량하고 그다음에 …. 용도가 많다고 그랬잖아요. 연료 해결하고 꿀 따고 녹사료로 토끼 기르고 나중에 잘라서 목재 쓰고, 다 되는 게 아카시아입니다.

제 생각에는 북한 산림녹화는 아카시아 안 심으면 절대 안 돼요. 그래서 제가 아카시아 신품종을 개발했는데, 직립성 품종은 수십 년 걸려야 가능하기 때문에 못했습니다만 꽃이 일찍 피고 늦게 피는 품종을 새로 개발했습니다. 하나는 3일 먼저 피는 품종이고, 다른 하나는 4일 늦게 핍니다. 그럼 한 장소에서 꿀 따는 기간이 약 6~7일 늘어나요. 그러면 꿀 수확량이 50~70% 늘어나는 겁니다. 나는 이왕이면 산림녹화를 할 때 이걸 심으면 꿀이 배로 생산되니까 이걸 심어라 했죠. 그래서 새로 개발한 신품종 1천 주씩을 '겨레의 숲'이라는 민간교류단체를 통해 2007년과 2008년에 두 번 보냈어요. 그것이 순안비행장 근처에 심어졌습니다.

이계민　지금 북한의 산도 우리나라 1950년대, 1960년대 그런 정도입니까?

이경준　형편없죠. 모두 다 황폐한 건 아니고 국립공원과 김일성 성역의 근처 지역, 관광지는 다 나무가 있고요. 인공위성을 보시면 지금 10년 사이에 황해도 근처도 엄청나게 황폐화가 확대되었어요. 또 지금 전국적으로 마을 주변에는 나무가 없고요. 아주 깊은 오지, 백두산과 개마공원 쪽엔 나무가 좀 남아 있고요. 그래서 지금 산이 280만 ha가 줄었다고 합니다.

이계민　북한에 심어 놓은 아카시아는 어떻습니까? 어떤 식으로 관리되는지 확인을 하나요?

이경준　그건 제가 잘 모르죠. 2009년 이후에 연락두절이니까요. 2008년 10월에 김동근 전 산림청장이 현장에서 아카시아를 확인하고 사진을 찍어왔습니다. 사진으로만 봅니다. 그런데 문제는 나무를 심어 주는 걸 북한 농민들이 싫어한다는 사실입니다. 그 이유가 첫째, 다락밭은 자기네 농토예요. 다락밭에다 나무를 심으면 옥수수 농사를 못 짓잖아요. 그 사람들은 옥수수와 비료를 원하지 나무를 원하는 게 아니에요. 나무는 뒷산 가서 적당히 자르면 되니까요. 그래서 이걸 극복하려면 나무만 심어서는 안 됩니다. 지금 산림청이 하는 프로젝트인데 복합시범단지를 하나 만들어서 복합 프로젝트로 농촌생활 개선도 하고 식량 지원도 하고 나무도 심으면서 여러 가지 복합적인 사업을 함께 해야 합니다. 나무만 심어 놓으면 밤에 가서 모두 뽑아 버립니다.

이계민　그린 코리아 운동은 특별히 진전되는 게 없겠네요.

이경준　이제 준비단계입니다. 지금 아시아녹화기구라는 걸 출범시켰죠. 기후변화센터에서 주관하는 북한 산림녹화기구인데 '북한'이란 말을 빼고 '아시아'로 일단 시작해서 몽골이나 미얀마 등도 염두에 두고 있지만 우선은 북한을 대상국으로 삼았습니다. 아시아녹화기구가 국가가 아니고 민간기구로서 돈을 모금해서 북한의 산림녹화를 하겠다는 뜻이에요.

구체적 사업계획은 아직 마련하지 못했지만 인공위성 사진에 근거해 대충 몇 군데 점찍어 놓은 데는 있어요. 예를 들면 개성공단 주변도 하나의 대상이 되고, 평양 주변이나 함흥 주변, 그리고 원산도 있고, 대충 그런 곳 중에서 할 거라고 봅니다.

제 5 장

조림사업의 친인척들

1970년대 산림녹화가 결코 나무만 많이 심어서 된 것은 아닙니다.

　산림녹화에 앞장선 산림인들의 자부심이다. 나무를 심고 가꾸고 사랑하는 마음을 심어 준 것이 더 중요했다는 이야기다. 그래서 이경준 서울대 교수는 지금과 같은 산림녹화의 성공은 1960년대 후반에 시작된 국립공원 제도, 그리고 1970년대의 그린벨트 제도, 그리고 자연보호운동 등이 어우러져 이뤄진 성과라고 설명한다. 이 교수는 육림의 날과 자연보호운동은 '일란성 쌍둥이'라고 표현했다. 그렇다면 이러한 맥락에서 자연보호운동이나 그린벨트 지정, 국립공원 제도 등은 모두가 친인척이 아닌가?

육림의 날과 자연보호운동은 '일란성 쌍둥이'

봄에 심은 나무를 가꾸는 '육림의 날'

해방 후 치산치수의 근간정책은 사방사업에 이어 조림의 녹화와 조수(鳥獸) 보호
가 이뤄지고 그다음에는 자연보호운동으로 이어진다. 인간과 자연이 더불어 사
는 것이야말로 예나 지금이나 행복한 삶이 아닐 수 없다. 자연은 인간 생명의 원
천이자 생활의 터전이다. 더 직접적으로는 굶주림을 채워 줄 식량의 보고(寶庫)
이기도 하다. 이제껏 산림녹화 정책의 변천 과정을 짚어 보고 교훈을 찾은 것도
궁극적으로는 이러한 포근한 삶의 터전, 우리 국토를 일궈나가자는 뜻이다.

우리가 경제개발계획의 성공적 추진으로 어느 정도 살 만해진 것은 1970년대
들어와서의 일이다. 특히, 1970년대 중반 1인당 국민소득이 8백 달러를 넘고 국
민생활이 먹고살 만해지니까 관광이 활성화되고 산과 계곡에 행락인파가 몰리
기 시작했다. 그러나 그로 인해 산림이 훼손되고, 계곡에 더러워지기 시작하는
것은 불을 보듯 뻔한 일.

더구나 산업의 발달로 대기오염과 수질악화까지 심화되는 양상이었으니 이
른바 '풍요 속의 빈곤'은 급속도로 깊어질 수밖에 없었다. 그래서 필연적으로 탄
생한 것이 자연보호운동이다. 그런데 이러한 자연보호운동은 육림의 날과 밀접
한 관련이 있다. 육림의 날이 제정되고 첫 기념일을 맞아 그 자리에서 이뤄진 것
이 자연보호운동인 것이다.

우선 손수익의 증언부터 들어보자.[1]

예로부터 "산에 심어 놓은 나무는 산주의 발자국 소리를 듣고 자란다"라는 이
야기가 전해온다. '치산녹화 10개년 계획'의 1백만 ha 조림계획을 수행하는 데
봄에 심은 나무는 가을에 전 임지를 대상으로 매목조사를 해 그 활착률을 챙
겨 책임 소재를 묻고 사후관리를 철저하게 하도록 하였는데 대통령께서 "왜

---

1 손수익, 2006. 4. 1, "국토사랑과 산림녹화", 〈박정희대통령기념사업회 회보〉, 7호.

식목일만 있고 육림(育林)의 날은 없느냐? 육림의 날과 육림 기간을 정해 비료도 주고, 가지도 쳐 주고, 잡목도 제거해서 봄에 심은 나무가 잘 자라도록 하면 어떻겠느냐"고 하시면서 산림용 비료 개발도 지시하셨다.

이렇게 하여 산림용 고형 복합비료가 개발되었고 11월의 첫째 토요일이 육림의 날로 정해졌으며, 그 토요일을 중심으로 한 1주일간이 육림기간이 된 것이다.

손수익이 밝힌 육림의 날 제정 배경이다. 이 같은 박정희 대통령의 지시는 1977년 4월 5일 경기도 시흥군의 식목일 행사 기념식수지 현장에서 "가을에 육림일을 정해 봄에 심은 나무를 가꾸는 날로 하도록 하라"는 지시에 따른 것[2]이다. 즉, 국민 모두가 봄에 심은 나무에 비료 주기, 잡목 솎아내기, 병해충 방제, 월동 보호 등 나무 가꾸는 일에 참여토록 함으로써 애림사상을 고취시키고 산림의 중요성을 새롭게 인식시켜 조속한 국토녹화에 기여하기 위한 것이었다. 그것이 1977년의 일이다.

그 후 각종 기념일에 관한 규정을 개정해 11월 첫 주 토요일을 정부가 주관하는 '육림의 날'로 정하고 육림의 날로부터 1주일간을 육림주간으로 설정해 전국 단위로 중앙과 지방별 춘기 식수지의 사후관리 사업을 벌였던 것이다. 이러한 '육림의 날'은 13년 정도 유지되다 1990년에 폐지되었지만 육림주간은 그대로 유지되어 1994년까지 행사가 치러졌다. 1995년부터는 아예 11월 한 달 전체를 '숲 가꾸기 기간'으로 정해 지금까지 나무 돌보기 사업을 벌인다.

이러한 육림정신은 자연보호운동으로 이어져 갖가지 형태의 숲 가꾸기가 지금도 활발히 진행되는 양상을 보인다. 즉, 자연보호운동은 육림의 날과 함께 정해지고 발전되었다. 이러한 역사적 연관성을 살펴보면 '일란성 쌍둥이'라는 표현이 무척 어울리는 것 같다.

2 산림청, 2007, 《한국 임정 50년사》, 401쪽.

국민이 함께 자연을 지키자, '자연보호운동'

자연보호운동의 태동 역시 박정희 대통령의 지시에서 비롯됐다. 김정렴 비서실장은 그의 회고록에서 그 탄생의 전말을 이렇게 기록했다.[3]

> 1977년 9월 5일 박 대통령은 지방순시 중 그 전날 하룻밤을 묵은 금오산(金烏山) 관광호텔을 떠나 금오산 도립공원의 케이블카를 타고 산정 부근의 폭포까지 올라갔다. 산꼭대기에 올라 폭포에 가 보았더니 높은 곳에서 폭포가 떨어지는 경치가 일품이었으나 그 밑의 연못에는 밥찌꺼기, 빈 포장지, 깡통, 빈 병 등이 여기저기 마구 버려져 있어 지저분하기 짝이 없었고 근처에도 곳곳에 쓰레기가 버려져 있었다.
>
> 박 대통령은 어렸을 때의 아름다운 추억과 너무나 다른 불결한 모습을 보고 큰 충격을 받은 것 같았다. … 박 대통령은 귀로에서는 다시 케이블카를 타지 않고 등산로를 따라 도보로 내려오며 시찰하였는데 등산로 주변 또한 쓰레기와 폐기물로 더럽혀진 곳이 많아 대충 청소하면서 내려왔는데도 쓰레기의 부피가 상상 외로 컸다.
>
> 금오산 도립공원뿐만 아니라 다른 국·공립공원도 같은 실정일 것이며 관리의 손길이 전혀 닿지 않는 행락인파가 많이 찾는 산과 계곡은 더 심할 것으로 판단한 대통령은 귀경 후 며칠 안 된 1977년 9월 10일 월례 경제동향보고를 받는 자리에서 자연보호운동을 범국민적 운동으로 전개할 것을 제창하였다.
>
> 이를 위해 정부 내에 필요한 기구를 설치하고 이 운동에 자발적으로 참여하는 사람들로 구성되는 민간단체도 결성해 서로 협조해나감으로써 이 운동을 본격적으로 추진하는 방안을 수립·보고하도록 내무부에 지시했다.
>
> … 같은 해 10월 21일 김치열 내무부 장관은 전국지방장관회의를 소집하여 자연보호운동을 범국민운동으로 추진할 수 있도록 기본계획을 시달했으며, 이어서 국무총리를 위원장으로 하는 정부기구인 자연보호위원회와 21명의 위원으로 구성된 민간기구인 자연보호협의회를 구성했다. 그 아래로 지

---

3 김정렴, 2011, 《최빈국에서 선진국 문턱까지: 한국 경제정책 30년사》, 랜덤하우스, 265~268쪽.

역, 직장, 직능 단체별과 공원, 휴양지, 산, 강, 댐 등 보호 대상별로 전국 4만 4천여 개의 자연보호회를 구성하고 각각의 책임보호구역을 정하여 자연의 훼손 및 오염을 방지토록 하였다.

도지사, 시장, 군수, 구청장이 위원장이 되는 도, 시, 군, 구 단위의 자연보호협의회를 구성하여 이 운동을 항구적이고 지속적으로 전개할 수 있는 기반을 닦았다. … 1978년 10월 5일 세종문화회관 대강당에서 선포식을 갖고 '자연보호 헌장'을 선포하였다.

이날 발표된 자연보호 헌장 전문(全文)을 보면 아름다운 국토 가꾸기의 염원이 담겨져 있음을 알 수 있다.

자연보호 헌장 전문

인간은 자연에서 태어나 자연의 혜택 속에서 살고 자연으로 돌아간다. 하늘과 땅과 바다와 이 속의 온갖 것들이 우리 모두의 삶의 자원이다. 자연은 인간을 비롯한 모든 생명체의 원천으로서 오묘한 법칙에 따라 끊임없이 변화하면서 질서와 조화를 이룬다.

예로부터 우리의 조상들은 이 땅을 금수강산으로 가꾸며 자연과의 조화 속에서 향기 높은 민족문화를 창조하여 왔다. 그러나 산업문명의 발달과 인구의 팽창에 따른 공기의 오염, 물의 오탁, 녹지의 황폐와 인간의 무분별한 훼손 등으로 자연의 평형이 상실되어 생활환경이 악화됨으로써 인간과 모든 생물의 생존까지 위협을 받는다. 그러므로 국민 모두가 자연에 대한 인식을 새로이 하여 자연을 아끼고 사랑하며 모든 공해요인을 배제함으로써 자연의 질서와 조화를 회복, 유지하는 데 정성을 다하여야 한다.

이에 우리는 이 땅을 보다 더 아름답고 쓸모 있는 낙원으로 만들어 길이 후손에게 물려주고자 국민의 뜻을 모아 자연보호 헌장을 제정하여 한 사람 한 사람의 성실한 실천을 다짐한다.

(1) 자연을 사랑하고 환경을 보전하는 일은 국가나 공공단체를 비롯한 모든 국민의 의무다.

(2) 아름다운 자연경관과 문화적 학술적 가치가 있는 자연자원은 인류를 위

하여 보호되어야 한다.

(3) 자연보호는 가정, 학교, 사회의 각 분야에서 교육을 통하여 체질화될 수 있도록 하여야 한다.

(4) 개발은 자연과 조화를 이루도록 신중히 추진되어야 하며 자연의 보전이 우선되어야 한다.

(5) 온갖 오물과 폐기물과 약물의 지나친 사용으로 인한 자연의 오염과 파괴는 방지되어야 한다.

(6) 오손되고 파괴된 자연은 즉시 복원하여야 한다.

(7) 국민 각자가 생활 주변부터 깨끗이 하고 전 국토를 푸르고 아름답게 가꾸어 나가야 한다.

개발시대의 마지막 보루, 그린벨트 제도

도시 근교의 숲을 지켜냈다

말도 많고 탈도 많은 제도가 그린벨트(개발제한구역) 아닌가 싶다. 그린벨트는 구역 지정 초기에 이미 개발된 시가지나 집단 취락지 등이 포함되면서 민원이 끊이지 않았다. 심지어 그린벨트의 경계선이 집 건물이나 마당을 지나가게 책정됨에 따라 집을 고칠 수도 없는 상황을 하소연하는 등의 극단적인 사례도 나타났었다.

그러나 그 같은 엄격한 그린벨트 제도가 있었기에 우리의 푸르른 산야를 이만큼 지켜낼 수 있었다. 박정희 대통령은 그린벨트 제도를 산림녹화의 일부라고 생각하고 기어코 지켜야 할 가치라는 점을 강조했다. 임학을 전공한 학자들의 의견도 크게 다르지 않다.

이경준 서울대 명예교수의 설명은 이렇다.

외국의 도시 근교를 보면 경치 좋은 산록이나 높은 언덕에는 예외 없이 멋진 별장들이 지어져 있습니다. 그런데 우리나라는 그런 것이 없어요. 그린벨트 제도 때문입니다. 그렇지 않고 무분별한 개발과 도시 확장을 그대로 방치했더라면 도시 근교의 숲은 남아나지 못했을 겁니다.

우리나라는 1960년대와 1970년대, 즉 개발연대를 지나오면서 급속한 산업화와 도시화가 진행되었다. 인구는 일자리가 많은 대도시로 몰려들었고 늘어나는 산업시설도 도시화를 부추겼다. 그중에서도 수도권 집중 현상은 여러 가지 사회적 문제들을 야기할 정도로 심각한 국면에 이르렀다.

이러한 도시의 평면적 확산을 방지하고 도시 주변의 자연환경을 보전하는 한편 안보정책의 실천수단으로 도입된 것이 그린벨트 제도, 즉 개발제한구역 지정제도이다. 당시 청와대 비서실에 근무했던 동훈(董勳) 남북평화통일연구소장의 이야기[4]를 통해 그린벨트 설정의 배경을 들어보자.

나는 1968년 말에 '수도권 인구집중 억제 방안'을 연구해서 대책안을 마련하라는 지시를 받았다. 당시 최인기 서기관(후에 농림부 장관, 행자부 장관)과 같이 1년 동안 수많은 전문가의 조력과 관계부처의 합의를 거쳐 '연구결과보고서'를 만들어 김상복 수석비서관과 함께 각하 집무실에서 장시간 설명했다.

장황한 보고서의 후단에 서울시의 무한정 평면 확산 방지 방안으로서 현존 시가지 외곽에 GREEN BELT(녹지대)라는 띠를 둘리는 개념도(槪念圖)를 한 페이지 그려 넣었다. 여기에 이르자 박 대통령은 "가만, 잠깐만" 하시더니 "그게 영문이지, 영국 런던 시에서 …" 하며 지루해하시던 안색이 일변하고 밝은 기색이었다.

보고가 끝나자 이것을 발전시키고 '기본지침'을 성안해서 속히 올리라고 했다. 솔직히 나는 연구검토 단계에서 '사유재산권 제한'이 연상되어 보고서에서 그다지 중점을 둔 것은 아니었는데 대통령은 순간에 직관으로 '이거다'라고 딱 짚은 것 같았다. 역시 국가안보를 우선순위에 두면 다른 문제들은 여기에 종속시킨다는 원칙인 것 같았다.

12월 연말 종무가 가까워졌는데, 대통령께서는 관계장관회의를 소집하고 나더러 브리핑하라고 했다. 대통령께서는 〈수도권 인구과밀집중 억제 기본 지침〉이라는 나의 보고서에다가 '국무회의에 정식 상정, 의결할 것'이라고 쓰시고 재가했다. 나는 국무회의 석상에서 브리핑했다. 이렇게 해서 'GREEN BELT'는 '개발제한구역'이라는 이름으로 설정된 것이다.

1968년 당시의 도시개발 상황을 보면 김현옥 서울시장이 강남을 개발하는 등 도시 확장을 불도저식으로 밀어붙였을 뿐만 아니라 특히 1968년 초에 있었던 김신조 일당의 청와대 습격사건(1·21 사태) 등으로 안보에 대한 관심이 최고조에 이를 때여서 더욱 신속한 의사결정과 추진이 가능했다. 이런 배경으로 1971년 1월 19일 「도시계획법」을 개정하여 '개발을 제한하는 구역'을 지정할 수 있는 법적 근거를 만들고 즉각 지정에 착수했다.

●
4 동 훈, 2006, "박정희 대통령비서실의 추억", 〈박정희대통령기념사업회 회보〉, 제9호.

1971년 7월 30일, 서울을 비롯한 수도권을 시작으로 12월에는 부산, 다음해 8월에는 대구와 광주 지역까지 포함되었다. 1973년에는 제주를 비롯한 도청 소재지 급의 모든 도시로 확대되었으며, 1977년 4월 18일 여천 지역에 이르기까지 모두 8차에 걸쳐 대도시, 도청 소재지, 공업도시와 자연환경 보전이 필요한 도시 등 14개 도시 권역에 설정되었다. 여기에 해당하는 면적은 총 5,397㎢로 전 국토의 5.4%에 해당되었다.

그러나 이 같은 그린벨트 제도에 대해 상당히 비판적 여론이 많았다. 당시 신문기사를 통해 반대 이유와 논거를 짚어 보자. 1971년 9월 20일자 〈경향신문〉 사설 "그린벨트 계획 재조정하라"의 일부 내용이다.

> 서울 주변에 환상(環狀) 그린벨트(녹지대)를 설정함으로써 도시의 공해를 막고 인구 집중을 막겠다는 계획은 어딘가 허술하고 비현실적인 면을 드러내 놓고 있다. 본래 그린벨트에 대한 발상은 유럽의 도시계획에서 모방된 것으로 알고 있거니와 이 그린벨트 계획을 설정함에 있어 유럽 제국과 우리나라의 경우는 그 조건이 상이하다는 점을 간과해서는 안 되겠다.
>
> 유럽의 그린벨트는 두 가지 특징을 지니고 있는 것으로 지적되고 있다. 그 하나는 그린벨트가 모두 국공유지로 이루어져 있다는 점이고, 그 둘은 유럽의 그린벨트는 일망천리(一望千里)의 평원 속에 도시와 농촌을 구분하는 랜드마크로서의 역할을 하고 있다는 점이다.
>
> 그러나 우리나라의 도시와 농촌을 구분하는 랜드마크는 숲이 아니라 산악(山岳) 및 전답(田畓)이며 서울 주변의 그린벨트 설정 지대가 거의 모두 사유지(私有地)라는 데서 커다란 문제가 생겨나고 있는 것이다. 적어도 그러한 녹지대를 설정하여 개발제한을 할 경우에는 그곳에 사는 사람들의 장래 생활이 어떻게 될 것인가에 대한 계획까지 면밀히 검토되지 않아서는 아니 된다. 그렇지 못한 경우에는 그 계획은 헌법 20조에 규정된 기본적인 재산권 침해라는 비난을 면키 어렵고 페이퍼플랜으로서 끝나기 쉽다.
>
> … 더군다나 이번의 그린벨트 계획으로 상당수의 국민들이 심대한 타격을 입고 있을 뿐만 아니라 심지어는 대부분 해당 토지를 담보로 잡고 있는 금융기관에까지 그 영향이 심각하게 미치고 있다는 사실은 중대한 문제가 아닐 수 없다. 이것은 결과적으로 은행의 부실화를 더욱 촉진시키는 동시에 기업 불

황을 가중시키는 것이 되기 때문이다. 그러므로 그린벨트 계획이 그 이상을 효과적으로 달성하기 위해서는 현실적인 여건을 충분히 감안, 재조정되어야 할 것이라고 생각되는 것이다.

물론 이는 비단 〈경향신문〉만의 논조는 아니었다. 비슷한 시기에 〈동아일보〉는 3차례에 걸친 기획기사를 통해 비슷한 논리를 전개했다. 때문에 많은 민원이 제기되었고, 표에 민감한 여당 국회의원들조차 그린벨트 제도 개선에 대한 의견을 수없이 제기했다.

그러나 박정희 대통령은 여기서 한 발짝이라도 밀리면 시행조차 어려우리란 사실을 모를 리 없었다. 그래서 수시로 "그린벨트는 완화 없다"라는 지시를 내린다. 1977년 9월 하순에는 여의도광장에서 열릴 국군의 날 행사 준비를 점검하고 청와대로 복귀하는 길에 서울시에 들러 양택식(梁鐸植) 시장에게 "그린벨트 계획은 당초대로 밀고 나가라"고 특별지시를 하기도 했다.

잇단 반대론에 '절대 완화 안 한다' 대못

서울시 그린벨트 지정이 2년 남짓 지난 1973년 7월 6일 청와대 국무회의에서 박 대통령은 다시 한 번 강력한 지시를 발동한다. 1973년 7월 7일자 〈경향신문〉 기사 내용이다.

박정희 대통령은 6일 청와대 국무회의에서 "산림녹화 정책은 비단 내무부만의 과업이 아니라 국가 전체가 추진해야 할 국가 기본시책의 하나"라고 말하고 "도시인구의 집중과 산의 황폐화를 막기 위해서는 산림녹화 정책과 그린벨트 제도가 불가피한 것이며 다소간의 불편이 있더라도 모든 국민이 참고 이를 적극 지원 협조하도록 정부 각 부처가 협력, 최대한의 기능을 발휘하라"고 지시했다. 박 대통령은 "그린벨트 제도는 절대로 완화해서는 안 되고 앞으로 수십 년 동안 그대로 집행해 나가야 한다"고 강조하면서 "개발제한구역 내의 무허가 건물을 철저히 단속하라"고 말했다.

무척 강력한 지시다. "절대로 완화해선 안 된다"고 대못을 박은 것이다. 그런데 얼핏 생각해도 사유재산권 침해 등 상당한 문제점이 있어 보이는 제도를 어떤 목적으로 강행한 것일까? 과연 지금도 그런 정책을 발표한다면 그대로 밀고 나갈 수 있을까? 흥미로운 대목이 아닐 수 없다.

1971년 「도시계획법」에 의해 지정된 우리나라의 개발제한구역 지정 목적은 4가지로 요약할 수 있다. [5]

첫째, 도시구역의 한계를 정하여 도시에 지나치게 인구가 많이 모이는 것을 막고, 도시가 무질서하게 확장되는 것을 방지하여 살기 좋고 규모 있는 도시를 계획적으로 발전시키는 것이다.

둘째, 도시 주변의 울창한 숲으로 이루어진 아름다운 자연경관을 통해 도시민의 건전한 생활환경을 마련하는 것이다.

셋째, 도시 주변의 일정한 구역에서는 주택 및 공장 등과 같은 인구 집중을 가져오는 시설을 엄격히 제한하고 전통적인 우리 농촌 풍경을 잘 지켜나가자는 것이다.

넷째, 인구 집중의 요인인 주택과 산업시설의 제한을 통해 주택과 산업을 분산시켜 전 국토의 고른 발전을 꾀하는 것이다.

앞서도 잠시 언급했지만 그린벨트는 지정 초기에는 지나치다 할 정도의 엄격한 관리로 인해 민원이 많았다. 그럼에도 불구하고 박정희 대통령 재임 시에는 이를 고치지 않고 제도를 고수해왔다. 또한 1980년대와 1990년대까지도 원칙적으로 구역경계 지정은 변경하지 않는다는 원칙하에 부분적 보완 정도에 그쳤다. 그나마 도시 근교의 녹지를 보전하고 지켜올 수 있었던 시기라고 볼 수 있다.

그러나 1971년 이후에 지속적으로 유지되었던 개발제한구역은 1997년 12월 제15대 대통령선거 당시 김대중 대통령 후보의 공약으로 '구역조정' 방침이 제시되면서 큰 변화를 맞게 된다. 김 후보는 "집권 1년 내에 개발제한구역 문제를 해결하되, 그 방향은 필요한 곳은 철저하게 보존하고 필요하지 않은 곳은 과감

5 권용우·변병설·이재준·박지희, 2014, 《그린벨트: 개발제한구역연구》, 박영사, 66쪽.

하게 푼다"고 천명하였다.

개발제한구역 부분 해제를 공약했던 후보가 대통령에 당선되면서 본격적인 개발제한구역 조정 작업이 전개되었다. 제도개선안 마련 작업은 1998년 4월 지역 주민, 환경단체 대표, 언론인, 학계 전문가, 연구원, 공무원 등 가계 대표 23인으로 '개발제한구역제도 개선협의회'를 구성하면서 본격적으로 시작되었다. 개선 방향은 크게 두 가지였다.[6]

> 첫째, 도시의 무질서한 확산과 자연환경의 훼손 우려가 적은 도시권의 경우 지정 실효성을 검토하여 전면 해제를 실시하고, 존치되는 도시권은 환경평가를 실시하여 보전가치가 적은 지역을 위주로 부분 조정한다는 것이다.
> 둘째, 해제지역의 경우 계획적인 개발을 유도, 지가 상승에 따른 이익을 환수하고, 존치지역에서는 자연환경 보전을 철저히 관리·유지하며, 주민 불편을 최소화하면서 필요한 경우 재산권 피해를 보상한다는 내용이다.

과연 이러한 정책 목표들이 잘 지켜졌는지는 의문이다. 개인의 재산권과 관련된 사안이라는 점에서 적용 원칙이 한번 느슨해지면 다시 조일 수 없는 것이 현실이다. 그런 점에서 전문가들은 개발제한구역의 새로운 패러다임 정립이 필요하다고 주장한다.[7] 그리고 보통사람들이 느끼는 행복의 질을 극대화하기 위해서는 개발제한구역제도에서 다음과 같은 3가지 특성을 신중하게 고려해야 한다고 지적했다.

> 첫째, 유연성(柔軟性)이다. 시민들을 직접 만나고 고민하고 함께 풀어 나가려는 유연한 자세가 필요하다는 것이다.
> 둘째, 다양성(多樣性)이다. 이해당사자들이 워낙 많고 관심사도 무수한 주제

---

6 권용우·변병설·이재준·박지희, 2014, 《그린벨트 : 개발제한구역연구》, 박영사, 73쪽.
7 위의 책, 277쪽.

일 수 있기 때문에 소주제 다양성에 대응할 수 있는 다양한 전문가들이 있어야 개발제한구역 정책을 성공시킬 수 있다.

셋째, 적시성(適時性)이다. 적정한 시간에 맞춰 시의적절하게 정책이 필요한 사람과 장소에 해당 정책이 공급되어야 한다는 것 등이 그것이다.

사실 우리나라의 그린벨트 제도는 영국의 그린벨트 제도를 모체로 도입되었다. 여기에 일본의 근교지대(近郊地帶)와 시가화 조정구역(市街化 調整區域)을 참고하여 우리나라 실정에 맞게 제도화한 것이다.

영국은 세계에서 가장 먼저 그린벨트를 제도화시킨 나라다. 그런데 문제는 영국과 우리나라는 근본적으로 다른 특성을 가진다는 것이다. 영국의 그린벨트는 국가에 의한 것이 아니라 녹지와 난개발 방지를 원하는 주민들의 요청에 의해 지정되었으나 우리나라는 정부의 강력한 규제로 강제 적용했다.

따라서 세계 각국의 그린벨트와 우리나라의 개발제한구역을 비교했을 때, 목적은 무분별한 도시 확장 방지, 녹지 확보, 삶의 질 향상 등으로 유사하지만, 외국의 경우 '그린벨트', 즉 녹지보전이라는 적극적 환경 의지를 나타낸 데 반해 우리나라는 '개발제한구역'이라는 방어적 개념을 사용한다는 점이 다르다.

우리도 개발제한이라는 소극적 관리 자세를 벗어나 삶의 질 향상을 위한 녹지보전의 적극적인 관리자세로 전환할 때가 아닌지 곰곰이 생각할 때다.

지리산에서 시작된 국립공원 제도

'자연풍경지 보호' 치산녹화의 외사촌

국립공원 제도는 '자연풍경지를 보호하고 국민의 보건·휴양 및 정서생활의 향상에 기여함'을 목적으로(「공원법」 제1조) 1967년 3월에 제정된 「공원법」에 근거한다. 이 제도는 국토의 산림자원 등 풍경지(風景地)를 보호한다는 차원에서 치산녹화와 외사촌 간 정도로 볼 수 있다.

그러나 본래의 목적은 산림 등의 보호가 아니라 '국민 보건과 휴양을 위한 이용'에 더 무게중심을 두기 때문에 이 책에서 정리하고자 하는 개발연대의 산림녹화와는 다소 거리가 있다. 굳이 따지자면 외사촌쯤 되는 인척(姻戚) 간으로 볼 수도 있겠다. 그러나 지금까지 시행되는 우리나라에서의 제도 운영은 자연자원의 보호에 중점을 두었다는 점에서 국토환경 보호에 기여했고, 특히 앞으로는 국민복지와 여가생활의 향상을 위해 산림의 자원화와 계획적 개발 및 이용이 더욱 중요해졌다는 점에서 1970년대 산림녹화의 기적을 국민복지 향상의 중추 자원으로 승화시켜야 할 제도임에도 틀림없다.

우리나라의 국립공원 제도는 5·16 직후부터 활동했던 재건국민운동본부가 〈지리산 지역 개발조사 보고서〉를 작성·제출하면서 시작되었다. 이 보고서는 영호남을 모두 포괄하는 지리산 지역을 개발함으로써 국민통합은 물론 낙후된 산촌의 소득 증대를 도모하는 방안을 마련하기 위해 작성된 것이다. 분량은 총 7백여 페이지에 달하는데 이 가운데 40여 페이지가 국립공원 지정에 관련한 내용이었다.

재건국민운동본부는 이 보고서 작성을 위해 산림을 비롯한 토양, 축산, 조수 등 각 분야의 전문가들로 지리산지역 개발조사위원회를 구성해 운영하면서 보고서를 작성해 1963년 10월 25일 정부에 제출했다. 특히 이 조사위원회의 국립공원 분과위원은 김헌규 박사(이화여대 의예과장)였고 전문위원으로는 조류학자 원병오 경희대 교수 등 4명이 연구에 참여했다.

주요 내용은 지리산 지역개발 계획이고 특히 국립공원도 종주 등산로를 따라 자동차 도로를 개설하고 케이블카와 헬리콥터장, 호텔, 방갈로 등의 시설을 고려하는 등 대담한 이용계획이 포함됐다. 물론 그대로 모두 실천되지는 않았지만 당시 전남 구례군 지역 주민들은 국립공원의 주된 개발지로 구례군이 선정되어야 한다는 탄원을 수차례 내기도 하는 등 지리산의 국립공원 지정 운동은 구례군이 주동이 됐다. 어쨌든 우리나라의 국립공원 제1호로 1967년 12월 29일에 '지리산'이 지정됐고, 그 후 지금까지 모두 21개의 국립공원이 지정되어 관리를 받는다.

좀더 자세한 내용을 우리나라 국립공원 제도 운영의 초창기부터 참여했고 국립공원위원을 20여 년간 역임한 안원태(安元泰) 국립공원진흥회 회장으로부터 들어본다. 인터뷰는 지난 2014년 12월 15일 북한산 국립공원 탐방안내소 내에서 있었다.

안원태, 그는 누구?

안원태(安元泰, 1934~)는 서울대 문리대 국문과와 국민대 대학원을 졸업한 경제학 박사이다. 대학 졸업 후 한때 보성중학교 교사와 〈한국일보〉 기자로 일했다. 1968년부터 한국산업개발연구원(KID) 연구위원으로 근무했고, 부원장을 지내기까지 개발 초기의 국토 지역계획, 중화학산업기지 계획 등의 연구책임자로 활동하고 1985년 퇴임했다.

특히, 1974년에는 우리나라 최초의 장기구상인 〈2000년대 국토구상〉이란 연구보고서를 책임 집필했고, 1차 행정수도 건설 작업에도 참여해 경제사회부문 책임자로 당시 후보지로 내정됐던 공주군 장기면을 대상으로 신행정수도 건설작업에 참여하기도 했다.

그가 국립공원과 인연을 맺은 것은 1971년 국립공원협회 창립 당시 사무국일을 도맡아 챙기면서부터이다. 그 후로 국립공원관리공단 설립위원을 비롯해 국립공원 자문위원회 위원장 등을 지냈다. 특히 1987년부터 맡아온 국립공원위원회 민간위원직은 역대 정부를 이어 20년 넘게 유지했다.

이계민　우리나라 국립공원 제도는 언제, 어떤 연유로 도입되었나요?

안원태　국립공원 제도가 처음 논의되기 시작한 것은 일제 강점기부터였고, 1960년 국제연합식량농업기구 관계로 우리나라를 방문한 미국의 쿨리지(Harod J. Coolidge: 미국 제30대 대통령의 아들) 박사와 클릴랜드(Raymond W. Cleland) 박사 일행이 개인적 친분이 있는 김헌규 박사에게 국립공원 제도의 도입을 권고하며 1962년에 미국 시애틀에서 제1차 세계국립공원대회가 열리는데 참가를 돕겠다고 하면서 본격 거론되었고, 그 후 5·16 이후에 실제 도입이 되었지요.

우리나라의 국립공원은 세계의 국립공원 제도 가운데서 특별히 색다른 체제가 되어 버렸어요. 국립공원 제도가 미국에서 시작될 때는 국민의 이익과 여가 활용 등으로 되어 있는데 우리나라는 생태보존주의로 되어 버렸습니다. 국립공원은 그 국가를 대표하는 자연풍경이에요. 국제적으로도 국립공원의 정의가 'outstanding national or international'이라고 명문화되어 있어요. 그런데 자연풍경이 아름다운 곳을 보존하려고 보니까 그 안에 생태계가 있고, 그래서 생태계를 보존하는 것이 되지요.

원래 지정할 때는 국립공원 초입이나 전망 좋은 곳에 숙박시설이나 놀이시설을 많이 만들려고 사람들이 사는 마을들도 넣었다고요. 그런데 그렇게 하고 개발 행위를 일체 못하게 하니까 데모가 일어났죠. 왜냐하면 처음에 국립공원을 지정하던 1970년대 초까지는 가난할 때니까 그런 수요(需要)가 없었지만 생활이 좋아지면서 농촌에 집도 잘 짓고 싶고 놀러가는 사람들도 좋은 곳에서 숙박하려고 하지요. 수요는 많은데 허가가 안 나는 겁니다.

문제는 그다음이에요. 주민 불만이 쏟아지니까 국립공원 구역을 재조정해 사람들이 사는 동네를 공원에서 빼 줬습니다. 그래서 많이 해제해 버리니까 지금은 또 국립공원을 관리하는 쪽에서 역시 자기들이 관리하는 시설이 공원 안에도 있어야 되겠다고 판단해 요새는 또 시설을 지으려고 그래요. 그런데 마을을 다 풀어줘 버렸으니까 지을 만한 곳이 없잖아요. 마을을 그대로 두고 건축허가를 유연하게 했으면 당연히 보존되었을 지역에도 주차장이나 야영장 숙박시설 등을 넣는 수단을 생각하고 시범마을을 만든다는 등 여러 모로 사서 걱정을 했어요.

| 이계민 전 한국경제신문 주필 (왼쪽)이 안원태 국립공원진흥회 회장과 인터뷰를 진행하였다.

앞으로도 두고두고 문제가 되리라고 생각합니다. 국립공원의 시발부터 이야기를 하자면 이것은 본래는 산림정책하고는 다소 거리가 있었지요.

이계민　우리나라 국립공원 제도가 시작된 것 좀 이야기해 주세요.

안원태　세계적으로 국립공원은 정부가 아니고 민간에 의해서 시작된 경우가 많아요. 우리나라는 미국의 국립공원과 거의 비슷해요. 미국에서 남북전쟁이 끝나고 서부개척시대에 동부에서 간 사람들이 서부의 굉장히 아름다운 경치를 본 거예요. 그 대표적인 예가 옐로우스톤입니다. 그곳에 갔던 사람들이 그 아름다운 풍경을 보면서 "이것을 우리가 사유화해서 보러 오는 데 한 사람에 5달러씩 받자"는 이야기를 해요. 그때는 먼저 간 사람들이 임자 없는 땅을 차지하는 때니까요.

　그러니까 그중에서 어떤 변호사(Cornelius Hedges)가 "이렇게 좋은 경관은 국민이 공동으로 봐야지 사유화해서는 안 된다"고 합니다. 그 결과 이들이 주관해서 정부에 이 지역을 국립공원으로 해 달라고 요청합니다. 그렇게 민간에 의

해서 국립공원에 대한 공론이 시작됐어요. 공공화해야 된다는 것이 국립공원의 기본개념입니다. 개인이 차지하면 안 되고 전 국민의 것으로 해야 된다는 것이지요.

일본도 마찬가지로 민간에 의해 국립공원에 대한 담론이 시작됩니다. 요새 우리나라 말로 하면 조경학인데 1930년대 일본에서는 정원학이라고 했어요. 그걸 전공한 사람들이 몇 사람이 모여서 일본도 국립공원이라는 걸 하자고 제안합니다. 그런데 그때 참여했던 사람들 중 하나가 한국에 국립공원 도입을 시도했습니다. 당시는 일제 강점기 때니까요. 그 사람이 다무라(田村 剛)라는 사람입니다.

이계민　일본은 그럼 1930년대에 도입했다는 것인가요?

안원태　1934년에 시작이 됩니다. 또 그것을 추진한 사람들의 일부가 1941년에 한국의 국립공원을 일본 국회에다 제안합니다. 그때는 금강산을 대상으로 했습니다. 그때 일본인들은 백두산을 그렇게 높이 치지 않았어요. 외국인의 눈으로 볼 때는 금강산하고 묘향산이 대단히 아름답다고 하지요. 그런 거를 몇 개 올렸어요. 지리산도 일부 조사를 했고요.

그런데 한국보다 먼저 일본인들이 제안해 지정한 것이 타이완에 있는 옥산이라는 산이에요. 왜냐하면 타이완이 한국보다 먼저 일본 영토가 되었거든요. 지금 동북아시아에서는 옥산이 제일 높습니다. 한국, 일본, 타이완 중에서는 옥산이 제일 높아요.

한국은 추진하다가 제 2차 세계대전이 터졌기 때문에 그 절차가 중단되었어요. 그게 아니었으면 금강산이 일제 강점기 때 국립공원이 됐을지도 모르죠. 우리나라는 해방 후 일본이나 미국과 같이 민간에 의해 추진되었습니다. 다른 나라는 전부 정부에 의해 지정됩니다.

이계민　왜 지리산이 맨 처음 국립공원으로 지목된 건가요?

영호남 갈등 해소 위해 지리산도 만들 생각한 적 있다

안원태   박정희 대통령이 개인적으로 현역 시절에 전라도와 경상도 간의 갈등을 굉장히 많이 느꼈다고 해요. 대한민국이란 나라를 제대로 통치하려면 이를 해결해야 된다고 생각하고 심지어 지리산도(道)를 새로 만들 생각을 한 적이 있었다고 해요. 지리산을 중심으로 별도의 도를 편성하자는 거지요. 물론 그렇게는 안 되었지만.

그때 지리산을 중심으로 한 지리산개발계획을 하나 세웁니다. 그게 아마 우리나라에서 맨 처음 추진한 지역개발계획일 것입니다. 그것을 추진하려면 여러 분야의 전문가들을 모아야 할 것 아닙니까? 그때 김헌규(金憲奎)라는 분이 참여하는데 당시 우리나라에 농과 계통으로 미국 유학을 한 사람이 별로 없었고, 또 미군 군정청에 코넬대학 ROTC 출신 고급장교가 있었다고 하는데 김헌규 박사가 해방 후 미군정에 자문을 했습니다. 그 당시만 해도 아마 농업을 전공하고, 영어도 잘하는 사람이 별로 많지 않았었던 것 같아요. 그래서 이분이 지리산개발계획단의 부단장이 되어서 국립공원이란 파트를 넣자고 해서 '국립공원계획조사' 분야가 만들어진 겁니다. 김헌규 박사가 이화여대 의예과 과장을 하면서 지리산개발계획의 부단장을 맡아 국립공원에 관한 시동을 건 겁니다.

1961년 국민운동본부가 생기고 1962년부터 논의해 지리산 지역조사를 1963년에 합니다. 1962년에 지리산지역개발계획을 하자고 했을 때 두 가지 목적이 있었어요.

하나는 산림녹화 차원이라고 볼 수 있습니다. 1953년 휴전 뒤에도 지리산에 빨치산이 있었거든요. 그러다 보니까 백선엽 장군이 지휘하는 백야전사령부와 신상묵 경무관이 지휘하는 지리산 지구부대인 경찰전투대가 주둔했었습니다. 그런데 거기에 주둔하는 부대가 시계 정리와 주둔지, 야영지 확보, 공비은폐지 정리 등을 이유로 지리산의 나무를 거의 다 베었어요. 베어서 연료로도 쓰고, 막사도 짓고 도회지에 내다 팔기도 하고 그랬습니다.

안원태   물론 모든 군인들이 그런 것은 아니지만 광주 등의 지역의 땔감이나 건축용 목재가 거의 지리산에서 나왔습니다. 그러니까 미래를 생각하는 사람들이 이러다간 지리산에 나무가 한 그루도 안 남겠다고 염려한 거예요. 그럼 이걸 어떻게 보존하느냐 하는 문제가 제기되어 그때 전남대나 이화여대에서 특히 생물학과 학생들이 지리산에서 실습을 했어요.

더구나 김헌규 박사는 지리산을 무척 맘에 들어 했어요. 지리산이라는 데가 규슈제국대학의 연습림이었습니다. 일본의 규슈대학 학생들이 지리산 연습림에 와서 연구도 하고 논문도 쓰고 그랬던 겁니다. 그러니 자연히 연구하러 온 일본 학생이나 교수들과 주민들의 접촉이 많았습니다. 그들을 구례 사람들이 안내하고 다니기도 하고, 짐도 지고 따라가기도 하고 그랬지요. 그런데 구례 사람들이 보니까 군인들이 소나무를 베어 가지고 군용트럭들을 동원해 광주까지 전부 실어 나르는 거예요.

그걸 어떻게 하면 보존할 수 있냐고 주민들이 걱정할 때 김헌규 박사가 아이디어를 준 겁니다. '국립공원으로 지정하면 함부로 못 벤다.' 그것이 현지 주민들을 깨우치게 하고 산림보호의 계기를 만들어 준 겁니다.

두 번째는 박정희 정권이 산속에 있는 그 반란군, 이른바 공비를 소탕하려면 산속에 집이 별로 없어야 된다고 생각한 겁니다. 그래서 화전민 이주계획을 수립합니다. 전국적으로 화전조사를 하는데 지리산 같은 데는 3차 대상이고 강원도가 제일 많았지요. 어쨌든 화전정리가 또 하나의 목적이었던 겁니다.

그 두 가지 목적에서 지리산개발계획을 세웠는데 주민들에게 뭔가 소득을 올릴 수 있는 일을 만들어 주어야 하지 않겠습니까? 지리산 일대가 참 가난한 지역입니다. 하동, 구례, 함양, 산청, 거창, 남원, 이런 데가 가난한 고장인데 거기가 7개 군인가 그래요. 소득증대사업으로 생각한 것이 약초 재배와 관광 등이었습니다. 당시 우리나라에 미군이 약 5~6만 명이 있었을 거예요. 그런데 미군들은 그때 휴전이 되고 나니 굉장히 길게 장기간 휴가를 받았는데 전부 일본으로 휴가를 갔어요. 우리나라는 거의 달러 구경을 못하던 때니까, 일본으로 휴가 가는 미군들을 여기서 잡으면 어떻겠느냐 하는 생각을 하게 되었지요. 그중의 하나가 지리산 개발이었습니다.

지리산 개발해 미군 휴가 장병을 유치하자!

안원태　확인은 하지 못했습니다만, 미국은 장교가 되면 특히 사관학교 다닐 적에는 재학 중에 한 번쯤 미국 내 명소를 갔다 와서 리포트를 쓰는 것이 학과로 편성되어 있다고 합니다. 그중에 제일 많이 가는 데가 국립공원이라고 해요. 그래서 미군장교로 온 사람의 경우 'National Park'라는 그 말에 대해 굉장히 매력을 느낀다는 거지요. 그래서 김헌규 박사가 미국에서 살아 봐서 그런저런 사정을 알고 있는 터라 국립공원을 해 놓으면 좋겠다는 생각을 한 겁니다. 더구나 미국에서 그 분야의 유명한 학자들이 와서 "야, 너희 나라 그런 걸 해라. 그래서 휴가 가는 미군의 10%라도 잡으면 굉장히 좋아질 거 아니냐"고 조언했답니다.

　그때 그 계획을 하면서 아주 유치한 그림이지만 그럴듯한 그림을 그렸어요. 지리산에 케이블카를 놓고, 산 위에도 헬리콥터장을 만들고. 그래서 외국인들이 가서 편리하고 재미있게 쉬다 갈 수 있도록 한다는 그림이었습니다. 그뿐만 아니라 종주 등산로에도 차가 다닐 수 있는 도로를 만드는 것까지 포함되어 있었어요. 만일 그대로 되었으면 굉장히 많은 사람들이 찾는 명소가 되었겠다고 생각합니다.

이계민　상당히 선구적인 생각이었네요?

안원태　그렇지요. 1962년 당시에 그런 논의를 할 때는 '어디 한번 해보자'는 분위기가 대세였습니다. 왜냐하면 이런 이유도 있었어요. 1964년에 일본은 도쿄 올림픽이 예정되어 있었는데 지리산 개발이 빨리 끝나면 올림픽에 오는 외국인들을 좀 끌어올 수 있지 않을까 하는 기대도 있었다고 해요. 그런 데서 굉장히 매력을 느꼈지만 군사정부로서는 전쟁의 상처가 제일 오래 남아 있는 지역을 우선적으로 개발하고 영호남의 교류를 터 줘야 되겠다는 생각이 컸던 것 같아요.

지리산에 제일 높은 데가 천왕봉인데 그 밑에 '장터목'이라는 데가 있습니다. 그게 한 1천 3백 m 정도의 고지가 될 거예요. 옛날에는 거기가 장터였어요. 산청이나 함양 등 경상남도 쪽 사람들이 짐을 지고 거기 올라와서 바다 쪽 산청·하동 수산물을 지고 오는 사람들과 서로 교환하면서 사고팝니다. 그런데 너무 머니까 그 중간에서 만나서 거기서 물물교류를 한 겁니다. 일종의 산 위의 화개 장터 같은 곳입니다.

말하자면, 집권세력들이 지리산을 영호남 교류의 장소로 보고 지리산을 중심으로 하나의 영호남 화합의 비전을 만들겠다는 생각을 했었던 것 같아요.

이계민　국립공원 업무와 관련해서 처음에는 건설부, 다음은 내무부 그리고 환경부 등으로 관할이 상당히 왔다갔다한 것 같은데 왜 그랬지요?

관할권 서로 외면하다 예산 생기니 쟁탈전

안원태　국립공원 업무는 국토계획에서 공원을 지정하는 것이어서 본래 건설부 국토계획국에서 했습니다. 지리산을 국립공원으로 정할 때는 국토계획국에서 정했어요. 그런데 행정관할권을 누군가 가져야 할 게 아니에요. 그래서 그때 맨 처음에는 산림청을 생각했었다고 합니다.

그런데 산림청이 극력 반대한 겁니다. 당시는 국립공원은 관광과 연결이 많이 되는 걸로 생각했어요. 그런데 산림청은 산림보호만 생각했기 때문에 '이거는 별로 좋지 않은, 반갑지 않은 일이다' 해서 산림청이 굉장히 반대했어요. 그뿐만 아니라 그때는 산림청이라는 데가 농업계열 학교 나온 사람들이 많았어요. 책상 위의 따분한 행정이고 이런 게 싫고 그냥 산이나 돌아다니고 산림 감독만 하면 되는 거여서 거절했나 봐요.

그러니까 국토심의위원회라는 데서 뭐라 그랬냐면 "내무부가 해라. 지방에 있으니까 지방을 관리하는 부서가 해야 한다"고 했습니다. 그런데 내무부도 '그런 거 하는 데가 아니다'라며 강력히 반대하니까 국립공원을 지정한 건설부에서 그냥 맡은 겁니다. 그랬는데 건설부가 하다 보니까 힘이 생기는 거예요. 건설부라는 데가 도시계획 승인을 하잖아요. 그러니 예산도 꽉꽉 주죠. 이를테면 국립공원에 도로를 낸다고 하면 경쟁자가 없으니까 예산이나 사업이 빠른 겁니다. 어떻게든지 국립공원이 되어야 한다는 생각을 많이 한 거예요.

| 안원태 국립공원진흥회 회장

그다음부터는 그 업무를 서로 가져가려고 그런 거지요. 결국엔 힘 있는 내무부가 나중에 '내놔라'한 겁니다. 이런 싸움이 1990년대 초에 벌어집니다. 그래서 국립공원을 산림청이 가져가느냐 내무부가 가져가느냐 하는 싸움이 벌어졌고 그때는 건설부도 안 내주려 합니다.

결국 총리실에서 관계부처가 추천한 전문가들을 모아 회의를 했어요. 나도 건설부 추천으로 참여했는데 결국 그때는 국토계획을 하는 쪽이 국토를 어디서 어떤 목적으로 쓸지도 정해야 하므로 건설부가 계속해야 한다고 결론이 났습니다. 그런데 얼마 안 있어 청와대에서 내무부로 일방적으로 넘겨 버렸습니다. 그래서 내무부로 갔어요. 그러나 다시 환경부로 넘어갔지요.

건설부에 있을 때는 도로 건설 등 이런 것만 했어요. 내무부로 가니까 거기는 주민대책을 많이 하는 기관이어서 동네에 집 짓는 허가를 많이 해 주려고 합니다. 환경부는 이렇게 놔두면 '국립공원이 다 훼손된다'고 가져가서는 지금은 생태 위주 정책을 폅니다.

이계민　지금의 국립공원은 어떤 법률에 근거한 것인가요?

안원태　공원에는 도시공원하고 자연공원이 있습니다. 그걸 아울러서 하나의 법으로 해서 1967년 3월에 「공원법」이 생겼어요. 그랬는데 자연공원과 도시공원은 너무 다른 겁니다. 그래서 「자연공원법」으로 고치죠. 「자연공원법」의 제

| 지리산 국립공원 전경 (2003. 9. 1)
울창한 숲과 철쭉이 아름다운 지리산 국립공원 바래봉 모습이다. 출처 : 산림청.

1조가 "자연풍경지를 보호하고, 적정한 이용을 도모하여 국민의 보건·휴양 및 정서생활의 향상에 기여함을 목적으로 한다"는 내용이었습니다. 그런데 지금은 '이용 증진'이라는 말이 빠졌어요. 사람들이 많이 이용하면 안 된다는 이야기죠. 그리고 '문화·정서 함양'란 말도 빼고 그냥 '자연자원을 보존한다'고만 되어 있어요. 검토해야 할 문제라고 생각합니다.

이계민   아까 지리산 국립공원 지정이 처음에는 산림보호에도 목적이 있었다고 했는데 그동안 어떤 성과나 연관이 있었나요?

광범위하고 정교한 전국 산림실태 조사에 기여

안원태   국립공원 제도가 생겨서 산림 면에서는 굉장히 큰 기여를 한 게 있어요. 우리나라에서 중요하게 지켜야 될 수종이라든가 산림지역이 어디인지 국립공원이 생김으로써 알게 된 거예요. 이를테면 리기다소나무가 많이 있는 지역 혹은 주목이 많이 있는 지역, 또 어떤 산에는 어떤 수종이 어느 지역에 많이 산다는 것을 모두 조사했습니다. 특히 국립공원에서는 사방 30m 단위로 조사합니다. 지금 산림청은 ㎞ 단위로 할 거예요.

그리고 산림청은 주로 국유림 우선입니다. 그런데 우리나라 산은 사유지가 많아요. 국립공원은 국유림, 사유림 구별하지 않고 해요. 그리고 장기적으로는 이런 장점이 있어요. 사유지나 사유림을 국유화하는 경우 그 우선순위를 국립공원에서 정확히 판단해 줄 수 있어요. 안 사도 될 것, 사야 될 것 이런 거를 정확하게 매겨 놓습니다.

지금 국립공원에 사유지가 많이 포함된 곳은 일본과 한국뿐입니다. 원칙적으로 국유지라야 해요. 미국은 주정부국가이기 때문에 주의 권한이 굉장히 세잖아요. 그런데 국립공원만은 내무부가 해요. 미국의 내무부는 국유지 관리에요. 국립공원을 국유지로서 관리합니다. 그러니까 공적인 목적으로 사용할 수 있는 거죠. 우리나라처럼 사유지를 막아 놓고 공적 목적으로 활용한다는 게 사유지를 가진 사람 입장에서 말이 안 되는 거죠. 그러니까 빨리 국유화해야 됩니다. 필요한 곳은 국가가 매입해서 이용해야 합니다.

이계민   이제는 산을 어떤 식으로 개발할 것이냐가 중요하겠네요. 그전엔 무작정 녹화만 하고 싶었던 것을 이제는 편리하게 이용하고 활용할 수 있는 방안을 강구하고 그러면서 보존도 하는 지혜를 발휘해야겠습니다.

오랫동안 좋은 말씀 감사합니다.

아름다운 내일의
숲을 꿈꾸며

'숲'은 수풀의 준말로 순수한 우리말이다. 사전적(辭典的) 의미는 '나무들이 우거지거나 꽉 들어찬 것' 또는 '수목이 집단적으로 사는 토지' 등으로 정의된다. 한자어로는 여러 가지가 있다. 가장 많이 쓰는 것이 '산림'(山林)이다. 글자의 뜻 그대로 '산에 있는 숲'이란 개념이다. 나무가 많은 곳을 가리킨다.

그런데 '삼림'(森林)이란 용어도 있다. 역시 '나무가 많이 있는 곳' 정도로 풀이할 수 있겠다. '임야'(林野)는 좀더 넓은 개념이다. 숲과 들을 함께 부르는 말이다. '임지'(林地)도 있다. 이것은 '나무가 많이 자라는 땅'이어서 숲과는 의미가 조금 다르다.

'삼'(森)과 '임'(林)은 어떻게 다른가? 나무 '목'(木)자가 3개와 2개인 것을 차이라고 구분해도 그다지 틀린 풀이가 아닐 것 같다. '삼'(森)은 나무가 더 많이 들어찬 숲, 다시 말하면 수풀이 무성하거나 빽빽이 들어선 모양을 일컫는다. '임'(林)은 '木'이 삼보다 적은 2개에 불과하다. '삼'(森)보다는 조금 덜 무성한 숲이나 특히 사람들이 심어서 기른 것을 지칭하는 경우가 많다. 뚜렷하지는 않지만 이 정도의 설명으로도 대략 의미가 어떻게 다른지는 느낄 수 있다고 생각한다.

숲은 정말 여러 가지 기능을 한다.

첫째, 천연자원의 곳간이다. 수많은 먹거리와 생활용품을 공급하는 천연의 무궁무진한 생산공장이고 보물창고라 아니할 수 없다.

둘째, 거대한 산소공장이다. 산소가 결핍되면 인간은 살아남을 수 없다. 나무는 광합성 작용을 통해 산소를 방출한다. 숲 1 ha는 연간 탄산가스 16톤을 흡수하고 12톤의 산소를 배출한다. 생명의 은인이 아닌가?

셋째, 성능 좋은 공기정화기이다. 인체에 해로운 대기 중의 먼지나 아황산가스, 질소화합물을 잎의 숨구멍을 통해 흡수하거나 표면에 붙게 만들어 공기를 정화하는 것이 나무다.

넷째, 아름다운 방음벽이다. 소음에 시달리는 현대인들에게 소음을 잠재우고 조용한 환경을 조성해 주는 소리 흡수기능도 한다.

다섯째, 거대한 녹색 댐이다. 나무가 하는 일 가운데 우리에게는 가장 귀중한 기능이다. 숲의 토양은 물을 저장할 수 있는 능력이 커서 비가 오면 빗물을 모아 두어 홍수를 조절하고 가뭄을 완화시킨다. 우리나라 숲의 물 저장 능력은 연간 190억 톤 정도로 소양댐 10개 정도와 맞먹는 규모다.

여섯째, 자연재해방지센터이다. 숲은 흙이나 모래의 이동을 억제하고 빗물이 지표면을 따라 흐르지 않게 하여 토사의 유출을 방지한다. 또한 강한 바람과 파도를 막아 줌으로써 자연재해를 방지한다.

일곱째, 야생동물의 보금자리이다. 야생동물에게 서식처를 제공한다. 그런가 하면 숲은 이들로부터 필요로 하는 영양분을 얻는다.

여덟째, 문화의 산실이다. 아름다운 숲은 시심(詩心)을 자극할 뿐만 아니라 청량한 아이디어를 낳게 만든다. 옛 성현들은 숲 속에서 공부하고 수양하면서 심신을 단련하기도 했다.

우리는 그러한 숲의 기능과 고마움을 잊고 살아온 것은 아닌지 반성할 필요가 있다. 항상 보면서도 고마움보다는 그냥 즐기기에 바빴을 것이다. 그러나 이제는 달라져야 할 때가 아닌가? 이런 생각을 해 보는 것은 지난날 우리의 숲이 이만큼이라도 어우러진 것은 험난하고 힘들었던 역사가 스며 있다는 것을 알았기 때문이다. 이번 산림녹화의 기록들을 정리하며 느낀 점을 3가지 정도만 언급하고 싶다.

우선 국가지도자의 확고한 국정철학과 리더십이 얼마나 중요한가를 여실히 느낄 수 있었다. 그러한 철학에 입각해 중단 없이 밀고 나간 뚝심이 민둥산을 푸른 산으로 만들었다고 본다. 특히 지도자의 철학이 굳건한 만큼 관련된 부처의 장관에서부터 실무자들에 이르기까지 일사불란하게 움직일 수 있었다.

다음으로는, 놀랄 만큼 현장을 중시하고 계획과 실천을 점검한 것이 대역사를 이루는 밑바탕이었음을 확인할 수 있었다. '우리의 문제는 현장에 답이 있다'는 우스갯소리가 실감나는 기록들이 아닌가 싶다. 국정의 큰 과제를 수행하는 방법에서 권위와 명령으로만 수행하지 않고 현장을 방문해 함께 어려움을 느끼고 실무자들을 격려함으로써 그들의 사기를 진작시킨 사례들은 미래의 지도자들이 눈여겨보아야 할 대목이 아닌가 싶다.

마지막 한 가지는, "우리는 앞으로 무엇을 할 것인가?"에 대한 자문자답으로, 숲을 좀더 아름답게 가꾸고 삶의 질을 높이는 데 기여할 수 있도록 해야겠다는 것이다. 즉, 그동안의 나무 심기의 역사가 숲을 만드는 데 주력했다면 이제는 좀더 아름답고 유익한 숲을 가꾸는 데 시간과 돈을 들여야 할 때가 아닌가 싶다.

택지(宅地)와 농지(農地)가 부족한 우리나라는 전 국토의 67%나 되는 산지(山地)를 적극적으로 활용해야 한다. 숲과 나무를 훼손하지 않는 범위 내에서 야산(野山)에 주택이나 휴양시설을 건설해서 활용해야 한다. 특히 강원도와 같이 산지가 많은 지역은 산림보존 목적으로 산지 개발을 엄격히 제한하면 지역 개발이 불가능하다.

물론 무작정 개발을 허용하는 것은 바람직한 일이 아닐 것이다. 때문에 산지를 개발하더라도 우선 숲 속에 길(林道: 임도)을 내어 화재의 예방이나 산림 가꾸기 등을 보다 효과적으로 수행할 수 있는 여건을 만들고, 아울러 상하수도 설치나 쓰레기 수거시설 등 사회간접시설을 충분히 확보함으로써 자연환경을 보전하고 사람들이 보다 많이 찾고 활용할 수 있는 산을 만들어야 할 것이다. 이를 위해서는 산림보호를 위한 엄격한 규제만이 능사가 아니라는 관계당국 간의 합의도 필요할 것이다.

사실 지난날 그 많은 노력과 정성을 쏟아 추진했던 산림녹화사업의 목표가 숲을 이루는 것만은 아니었을 것이다. 우리나라는 지금 인구의 절반 이상이 시멘트로 지어진 아파트 숲에서 산다. 때문에 주말이나 시간이 날 때만이라도 이런 도심을 벗어나 자연 속에서 휴식을 취하고 운동하고, 즐길 수 있는 공간을 산에 마련해야 할 것이다. 과거의 고통과 수많은 사람들의 피와 땀이 서려 있는 지난날의 숲의 역사를 이제는 아름다움으로 승화시키고 행복을 나눠 주는 숲으로 변모시키는 역사를 새로 써나가야 할 것이다.

"역사란 전례(典例)가 가르치는 철학"이라고 누군가 말했다. 단순한 과거의 기록이 아니라 앞길을 예시해 주는 등대의 역할을 하는 것이 역사인 것이다. 우리가 산림녹화의 역사에서 행간을 읽는 지혜를 발견했으면 싶다.

산림녹화 연표

1908. 1. 2	「삼림법」 제정・공포
	한국 삼림에 대한 일본 자본 침투의 근거 마련
	한국 임업에 대한 서구 자본주의 도입을 위한 소유권
	확립 기반 조성
1910. 8. 29	경술국치(庚戌國恥)
	조선총독부 관제 공포에 따라 농상공부 식산국 내에
	산림과 설치
1911. 6. 20	「삼림법」 폐지, 「삼림령」 공포
	부분림 제도를 조림대부 제도로 전환
1918. 5. 1	「조선임야조사령」 공포
1924	국유림 구분조사 종료 및 측량사업 완료
1945. 8. 15	광복
	미군정청 농무부 산림국에 서무, 임산, 조림, 감리 4과 설치
1946. 4. 5	제1회 식목일
1947	(과도정부 수립) '조림 및 사방사업 10개년 계획'(1948~1957년) 수립
	(6・25 전쟁 발발로 실시 도중에 중단)
1948. 8. 15	대한민국 정부 수립
	농림부 산림국에
	임정(林政), 임산(林産), 조림(造林) 3과 설치
1949	중앙임업시험장 설치
1950. 2. 9	「영림관서설치법」 공포, 서울, 강릉 등 2개 영림서 설치

1951. 9. 21	「산림보호임시조치법」 제정·공포
	보호림구 설정, 입목벌채 금지 및 조림 보호
	산림직에 사법경찰권 부여, 군 헌병대에 산림보호촉탁제 실시
1952	'민유림 조림사업 5개년 계획' 및
	'단기속성 녹화조림 3개년 계획' 수립 및
	'생 울타리 조성 5개년 계획' 등 추진
1953	'사방사업 5개년 계획' 수립 (1953~1957년)
	'재해복구 사방사업 3개년 계획' 수립 (1953~1955년)
1953. 7. 27	휴전
1954. 2	정부 서울 환도
1954	'제 2차 민유림 조림사업 10개년 계획'(1954~1958년)
	UNKRA (국제연합한국재건단) 및
	ICA (국제협조처) 원조로 민유림 조림 실시
1955	「산림보호임시조치법」에 의한 보호림구 설정
	(전국 48만 5천 ha · 1,038개소)
	'민유림 조성 및 사방사업 10개년 계획' 편성
1956	전국사방기술자대회 개최 (경주)
1957	'제 2차 사방사업 5개년 계획' 수립 (1957~1961년)
	해안사방사업 실시 (전라남도)
1958	대도시 임산연료 반입 금지 및 무연탄 사용 권장
	상류 수원지 토양 및 용수보전사업 (1958~1967년)
1959	'연료림 조성 및 사방사업 5개년 계획'(1959~1963년) 수립
1959. 11. 11	사방사업촉진전국대회 (경기도 시흥군)
	3월 15일을 '사방의 날'로 선포
1960. 3. 21	제 1회 '사방의 날' 기념식
	(1960년 3월 15일이 대통령선거일이어서 3월 21일 거행)
1960. 4. 19	4·19 혁명
1960	산림조사 실시, 사방의 날 폐지, 식목일 부활
1961. 5. 16	5·16 군사정변
	국가재건최고회의 설치
	밀수, 마약, 도벌, 깡패, 사이비기자를

5대 사회악으로 규정, 소탕작전

1961. 6. 2 「임산물단속법」 제정·공포

반출증 제도 실시 및 도벌, 운반 등 엄벌

1961. 12. 27 「산림법」 제정·공포

정부는 산림기본계획, 산림 소유자는 영림계획을 작성,

도지사 인가

1961. 12. 31 「수렵법」 제정·공포

1962 '제1차 경제개발 5개년 계획' 실시

'산림기본계획' 수립 착수

1962. 1. 15 「사방사업법」 제정

1962. 2 「개간촉진법」 제정

산지 및 야산 개간 촉진

1963. 2 「국토녹화촉진에 관한 임시조치법」 제정

(1963. 2~1964. 12 한시법)

군미필자, 공무원, 학생 등 사방사업 강제동원

1964 해외산림개발사업 실시 및 원목 도입

1965 '연료림 단기조성사업계획' 수립 (1966~1969년)

1965 '치산 7개년 계획' 수립 (1965~1971년)

1965 「화전정리특별조치법」 국회 제출

강원도 화전정리사업 실시

1966 '제2차 경제개발 5개년 계획' 발표 (1967~1971년)

1966. 4. 23 「화전정리법」 제정·공포

경사 20° 이상 화전은 산림 복구,

화전조사에 이어 1968년에 강원도가 화전정리 착수했으나

1968년 11월 울진·삼척 무장공비 사건으로 연기

1966. 12. 27 산림청 신설 직제 개정

1967. 1. 9 산림청 개청 (초대 청장: 김영진)

1967. 3. 3 「공원법」 공포

1967. 3. 30 「조수 보호 및 수렵에 관한 법률」 제정

기존 「수렵법」 대체

1967 산지이용 구분조사 실시

	6대강 수계별 산림종합계획 수립·실시 (1967~1976년)
	은수원사시나무 신품종 개발보급 개시
1968. 5. 21	「사방사업법」 개정,
	사방사업을 산지사방, 야계사방, 해안사방으로 구분
1970. 2	'대단지 산지개발 계획' 수립 (1970~2004년)
	14개 단지 320만 ha
1970. 4. 5	산림청 주관 첫 '식목의 날' 행사 (서울시서 이관)
1971	'제3차 경제개발 5개년 계획' 발표
1972. 12. 30	한일항공노선 집단 황폐지 복구 착수 (영일, 금오산 지구)
	「산림개발법」 제정·공포
	영림공사 설립 근거 설치
1973. 1. 16	제3대 산림청장 손수익 취임
1973. 3. 3	산림청 내무부 이관
1973. 3. 5	「산림개발법」 개정
1973. 3. 5	영림공사 설립근거 삭제 및 설립자본금을 사방사업비로 이전
1973. 3. 10	'제1차 치산녹화 10개년 계획' 발표
1973. 6. 21	'제1차 치산녹화 10개년 계획' 수정 발표
1973. 9. 1	산림기구 확대
	각 도에 산림국, 각 군에 산림과 승격 신설
1973	새마을양묘사업 실시
	'화전정리 5개년 계획' (1974~1978년) 수립 발표
1974. 12. 11	화전정리 사무지침 제정 및 시행
	추풍령식 벌채방법 시행
1975. 3. 15	훼손임지 복구요령 제정
1976. 4. 16	보안림 관리요령 제정
1976. 9. 24	연료림 관리요령 제정
1977. 10. 25	'육림의 날' 제정 및 행사 실시
	매년 11월 첫 토요일을 '육림의 날'
1977. 11. 5	제1회 육림의 날 행사 실시
	산림용 복합비료 제조 보급
1977. 12. 24	영일지구 한일항공노선 집단 황폐지

녹화사업 완료(1973~1977년)

1978	'제 1차 치산녹화 10개년 계획' 목표 달성(총 108만 ha 조림)
1978	화전정리 마무리
1979	잔존 화전지 819ha를 완전 정비, 화전정리 완료
1979. 1. 1	'제 2차 치산녹화 10개년 계획' 발표(1979~1988년)
	조림 150만 ha, 양묘 30억 그루
	대단지경제조림단지 조성
1979. 9. 27	은수원사시나무를 현사시로 개명
1980. 1. 4	「산림법」 개정
	「임산물단속법」과 「산림개발법」을 「산림법」으로 통합
1986. 8. 27	산불방지종합지침 제정
1987. 1. 1	산림청을 내무부 산하에서 농림수산부 산하로 환원
1987. 12. 31	'제 2차 치산녹화 10개년 계획' 마무리(조림 107만 5천 ha)
1988	'제 3차 산지자원화 10개년 계획' 실시(1988~1997년)
1992. 4. 5	'국토녹화기념탑' 건립(광릉 국립수목원)
1993. 1. 27	조수보호 및 수렵에 관한 규정 제정
1997. 4. 10	「임업진흥촉진법」 제정·공포
1997. 12. 31	'제 3차 산지자원화 계획' 종료
1998	'제 4차 산림기본계획'(1998~2007년) 수립
	숲 가꾸기 공공근로사업 실시
2001. 5. 24	「산림기본법」 제정·공포
	정부주도 녹화임정 마감, 「산림기본법」 시대
2002. 4. 5	'세계 산의 해' 기념사업 실시
	'산림헌장' 제정·선포
2003. 12. 31	「백두대간보호법」 제정
2005. 8. 4	「산림자원의 조성 및 관리에 관한 법률」 제정
	「국유림의 경영 및 관리에 관한 법률」 제정
	「산림문화·휴양에 관한 법률」 제정·공포
2007. 12. 31	'제 4차 산림기본계획' 마무리
2013	'숲 가꾸기 5년 계획사업' 수립

저자 약력

이계민

경희대 경제학과 졸업
서강대 경제학 석사
경희대 경제학 박사
일간 내외경제 기자
한국경제신문 증권·경제부장, 편집국장
 　　　　논설실장, 전무이사 주필
한경닷컴(온라인 한국경제신문) 대표이사 사장
한국신문방송편집인협회 부회장
규제개혁위원회 민간위원(행정사회분과 위원장)
정부투자기관 운영위원회 민간위원
우리금융지주 비상임 이사
한국무역보험공사 비상임 이사
경희대 경제학과 겸임교수
현재 한국산업개발연구원 고문

저서: 《시장경제를 읽는 눈》

육성으로 듣는 경제기적 Ⅲ

코리안 미러클 3 : 숨은 기적들

숲의 역사, 새로 쓰다

2015년 11월 30일 발행
2015년 11월 30일 1쇄

기획 및 집필_ 육성으로 듣는 경제기적 편찬위원회
발행자_ 趙相浩
발행처_ (주) 나남
주소_ 413-120 경기도 파주시 회동길 193
전화_ 031) 955-4601 (代)
FAX_ 031) 955-4555
등록_ 제 1-71호(1979. 5. 12)
홈페이지_ www.nanam.net
전자우편_ post@ nanam.net

ISBN 978-89-300-8833-6
ISBN 978-89-300-8830-5 (전 3권)

책값은 뒤표지에 있습니다.